해외시장조사론

해외시장조사론

이순철 · 김정포 · 김종운 지음

Σ시그마프레스

해외시장조사론

발행일 | 2015년 2월 27일 1쇄 발행

저자 | 이순철, 김정포, 김종운
발행인 | 강학경
발행처 | ㈜ 시그마프레스
디자인 | 송현주
편집 | 김성남, 정은아

등록번호 | 제10-2642호
주소 | 서울특별시 영등포구 양평로 22길 21 선유도코오롱디지털타워 A401~403호
전자우편 | sigma@spress.co.kr
홈페이지 | http://www.sigmapress.co.kr
전화 | (02)323-4845, (02)2062-5184~8
팩스 | (02)323-4197
ISBN | 978-89-6866-413-7

* 책값은 뒤표지에 있습니다.
* 이 도서의 국립중앙도서관 출판예정도서목록(CIP)은 서지정보유통지원시스템 홈페이지
(http://seoji.nl.go.kr)와 국가자료공동목록시스템(http://www.nl.go.kr/kolisnet)에서 이용
하실 수 있습니다.(CIP제어번호 : CIP2015005214)

글로벌 경제위기는 세계시장을 변화시키고 있다. 그 어느 때보다도 세계경제는 위기감으로 고조되고 시장은 더욱 얼어붙어 한 치 앞도 보이지 않는다. 이러한 환경으로 개도국은 물론 선진국, 심지어는 세계에서 가장 큰 소비시장의 역할을 했던 미국까지도 자국의 시장을 보호하는 신보호주의 정책으로 개방의 문을 한층 축소시키고 있다. 세계의 모든 국가들은 시장개방보다는 우선 안정적인 회복과 더불어 자국의 산업을 보호하는 데 정책의 초점을 집중하고 있는 것이다. 더욱이 향후 세계경제는 선진국의 완만한 회복세가 점쳐지고 있지만 신흥국들의 성장 둔화가 지속되면서 쉽게 예전과 같은 높은 성장은 기대하기 어려워지면서 시장을 선점하기 위한 세계시장에서의 경쟁은 더욱 치열해지고 있다.

더욱이 중국, 일본 등과 같은 우리의 경쟁국들은 이미 과잉투자라는 구조적 문제점을 갖고 있어, 예전보다 더 공격적으로 해외시장에 진출하고 있다. 앞으로 세계경제는 여전히 변동성이 높고, 소비는 침체될 것으로 예상되고 있는 만큼, 소비시장을 찾아 판로를 확대하려는 경쟁국들은 공격적인 해외진출 노력을 강화하고 있는 것이다. 이러한 경쟁국들의 노력은 해외시장에 크게 의존하고 우리에게는 커다란 위험으로 다가오고 있다.

자원이나 자본이 풍부하지 않은 우리나라는 내수시장에 의존하여 생존할 수가 없는 상태에서 세계경제의 침체, 그리고 경쟁의 심화로 우리 기업들은 역대 최대의 생존 위기를 맞이하고 있다. 이러한 시점에서 우리가 할 수 있는 것은 미래를 위한 역량강화와 더불어 생존 가능한 시장을 끊임없이 새롭게 찾고 선점하여 생존의 길을 찾는 방법밖에 없다.

외부환경이 악화될수록 생존을 위해서는 우리 기업들은 이전보다 더 과학적이면서도 체계적으로 해외시장으로 진출할 수 있는 방법을 강구하고, 이러한 방법을 기반으로 다른 경쟁국들이 결코 따라올 수 없을 정도로 다양한 해외시장을 선점해야 하는 과제에 직면하였다. 결국 해외시장 진출은 우리에게는 생존 자체이기 때문에 새로운 시장 진출 전략이 더욱 필요하다는 것이다.

국내에서는 아직 체계적인 해외시장조사 방법론을 싣고 있는 전문서가 없는 상태에서 2011년에 발간된 해외시장조사론 초판은 해외시장조사를 추진하려는 기업은 물론 해외시장조사에 대한 기본 개념과 응용에 관하여 공부하는 학생들로부터 기대 이상의 많은 사랑을 받았다.

하지만 최근에 변화된 세계시장의 환경은 더 이상 기존의 해외시장조사론의 내용만으로는 복잡해지고 어려워진 해외시장을 조사하기 위한 방법론을 제시하기에는 한계를 갖게 되었다. 이에 새롭게 변화하는 시장의 변화를 반영하는 것은 물론 해외시장조사에 오랫동안 경험을 갖고 있는 전문가를 새롭게 영입하여 이전의 내용을 좀 더 실전에 강하게 개편하여 새로운 해외시장조사론을 출판하게 되었다.

우선 이 책은 오래된 자료를 모두 새롭게 업데이트하여, 새롭게 변화한 경제 및 시장 환경을 반영하여, 해외시장조사 방법론 적용 및 응용을 좀 더 현실화하였다. 또한 오랜 기간 해외시장조사만을 수행해온 실전 전문가를 통하여 각 장에 해외시장조사에 대한 사례를 새롭게 포함시켰다. 즉 기존 해외시장조사론의 가장 큰 약점이었던 미약한 현실성 반영의 한계를 극복하기 위하여 각 장의 주제에 따라 적용 사례를 새롭게 포함함으로써 현장에서 해외시장조사를 하는 기업들에게 이 책을 더욱 효과적으로 이용할 수 있도록 강화한 것이다. 이러한 노력은 분명 해외시장을 조사하는 기업들에게는 물론 실전 능력을 함양하는 목적으로 학업을 하는 학생들에게도 크게 도움이 될 것으로 판단된다.

비록 새롭게 현실성을 고려하여 개정하였지만 여전히 한계가 많은 해외시장조사론이 여러 독자들에게 해외시장 진출을 위한 시장조사에 대한 이해와 응용에 길잡이 역할을 해주기를 기원하는 바이다. 그리고 한 길 앞길도 보이지 않는 해외시장으로 진출하는 기업들에게도 이 책이 작은 북극성과 같은 성상의 나침반이 되길 바란다. 무엇보다도 언제나 많은 격려와 충고로 우리의 뒤를 끝까지 지탱해주는 많은 독자들에게 감사의 말씀을 드리는 바이다.

또한 본 해외시장조사론이 탈고될 때까지 언제나 같이해주고 많은 도움을 주신 많은 관계자 여러분과 새롭게 내용을 강화하고 단장할 수 있도록 노력해주신 (주)시그마프레스 출판사 관계자 여러분, 그리고 곁에서 항상 힘이 되어주는 가족들에게 이 책을 바친다.

이순철 · 김정포 · 김종운

| 차례 |

제8장 해외시장조사의 통계 분석 237

부록

제1장

해외시장조사란?

1 │ 해외시장조사의 개요

1) 해외시장조사의 정의

해외시장조사는 다양한 목적에 따라 여러 형태로 수행된다. 일반적으로 해외시장조사라고 하면, 기업이 특정시장을 목표로 제품을 수출 또는 판매하기 위해서 현지의 소비자, 생산자, 판매자, 구매자, 경쟁자 등을 조사하여 제품의 판매 가능성을 분석하는 것을 의미한다. 하지만 이러한 해외시장조사는 매우 일반적이면서도 단편적인 시장조사라고 말할 수 있다.

해외시장조사는 국가 또는 정부, 기업, 개인 등이 다양한 목적에 따라 수행할 수 있다. 예를 들면 한국형 원자력 발전소를 해외로부터 수주받기 위해 정부 차원에서 해외시장조사를 할 수도 있다. 원자력 발전소는 한국전력공사에 의해 해외로 수출이 되지만, 그 규모가 국민경제에 상당한 영향력을 미칠 수 있기 때문에 정부 차원에서 원자력 발전소의 해외시장 규모, 진출 가능 국가, 각 국가의 정책, 경쟁대상 국가 및 업체 등에 대한 조사를 한다. 또한 국가와 국가 간의 경제협력 방안 등도 같이 조사하여 일종의 패키지딜(package deal)을 수행할 수 있는 방안을 모색할 때도 해외시장조사가 수행된다.

고속철도의 경우도 비슷하다. 고속철도의 해외진출을 고려할 때, 가장 중요한 수출 당사자는 한국철도시설공단과 철도제조업체이다. 철도제조업체의 해외시장조사도 중요하지만, 철도의 진출은 시스템의 진출이라는 점에서 한국철도시설공단이 해외에 고속철도를 수출하기 위해서는 다양한 시장조사를 하는 것이 더 효율적이다. 이러한 조사에는 우선 고속철도를 구입할 수 있는 시장이 있는지를 파악하고, 그 시장의 특징 및 규모, 경쟁업체, 도입하려는 구체적인 철도 시스템의 사양 등에 대해서 조사가 이루어진다. 이러한 조사가 이루어지면 시설공단은 사업의 규모에 따라 컨소시엄을 구성하고, 이에 대한 계획서를 제출하게 된다. 이러한 과정에서 고속철도가 해외에 진출하기 위해서는 단순히 시설공단의 노력만으로는 되지 않는다. 즉 고속철도가 진출하기 위해서는 정부의 역할이 필요하다. 일반적으로 우리 정부가 해당 국가의 정부를 상대로 경제협력에 대한 협의를 해나간다.

양국 간에 경제협력을 하기 위해서는 또 하나의 시장조사가 수행되어야 한다. 양국 간 경제협력 가능 분야가 어떤 것이 있으며, 이러한 협력을 하기 위한 구체적인 방안 및 방법도 조사해야 한다. 이러한 전반적인 조사도 해외시장조사라 할 수 있다.

국가 경제에 막대한 영향을 미치는 제품의 판매에 대해서 국가 또는 정부 차원에서 이루어지는 해외시장조사도 있다. 하지만 대부분은 민간업체들이 해외에 자사의 제품을 판매하려는 시장, 즉 목적시장을 선정하는 것부터 해외시장조사가 된다. 특정 시장에서 판매하려는 제품에 대한 수요, 경쟁관계, 생산 동향, 가격 동향, 유통구조, 수출입 동향, 바이어 및 구매자 파악, 원부자재 공급선 등의 자료 및 정보를 수집하여 분리하고 분석한 후 해외시장 진출 가능성, 시장 선택, 진출 방법 등을 도출하는 것이 기업에서 수행하는 일반적인 시장조사이다.

이렇게 해외시장조사는 한 기업이 특정 시장에 진출하기 위해 조사하는 것만을 의미하지 않고 그 목적에 따라 조사 주체 및 수행자가 다양하다. 또한 조사 방법도 여러 형태로 이루어진다.

궁극적으로 해외시장조사를 하나의 개념으로만 정의하기란 쉽지 않다. 광범위하게 이루어지는 해외시장조사를 종합하여 정의해보면, 포괄적 정의와 협의의 정의로 구분할 수 있다. 우선 세계를 하나의 큰 시장으로 보고 전반적인 조사를 통하여 특정 목적시장을 선정한다. 그리고 그 시장에 대하여 정치, 경제, 사회, 상거래 등의 제반 개황 및 여건들을 조사하여 특정 문제를 해결하고 대응방안을 마련하기 위해 해외시장을 조사하는 경우를 생각해볼 수 있다. 이러한 형태의 해외시장조사를 넓은 의미의 해외시장조사라 할 수 있다. 포괄적 해외시장조사에는 진출하려는 시장의 거시경제 현황 조사, 일반경제 현황 조사, 특정 상품 판매 및 구매 가능성 조사 등이 포함된다.

이에 반해 특정 상품에 대한 고객 또는 소비자 조사, 제품 및 상품 조사, 판매 및 유통 조사, 가격 조사, 판촉 및 판로 등의 유통구조, 경쟁구조 및 경쟁업체, 거래대상, 거래처 등을 조사하는 것을 협의의 해외시장조사라고 정의할 수 있다. 즉 무역거래를 체결하는 것을 목적으로 특정 상품의 판매 및 구매 가능성을 과학적으로 조사·정리하고, 분석하는 과정을 협의의 해외시장조사라고 한다.

결론적으로 해외시장조사는 목적에 따라 다양한 형태로 수행되며, 해외시장조사 활동은 특정 목적을 완성하기 위해 시장의 모든 사실을 수집하고, 기록·정리하고, 분석하는 활동이라고 정의할 수 있다.

2) 해외시장조사의 의의와 필요성

해외시장조사는 해외에 있는 특정 목적시장에 대한 조사를 통하여 시장 진출에 필요한 비용과 위험을 줄이고 이로부터 이익을 극대화하는 데 필요한 행위이다. 해외시장조사가 갖는 의의 및 필요성에 대하여 정리해보면 다음과 같다.

첫째, 새로운 시장 발굴 및 확보가 가능하다. 해외시장조사를 통하여 기대하지 못한 시장을 발굴할 수 있는 기회를 파악하고, 이로부터 그 시장에서 진출하려는 제품의 판매 가능성 및 판로를 개척할 수 있다. 글로벌 시장에 대한 폭넓은 조사는 국내 시장에서 판매되고 있는 제품을 해외시장에서 판매할 수 있는 기회를 발굴할 수 있다. 예를 들면 우리가 갖고 있는 원자력발전소를 이전에는 해외에 수출하는 것은 전혀 기대하지도 못했다. 하지만 한국은 원자력발전소 운영에 대한 노하우 및 기술이 축적되면서 원자력발전 기술은 원전설비, 경수로 건설, 중소형 원자로 개발 능력 등에서 세계적인 수준을 보유하게 되었다. 이러한 배경에서 중동, 동남아, 아프리카 등에 대한 꾸준한 시장조사와 더불어 정부의 제도적 정책적 지원을 바탕으로 현재 UAE에 수출은 물론 다양한 국가들과 수출 협상을 하고 있다. 이와 같이 꾸준한 해외시장조사를 통하여 새로운 판로를 개척할 수 있는 것은 물론, 전혀 예상하지 못한 시장에 수출할 수 있는 계기가 마련되기도 한다.

둘째, 적절한 진입방법 및 대응방안을 결정할 수 있다. 특정 목적시장에 대하여 시장 규모, 인프라, 가격, 경쟁구도, 유통구조, 수입규제 등을 조사 분석하면, 해당 지역에 대한 진출 및 대응방안을 마련할 수 있다. 정부의 경우는 정부 간 협력방안과 대응방안을 마련할 수도 있고, 기업의 경우 수출, 직접투자, 합작투자 등의 시장 진출 방식을 용이하게 결정할 수 있다.

셋째, 특정 제품의 수출 및 수입(판매 및 구매) 가능성을 제시할 수 있다. 특정 제품의 수출 및 해외조달에 대한 적합한 시장을 물색하고, 거래 가능자의 신용 조사, 경쟁력 등의 조사를 통하여 수출입 가능성을 판단할 수 있다. 수출입 거래의 초기 단계로 해외시장조사라는 행위를 통하여 목적시장과 해당 제품에 대한 각종 상거래 정보를 조사함으로써 수출입 가능성을 모색할 수 있다.

넷째, 마케팅 전략을 수립할 수 있다. 해당 목적시장에 소비자의 특성, 선호 및 관습 등의 조사를 통하여 진출시장에 맞는 마케팅 전략을 수립할 수 있다.

다섯째, 시장 환경의 변화를 배울 수 있다. 해외시장조사를 통하여 세계시장 또는 지역시장의 변화를 읽을 수 있고, 이를 통하여 해외시장 진출 전략을 수립할 수 있다.

3) 해외시장조사의 목적

해당 시장의 제반 요소를 과학적으로 조사하고 분석하면, 특정 목적 상품 또는 취급 상품에 대하여 경제협력 가능성, 교역 대상지로서의 적격성 등의 여부를 판단할 수 있다. 경제협력을 위한 정책적 시장조사인 경우 특정 시장의 경제 현황과 교역 경쟁력, 투자 환경 등을 조사하여 정부 및 일반기업에게 협력 또는 진출 방안을 제시할 수 있도록 각종 자료를 수집·분석하여 합리적인 판단을 할 수 있게 하는 것이 해외시장조사의 목적이라고 할 수 있다. 수출입 시장조사인 경우 특정 물품의 판매 및 구매 가능성을 측정하기 위해 매매에 필요한 모든 정보를 수집하여 수출 전략을 제시하는 것이 해외시장조사의 목적이 된다.

이에 해외시장조사의 내용과 대상은 시장조사의 목적에 따라 다를 수 있다. 만약에 경제현안이나 이슈 조사인 경우, 특정시장에 대한 조사를 통하여 협력 및 진출방안, 대응방안 등을 마련하기 위해 각종 경제 현황과 이슈가 조사 대상이 된다. 제품의 판매 및 조달을 목적으로 해외시장조사가 진행되는 경우에는 목적시장에서 특정 제품의 가격 및 비가격 경쟁력 조사가 시장조사의 내용과 대상이 된다.

이러한 것을 정리해보면, 첫째, 해외시장조사의 조상 대상은 객관적인 자료를 근거로 일정한 방법을 통하여 목적시장에 대한 일반사항과 특수사항이 된다.

둘째, 해당 시장에서의 경제협력 및 제품의 판매 적격성을 파악하기 위하여 해당 제품 및 품목에 대한 국내외 시장 동향 및 수급 동향이 조사 대상이 된다.

셋째, 관심 및 주요 이슈 조사와 협력 가능성도 조사 대상이 된다.

넷째, 관심 제품의 수출입을 위한 국내외 경쟁자 및 수익성 조사이다.

조사 내용은 ① 정치적 환경 및 정부 정책, ② 물가, 환율, 금리 등의 거시경제지표, ③ 운송 및 유통 서비스 체계, ④ 제품의 수요 가능성과 고객의 취향과 성향, ⑤ 국내외 경쟁자 파악, ⑥ 제품주기와 기술 조사 등이다.

조사 내용을 분석하기 위해서는 현지 경제 및 상관습에 대하여 사전에 충분하게 이해하고 있어야 한다. 조사 내용을 분석하고, 이를 바탕으로 효과적인 협력 및 진출방안은 물론 특정 제품의 마케팅 계획을 수립하여 수출입 네트워크를 확보해야 한다.

2 해외시장의 구분과 조사방법

1) 해외시장의 구분

해외시장조사는 제품에 대한 구매자 선정과 이에 맞는 마케팅 전략을 수립하기 위하여 구체적인 경제 및 시장 동향을 파악해야 한다. 시장조사를 통하여 해외시장 진출 및 확보 여부를 판단하여 궁극적으로 새로운 시장을 개척하고 발견하는 데 목적이 있다. 시장관리 측면에서는 수출입 시 기존의 제품 판매를 더욱 촉진하고, 손실 및 애로 요인을 사전에 파악하여 해소하며, 시장 내에서의 지위 향상이나 판매 능률을 향상시키는 것이 주요 목적이 된다.

조사를 통하여 이러한 목적을 달성하기 위해서는 해외시장을 구분하여 접근해야 한다. 시장을 구분하는 데는 보통 기존시장, 잠재시장, 미래시장으로 구분된다. 기존시장은 이미 시장을 장악하거나 시장을 점유하는 공급자가 있는 시장을 의미한다. 잠재시장은 특별한 공급자가 없지만, 소비시장으로서 잠재성이 있는 시장으로 진입에 대한 장벽이나 경쟁은 없다. 하지만 시장으로서 역할을 할 것이라는 보장도 없다. 미래시장은 일종의 태아기 시장으로 앞으로 시장이 형성될 가능성이 높은 시장이다. 때로는 폭넓은 의미에서 신흥시장이라고도 말할 수 있다.

이러한 시장을 구분하는 판단 기준으로는 시장의 잠재력, 고객의 태도와 행동, 유통경로, 커뮤니케이션 수단, 시장 정보의 원천, 신제품 등이 된다. 여기에서 유의할 점은 시장의 규모, 경쟁적 위치 등이 중요한 역할을 한다는 점이다.

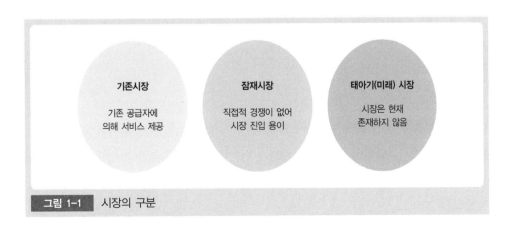

기존시장	잠재시장	태아기(미래) 시장
기존 공급자에 의해 서비스 제공	직접적 경쟁이 없어 시장 진입 용이	시장은 현재 존재하지 않음

그림 1-1 시장의 구분

2) 해외시장 조사방법

해외시장을 조사하는 방법은 가장 기초적인 방법인 문헌조사, 해외출장 등을 통한 직접 조사, 외부 위탁 조사, 전시회 등의 참석 및 참관 등이 있다.

첫째, 문헌 조사는 국내외 대외정책기관, 경제기관, 무역 관련 기관 등에서 발행하는 서적, 데이터베이스, 홍보책자, 무역 관련 기사 등을 활용하는 방식이다. 대표적인 사례로 특정 국가 또는 국가별 경제 및 수출입 통계를 조사하는 경우, UN의 무역통계 연보(Yearbook of International Statistics), IMF에서 발간하는 세계경제전망(World Economic Outlook), 국제금융통계(International Financial Statistics) 등이나 국내의 무역협회 및 관세청에서 발간하는 무역통계 연보 및 월보를 활용하여 기초 자료를 수집하고 분석하는 방법이다.

문헌 조사방법은 해외시장조사의 초기 단계에서 수행되거나, 아니면 해외에 직접 조사가 어려울 때 사용하는 방법이다. 상대적으로 시간과 비용이 적게 들지만, 시장환경을 정확하게 파악하는 데에는 한계가 있다.

둘째, 현지 직접 방문에 의한 자체 현지 시장조사이다. 현지방문을 통하여 시장의 참여자, 정책담당자, 거래 가능자 등을 인터뷰하는 방법이다. 주요 인터뷰 대상자는 현지 유력 수입업자 및 도매상이 된다. 이러한 대상자들은 현지 대사관, 공관 및 무역관, 상공회의소 및 유관기관 등과 협조를 통하여 현지 유력 수입업자 및 도매상과의 인터뷰를 추진하여 필요한 정보를 획득한다. 이러한 인터뷰를 통하여 해당 품목의 시황, 소비 패턴, 가격구조 등을 조사함으로써 주관적이고 감각적인 시장 정보를 입수할 수 있다는 장점이 있다. 하지만 현지 직접 조사는 해외에 직접 가서 조사해야 한다는 점에서 조사비용과 시간이 상대적으로 많이 소요된다는 단점이 있다.

셋째, 외부 위탁 조사방법이다. 외부 위탁 조사방법은 해외의 컨설팅 회사 등의 에이전트를 활용하거나 정부지원 기관을 활용하는 방법이 있다. 가장 많이 활용하는 방법으로 해외 현지 시장을 잘 이해하고 파악하고 있는 주요 시장 전문 컨설턴트, 이미진출한 기업 또는 지인을 활용하는 방법이다. 전문 컨설턴트를 활용하는 경우, 시장현황을 매우 면밀하게 파악하고 분석해준다는 장점이 있지만, 대개 많은 비용을 수반하게 된다. 이미 진출한 기업을 활용하는 방법은 경쟁관계가 있는 기업의 진출 가능성을 염두에 두고 시장의 현황을 전달받기 때문에 가장 중요한 요점은 파악하지 못할 가능성이 크다.

현지의 지인을 통하여 시장 환경을 조사하는 경우는 현지 지인의 존재 여부 그리고 현지 지인의 전문성 등에 따라 시장 환경에 대한 정보를 다르게 전달받을 수 있다는 단점이 있다. 국내외 경제단체나 유관기관을 이용하는 방법도 있다. 예를 들어 대한투자진흥공사(KOTRA)는 적은 비용으로 기초적인 해외시장조사를 대행해주고 있기 때문에 이를 이용하는 방법도 고려해볼 만하다. 국외 경제단체로는 UNCTAD의 지원을 받아 운영되고 있는 세계무역연합사이트(www.wtpfed.org) 등이 있다. 그 외 국내외 광고회사를 통하여 조사를 할 수 있다. 특히 전문성이 높은 품목에 대해서 많이 활용하는 방법으로 선진국의 유명 광고회사인 경우 세부적인 전문조사를 수행해준다. 하지만 이러한 조사는 비용이 많이 든다는 단점이 있다.

3 해외시장조사 형태와 내용

일반적으로 해외시장조사라고 하면 특정 제품을 특정 시장에 판매하기 위해 고객, 경쟁기업, 가격구조, 유통구조 등을 조사하여 시장 진출 가능성 또는 잠재성을 분석하는 것을 의미한다. 하지만 정부, 경제연구소, 정부유관기관 등에서 중국, 인도, 러시아와 같은 국가의 경제 동향 및 시장 동향을 조사하여 분석하는 것도 넓은 의미에서는 해외시장조사라 할 수 있다. 그리고 금융회사에서 국가별 증시 상황이나 주요 상품 조사도 해외시장조사에 포함된다.

이렇게 해외시장조사에는 다양한 형태가 있다. 해외시장조사는 여러 가지로 나눌 수 있지만, 일반적으로 경제정책 및 동향 조사, 경제현안 조사, 산업 조사 그리고 기업에 의해 진행되는 특정 제품에 관한 시장조사 등으로 구분될 수 있다.

1) 경제정책 및 동향 조사

경제정책 및 동향 조사는 주로 경제연구소 및 정부기관에서 수행된다. 주요 국가에 대한 현 경제의 현안, 경제전망, 경제정책 변화 등을 조사 분석하여 그 결과를 많은 이해당사자에게 제공한다. 이러한 정보는 국가나 정부에게는 양자 간 경제협력 및 대응방안을 마련할 수 있는 자료로 제공되기도 하고, 기업에게는 새로운 시장의 형성 가능성 및 진출 가능성에 대한 정보를 제공하기도 한다. 가령 한국과 중국 간에 자유무역협정을 추진한다고 하면 중국에 대한 경제 및 시장조사의 기회요인과 위협요인,

강점 및 단점을 파악한다. 특히 경제적 리스크가 있는지를 파악하여 정부는 물론 기업들에게 관련 정보를 제공한다.

만약에 많은 우리 기업이 진출한 국가에서 경제정책이 변하면 그 정책이 진출해 있는 우리 기업들에게 기회가 될 수도 있지만, 위험요인이 될 수도 있다. 예를 들면 유럽 주식시장이 사상 최대의 폭락세를 기록하였다면, 증식 폭락 여파는 유럽시장은 물론 우리나라 시장에도 영향을 미칠 수 있다. 따라서 우선 유럽의 금융시장이 건전한지를 먼저 확인한 후 이에 대한 전망 및 시사점을 제시하여, 우리 기업이 유럽 금융시장의 변화에 대응할 수 있도록 해준다.

또 다른 예로 러시아 은행산업이 급성장하는 경우를 고려해보자. 가장 먼저 러시아 은행산업의 급성장에 대한 배경을 확인할 필요가 있다. 즉 러시아 은행산업의 급성장이 일시적인 현상인지 아니면 지속적으로 성장할 것인지에 대하여 현재의 현황, 배경 및 전망 등을 조사할 필요가 있다. 만약에 일시적인 현상이라면 우리 기업들이 러시아 은행산업에 진출할 필요가 없다. 하지만 지속적으로 성장할 것으로 전망된다면 우리 기업들이 러시아 은행산업에 진출할 필요가 있다는 시사점이 러시아 은행산업에 대한 조사를 통하여 제시되어야 한다.

이러한 점을 빠르게 파악하여 정보를 제공한다는 점에서 경제정책 및 현안 조사는 매우 중요하다. 이러한 조사는 거시경제지표들을 사용하기 때문에 조사 내용은 매우 제한적이다. 주요 조사 내용은 ① 특정 경제 및 시장에 대한 일반 개황, ② 주요 경제지표, ③ 경제 동향 및 주요 현안과 정책 변화, ④ 현안의 발생 배경과 전망, ⑤ 진출 및 대응방안 등이다.

2) 해외산업 조사

해외산업 조사의 목적은 일반 경제현황 및 산업구조를 분석하고 해당 국가에 기업 진출이 활발하거나 유망한 산업을 심층 분석하여, 기업들에게 특정 시장에 대한 진출가능성을 제시하는 동시에 진출에 필요한 전략을 제공하는 데 있다. 또한 해외산업 조사는 초기에 목적시장의 성장 가능성 또는 경쟁 가능성을 파악하고, 양자 간 산업협력을 할 수 있는지 또는 경쟁 가능성이 있는지를 파악한다. 그리고 어떻게 대응할 것인지에 대하여 정부의 대외정책의 수립에도 필요한 자료를 제공한다는 점에서 매우 중요하다.

이러한 해외산업 조사에서는 산업구조 및 산업정책, 산업별 동향과 현안, 외국인투자 현황 및 동향, 산업전망, 산업 간 협력 가능성 및 경쟁 가능성 등이 주요 조사 내용이 된다.

3) 기업의 해외시장조사

기업들이 해외시장을 조사하는 목적은 특정 시장에 자사 제품의 판매나 구매 가능성에 대하여 조사하는 것이다. 기업들은 제품시장 동향 조사, 즉 상품의 수요 동향, 생산 동향, 가격 동향, 유통구조, 수출입 동향, 수출입관리 제도 등에 대하여 조사하고, 이로부터 진출방안을 마련한다. 특히 기업들의 해외시장조사는 진출하려는 제품 취급업체 및 수요 잠재력에 집중된다.

4 해외시장조사 사례

1) KOTRA의 활용

KOTRA는 우리 기업들이 해외시장에 진출하기 위한 기초정보를 수집하여 제공하는 서비스를 제공하고 있다. 해외시장조사는 해외에 주재하고 있는 무역관 코리아비즈니스센터(KBC)를 통해 현지 자료를 토대로 관련 기관, 기업 등을 접촉하여 조사가 이루어진다. 조사의 내용은 바이어 찾기, 원부자재 공급선 조사, 맞춤형 시장조사, 수출대금미결제조사, 무료 KOTRA 해외기업 DB검색, 무료 Kompass 해외기업 DB 검색 등이다. 맞춤형 시장조사는 수요, 수출입, 생산, 경쟁 등의 동향은 물론 수입관세율, 소매가격, 유통구조, 품질인증제도 등을 포함하고 있다.

　조사 가능 국가는 무역관 코리아비즈니스센터가 소재한 국가로 북미, 구주, 중국, 일본, 아시아, 중동, 아프리카, 중남미 등 전 세계 84여 개국이다.

2) 일본 JETRO 사이트의 활용

앞서 살펴본 바와 같이 KOTRA 사이트(www.kotra.or.kr)는 우리나라 기업의 투자 무역 등 업무에 필요한 방대한 해외 비즈니스 정보들을 수록하고 있다. 또한 해외진출을 준비하는 기업의 개별적인 해외시장에 관한 정보 수요에 대응하는 맞춤형 조사 서비스도 제공하고 있어 해외시장조사 업무에서 가장 유용하게 활용하는 채널이다.

　그러나 해외시장조사 업무에서 요구되는 내용들이 KOTRA 정보원을 통해서 모두

그림 1-2   코트라는 해외시장 진출에 필요한 기초 정보를 수집하여 제공한다.

출처 : www.kotra.or.kr

해결되는 것만은 아니다. KOTRA 사이트를 통해 얻지 못하는 경우 추가적인 정보를 획득하기 위해 다양한 해외 정보원들을 이용해야 한다. 우선 미국이나 일본 등 주요 선진국들도 자국 기업의 해외진출을 돕기 위해 우리나라의 KOTRA와 같은 조직을 운영하고 있는데, 이들 기관이 제공하는 정보를 활용해볼 수 있다. 일본의 경우를 예로

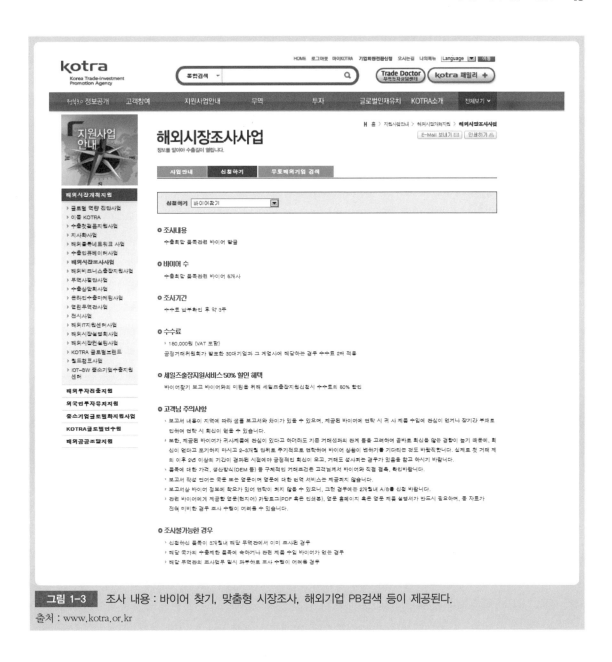

그림 1-3 조사 내용 : 바이어 찾기, 맞춤형 시장조사, 해외기업 PB검색 등이 제공된다.

출처 : www.kotra.or.kr

든다면, 무역·투자 전담기관인 JETRO(일본무역진흥기구)가 전 세계 56개국 74개 사무소를 통하여 현지 비즈니스 관련 정보를 조사 수집하여 자국 홈페이지에 제공하고 있다.

그러나 JETRO 홈페이지(www.jetro.go.jp)상에서 제공되는 정보들은 기본적으로 일

그림 1-4 코트라의 무료 해외기업 검색 서비스

출처 : www.kotra.or.kr

본 기업의 해외진출을 지원하기 위한 관점에서 수집되어 제공되는 것이기 때문에 참고적 목적으로 활용하는 것이 좋다.

예를 들어 해외 업무에서 자주 열람하게 되는 국가 보고서 경우를 살펴보자. JETRO 사이트에는 KOTRA에서 커버하지 않는 일부 국가, 예를 들어 노르웨이, 북한, 슬로바키아, 아일랜드, 코스타리카, 코트디부아르, 포르투갈 등에 관한 국가 보고서 정보를 수록하고 있다(2014년 8월 기준). 그리고 동일 국가에 관한 보고서라 하더라도 수록 항목이나 범위, 업데이트 주기나 발간 시점도 다르다. 따라서 이들을 적절히 보완하여 활용한다면 좀 더 다각적 관점의 경쟁 및 시장 정보를 얻을 수 있다.

JETRO 사이트의 국가 프로필 정보나 무역·투자 제도 및 경제지표 같은 통계자료들은 항목별·국가별 비교가 가능하도록 데이터베이스화되어 있어 이용자가 편리하게 사용할 수가 있다.

이와 더불어 투자비용 비교 메뉴에서는 전 세계 120여 개 주요 도시의 현지 임금, 사무실 임대료, 통신비, 공공요금, 운송료, 세금, 교육비 등의 데이터를 정기적으로 조

| 그림 1-5 | JETRO 홈페이지에서는 일본 기업의 해외진출을 지원하는 관점에서 정보가 수집되어 제공된다. |

출처 : www.jetro.go.jp 2014/10/5

사하여 업데이트하고 있어, 관심 도시의 현지 물가 및 투자비용 수준을 수평적으로 비교해볼 수 있다. 예를 들어 미국 서부지역인 캘리포니아 주의 샌프란시스코나 로스앤젤리스 중에 지사 사무소 개설을 검토하고 있다고 가정하자. 입지 선정을 위한 검토 항목의 하나로서 대상 도시별 예상 투자 관련 지출비용안을 비교 작성하고자 할 때, 이러한 메뉴를 이용하면 쉽게 관련 자료를 얻을 수 있다. 또한 제공되는 모든 비용

표 1-1 예시 : JETRO의 J-File 투자 코스트 비교 메뉴의 검색 결과

비교 항목			서울(한국)		샌프란시스코(미국)	로스앤젤레스(미국)
			미국 달러	현지통화(원)	미국 달러	미국 달러
임금	제조업	기능직	1,851.2/월	1,974,900/월	3,317/월	2,650/월
		중견 엔지니어	2,392.2/월	2,552,000/월	7,923/월	7,636/월
		중간관리직(과장급)	3,218.2/월	3,433,200/월	9,700/월	10,244/월
	비제조업	스태프(일반직)	2,301.1/월	2,454,800/월	조사 대상 외	조사 대상 외
		스태프(영업)직	조사 대상 외	다음 참조	6,868/월	3,370/월
		매니저(과장급)	3,710.7/월	3,958,600/월	14,306/월	11,183/월
		점포스태프(의류)	2,140/월	2,271,000/월	2,353/월	2,138/월
		점포스태프(음식)	1,547/월	1,642,000/월	2,059/월	1,803/월
	공통	법정 최저 임금	4.91/시간 39/일(8시간)	5,210/시간 41,680/일(8시간)	10.74/시간	8.00/때
		상여금 지급액 (고정+변동상여)	기본 급여의 3.41개월		조사 대상 외	조사 대상 외
		명목 임금 상승률		2010년 : 6.4% 2011년 : △0.9% 2012년 : 5.3%	2011년 : 4.6% 2012년 : △4.6% 2013년 : 0.8%	2011년 : 0.6% 2012년 : △0.3% 2013년 : 2.3%
땅값, 사무실 임대료 등		공업단지(토지)구입 가격(m당)	320	340,000	1,506(m²당)	526.89
		공단 세(m당)	0.26/월	274/월	7.53(월, m²당)	7.56
		사무소 임대료(m당)	57/월	59,991/월	샌프란시스코 시내 48.05(월, m²당)	26.11
		시내 중심부 점포/전 시실 임대료	32/m²/월	33,611/m²/월	조사 대상 외	조사 대상 외
		주재원용 주택임차료	2,167/월	2,300,000/월	샌프란시스코 (2)3,500~4,600	2,600
공공 요금		업무용 전기요금 (kWh당)	월 기본료 : 5.23 1kWh당 : 0.07	월 기본료 : 5,550 1kWh당 : 79.3	월 기본료 : 1,478.44 1kWh당 : 평균 0.13	월 기본료 : 25.00 1kWh당 : 0.03~0.04
		일반용 전기요금 (kWh당)	월 기본료 : 5.80 1kWh당 : 0.09	월 기본료 : 6,160 1kWh당 : 92.3	월 기본료 : 4.44 1kWh당 : 평균 0.20	월 기본료 : 10.00 1kWh당 : 0.14~0.21
		업무용 수도요금 (m³당)	월 기본료 : 0.54 1m³당 : · 0.91(일반상업용) · 0.73(전용공업용)	월 기본료 : 570 1m³당 : · 961(일반상업용) · 770(전용공업용)	월 기본료 : 8.40~1,272.70 (계기사이즈 : 1.59~ 40,64cm) 1m³당 : 1.93	월 기본료 : 없음 1m³당 : 1.43~2.05
		일반용 수도요금 (m³당)	월 기본료 : 1.0 21m³당 : 0.78	월 기본료 : 1,08 1m³당 : 830	월 기본료 : 8.40~1,272.70 (계기사이즈 : 1.59~40,64cm) 1m³당 : 8.5m²까지 1.50	월 기본료 : 없음 1m³당 : 1.40~2.06
		업무용 가스요금	월 기본료 : - 1MJ당 : 0.02	월 기본료 : - 1MJ당 : 21.0692	월 기본료 : 148.66 1m³당 : (여름)10,960m³까지 0.33,10	월 기본료 : 없음 1m³요금 : 687m³ 이하 : 0.37 11,418m³ 이하 : 0.27
		일반용 가스요금	월 기본료 : 0.79 1MJ당 요금 : 0.02	월 기본료 : 840 1MJ당 : 22.2304	월 기본료 : 2.96 1m³당 요금 : 0.42~0.53	기본료 : 1일 0.16의 기본료 1m³당 요금 : 0.32
세제		법인 소득세(%)	국세 : (1) 10% (2) 2천만 원+(2억 원 초과액×20%) 지방세 : 국세의 10%		연방 : 15~39%의 8단계 주 : 1.5%~10.84%의 5단계	연방 : 15~39%의 8단계 주 : 1.5~10.84%의 5단계
		개인 소득세(%)	38% (최고 세율)		연방 : 10~39.6%의 7단계 주 : 1.0~12.30%의 9단계	연방 : 10~39.6%의 7단계 주 : 1.0~12.3%의 9단계
		부가 가치세(%)	10% (VAT)(표준 세율)		샌프란시스코 군내 : 8.75%	로스앤젤레스군 : 9%
조사 실시 시기			2013년 10월~2014년 1월		2014년 1월	2013년 12월~2014년 1월

* JETRO 사이트의 투자 코스트 비교 메뉴(http://www.jetro.go.jp/world/search/cost/)에서 서울, 샌프란시스코, 로스엔젤리스 3개 도시의 현지 물가수준을 비교한 결과화면을 파일로 다운로드받아 편집한 표임.
** 네이버 일본어 번역 서비스는 http://jpdic.naver.com, 구글 번역기는 https://translate.google.com에서 제공

항목들은 정보 출처가 명기되어 있어 이들을 추적하면 관련되는 상세 데이터를 추가적으로 얻을 수 있다.

　JETRO 해외 비즈니스 정보는 일본어로 제공되고 있지만 네이버의 일본어 번역 서비스나 구글 번역기를 이용하면 일본어를 모른다 하더라도 내용을 이해하는 데 큰 어려움이 없을 것이다.

3) 미국 상무부 국제무역청 포털 사이트

미국은 2013년도 세계 최대 교역국의 자리를 중국에 내주었지만, 글로벌 시장에 관한 정보력에 있어서는 양적인 측면이나 질적인 측면 모두에서 여전히 압도적이라 할 수 있다. 민간 부문에서는 다이얼로그(Dialog), 블룸버그(Bloomberg), 다우존스(Dow Jones)와 같은 상업용 비즈니스 전문 데이터베이스 서비스가 수백 가지에 이른다. 연방정부 차원에서 제공되는 해외시장 정보로는 미 상무부 국제무역청(International Trade Administration, U.S. Departmet of Commerce)의 Export.gov(www.export.gov) 사이트가 대표적이다.

　Export.gov는 우리나라 KOTRA의 Global Window 사이트(www.globalwindow.net)와 같이 미국 내 기업들에게 해외 비즈니스 정보를 제공해주고 있는 포털 사이트이다. 이 사이트의 주 메뉴인 'Opportunities(기회)' 페이지는 122개 국가 및 23개 산업별 서브 페이지로 구성되어 있으며, 국가별 비즈니스 가이드와 산업별 시장보고서 등 다양한 해외시장 정보를 제공하고 있다. 이 사이트는 Global Window에서 별도로 분류하고 있지 않은 교육, 관광, 프랜차이징, 해양기술, 미디어, 중고기계 등의 업종을 독립된 산업 분류로 다루고 있어 이 분야에 관한 해외 비즈니스 정보를 얻고자 할 때 유용하다.

　또한 export.gov의 'Market Research' 페이지를 접속하게 되면 Market Research Library(http://www.buyusainfo.net/)라는 사이트로 연결된다. 이 사이트는 10만여 건에 이르는 특정 산업 또는 국가에 관한 시장 보고서 등을 축적하고 있는 역사 깊은 데이터베이스이다. 이 데이터베이스에는 국가별 비즈니스 가이드(Country Commercial Guides), 시장조사 보고서(Market Research Reports), 유망시장 보고서(Best Market Reports) 등의 해외 정보가 수록되어 있으며, 찾고자 하는 보고서를 특정 국가나 산업으로 제한하여 조건 검색을 할 수 있어 손쉽게 원하는 정보를 얻을 수 있다. 이 중에서 특히 매년 갱신 발간되고 있는 125권에 이르는 국별 비즈니스 가이드(Country

그림 1-6 export.gov 사이트의 중고기계 서브 페이지 화면

출처 : www.export.gov

Commercial Guide)는 그 구성 체계가 KOTRA의 국가 보고서와 유사하여 국가별 비즈니스 환경을 추가적으로 파악하고자 할 때 유용하게 활용될 수 있다.

다만 이 사이트에서 제공하는 시장조사 보고서(Market Research Reports)와 유망시장 보고서(Best Market Reports)는 미국 내 기업이나 연구자들에게만 개방되고 있어 해외에서는 열람할 수 없다는 점을 유념해야 한다.

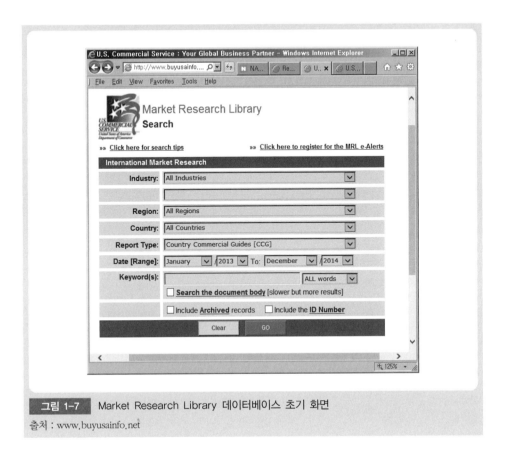

그림 1-7 Market Research Library 데이터베이스 초기 화면

출처 : www.buyusainfo.net

표 1-2　예시 : 미 상무부 Country Commercial Guide의 목차

장 구성	수록 내용	장 구성	수록 내용
1 : Doing Business in Russia	• Market Overview • Market Challenges • Market Opportunities • Market Entry Strategy • Market Fact Sheet Link	6 : Investment Climate	• Openness to Foreign Investment • Conversion and Transfer Policies • Expropriation and Compensation • Dispute Settlement • Performance Requirements and Incentives • Right to Private Ownership and Establishment • Protection of Property Rights • Transparency of Regulatory System • Efficient Capital Markets and Portfolio Investment • Competition from State Owned Enterprises • Corporate Social Responsibility • Political Violence • Corruption • Bilateral Investment Agreements • OPIC and Other Investment Insurance Programs • Labor • Foreign-Trade Zones/Free Ports • Foreign Direct Investment Statistics • Web Resources
2 : Political and Economic Environment			
3 : Selling U.S. Products and Services	• Using an Agent or Distributor • Establishing an Office • Franchising • Direct Marketing • Joint Ventures/Licensing • Selling to the Government • Distribution and Sales Channels • Selling Factors/Techniques • Electronic Commerce • Trade Promotion and Advertising • Pricing • Sales Service/Customer Support • Protecting Your Intellectual Property • Due Diligence • Local Professional Services • Web Resources		
4 : Leading Sectors for U.S. Export and Investment	• Agricultural Equipment • Automotive Parts/Accessories • Broadcast Equipment • Construction • Cosmetics • Electrical Power Generation and Transmission Equipment • Forestry and Woodworking Equipment • Machine Tools and Metal Working Equipment • Medical Equipment • Rail Equipment • Refinery Equipment • Safety and Security Equipment • Travel and Tourism Services	7 : Trade and Project Financing	• How Do I Get Paid (Methods of Payment) • How Does the Banking System Operate • Foreign-Exchánge Controls • U.S. Banks and Local Correspondent Banks • Project Financing • Web Resources
5 : Trade Regulations, Customs and Standards	• Import Tariffs • Trade Barriers • Import Requirements and Documentation • U.S. Export Controls • Temporary Entry • Labeling and Marking Requirements • Prohibited and Restricted Imports • Customs Regulations and Contact Information • Standards • Trade Agreements • Web Resources	8 : Business Travel	• Business Customs • Travel Advisory • Visa Requirements • Telecommunications • Transportation • Language • Health • Local Time, Business Hours and Holidays • Temporary Entry of Materials and Personal Belongings • Web Resources
		9 : Contacts, Market Research & Trade Events	• Contacts • Market Research • Trade Events
		10 : Guide to Our Services	

출처 : 미 상무부(2014), Doing Business in Russia : 2014 Country Commercial Guide

제2장

해외시장 조사방법론

1 해외시장 조사방법의 종류

해외시장조사를 통하여 획득하여야 할 정보는 매우 다양하다. 예를 들어 진출시장에 대한 제품 및 서비스 수요 파악, 관련 제품의 주요 경쟁기업 정보, 시장경쟁 상황, 시장의 위험요인, 유통구조, 진출 시장에서의 주력 바이어 파악 및 수출 등 상거래 관련 제도 및 현황에 대한 정보 등이 포괄적으로 포함된다.

현재와 같은 글로벌 경쟁시대에 효과적인 해외시장진출을 위하여 다양한 정보들을 경쟁자보다 더 쉽고 더 빠르게 그리고 더 비용 효율적으로 수집할 수 있는 역량은 기업에게 매우 효과적인 경쟁력을 제공하기 때문에 필요한 정보를 획득하기 위하여 개인, 기업, 기관, 정부 등은 다양한 노력을 기울이고 있다. 특히 근래 들어 인터넷 등 정보통신기술의 발전으로 인하여 개별적으로 손쉽게 정보를 획득하기도 하지만, 다른 사람이나 기관과의 정보 공유 시스템(비즈니스 네트워킹) 구축을 통하여 협업으로 필요한 정보를 획득하는 경우도 많아지고 있다.

이렇듯 필요한 해외시장 정보의 양과 종류가 많고 획득되는 정보도 엄청나게 많은 만큼 다양한 정보 중에서 해당 해외시장조사 목적을 달성하는 데 필수적이며 가치 있는 정보를 선별하는 것은 중요하다. 또한 이러한 정보를 집중적으로 획득할 수 있는 역량을 확보하는 것이 매우 중요하다. 가치 없는 정보, 예를 들어 인터넷 등에서 확인되지 않은 정보 자료원(source)으로부터 무분별하게 수집된 불명확한 정보, 잘못된 통계방법으로 처리되어 분석이 잘못된 통계정보, 소문(rumor)에 기반한 정보, 아주 오래된 사실 등은 정보 수집에 투입되는 제반비용을 높이며 변수로서의 생명력이 없는 자료라 할 수 있다. 이러한 가치 없는 정보는 조사의 효율성과 효과성을 떨어뜨리는 것은 물론 최종적으로는 기업의 해외진출 목적을 달성하는 데 오히려 장애요인이 될 수 있음을 명심해야 한다.

해외시장조사를 수행하는 방법으로 크게 시장조사 주체가 누구인지에 따라 직접 조사와 간접 조사로 구분할 수 있으며, 획득하는 자료의 성격에 따라 1차 자료 조사와 2차 자료 조사로 구분할 수 있다. 이 중 직접 조사는 기업이 자체적으로 1차 자료 및 2차 자료를 수집하여 조사하는 방법이며, 간접 조사는 전문 조사 대행기관을 통하여 조사하는 방법이다. 또한 2차 자료는 다른 조사자가 다른 조사 목적을 위하여 이미 수집한 자료를 의미하며, 1차 자료는 조사자가 현재의 조사 목적을 달성하기 위해 직접 수집한 자료로 각종 설문 조사나 관찰, 실험 등으로 확보하는 자료가 이에 포함된다.

1) 조사 주체에 따른 해외시장 조사방법의 종류

(1) 간접 조사

간접 조사란 해외시장조사를 기업이 직접 수행하지 않고 해외시장 전문 조사기관에 의뢰하거나 전문 조사기관이 생산한 정보를 수집하는 방법을 의미한다. 이러한 간접 조사방법은 국내의 조사 대행기관이나 국제적인 조사 대행기관에 의뢰하여 수행될 수 있다.

전문 조사기관의 상업적 제공 정보에는 다수의 기업에서 공통적으로 필요로 하는 자료를 정기적으로 수집 및 분석하여 판매하는 경우와 개별기업의 조사 의뢰에 따라

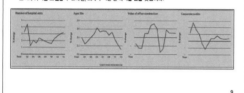

그림 2-1   예시 : 미국 의료가구 분야에 대한 전문 조사기관의 시장조사 보고서

출처 :「해외진출 민간거점 활용사업 성과분석 및 차별화 방안연구」(2010), 중소기업진흥공단

조사를 수행하고 정보를 제공하는 방법으로 나눌 수 있다. 이 중 개별기업의 조사 의뢰에 따라 조사를 수행하는 경우는 비용이 매우 고가이며 조사 의뢰 기업의 몰입도도 상대적으로 매우 높아야 하기 때문에 정기적인 정보 수집보다는 일회성 또는 프로젝트 기반의 정보 수집에 보다 적합하다.

전문 조사기관을 통한 시장조사는 다양한 조사기술을 적용하여 개별기업이 자체적으로 조사하기 어렵고 비용이 많이 투입되는 조사를 중심으로 이루어지고 있는 것이 특징이다. 국내에서 판매되고 있는 이러한 전문 조사기관의 대표적인 상업 자료로는 Nielsen Retail Index와 Media Research에서 소매점 대상의 다양한 제품에 대한 판매자료(재고량, 구매량, 판매량)를 정기적으로 제공하는 텔레비전 시청률 조사자료 등을 들 수 있다. 이외에도 IT 등 특정 산업 분야에 대한 전 세계적인 조사 자료를 정기적으로 수집하여 제공하는 IDC Trackers 등의 다양한 상업 자료가 있다.

참고 우리나라 정부 관련 공공기관이 제공하는 해외시장조사 서비스

우리나라 정부 관련 공공기관들은 기업들의 원활한 해외진출을 지원하기 위하여 다양한 해외시장조사 서비스를 제공하고 있는데, 대표적인 기관으로 KOTRA, 중소기업진흥공단, 한국무역협회 등을 들 수 있다.

■ KOTRA 해외시장 조사사업

- KOTRA 전 세계 해외무역관(84개국 122개 무역관)을 통해 해외 바이어 찾기, 시장조사 등을 지원하는 서비스로 전문 조사원 혹은 컨설턴트를 수반하는 심층 조사(depth interview)나 종합 비즈니스 컨설팅이 필요한 경우에는 적합하지 않은 기초 정보만을 제공한다. 기본적으로 조사 신청 최근 5년간 KOTRA 해외시장조사 이용내역 분석 자료(조사지역 수출 성공률, 서비스 재이용률 등)를 제공하므로 특정 의뢰 기업에 적합한 조사지역, 품목, 마케팅 노력 여하에 따른 수출 성공률 등을 제시하지는 않는다.

KOTRA 해외시장 조사사업 개요

서비스 유형	서비스 내용	수수료(VAT포함)
① 바이어 찾기	수출 희망 품목의 잠재 바이어 발굴	150,000원
② 맞춤형 시장조사	수요 동향, 수입 동향/수입 관세율, 경쟁 동향, 수출 동향, 소매가격 동향/유통구조, 품질인증제도, 생산 동향, 기타 등 조사	110,000원/항목당 (예 : 수요 동향 + 경쟁 동향 = 220,000원)
③ 바이어 연락처 확인	기업 존재 여부, 대표 연락처 확인, 취급 품목	연간 6개 사로 한정하며, 추가 신청 시마다 1만 원의 별도 수수료 부과(대기업 2배 부과)
④ 원부자재 공급선 조사	수입 희망 품목의 잠재 공급선 발굴	220,000원

주 : 조사 수수료는 매년 달라짐

- 공통적으로 적용되는 조사 의뢰 시 유의사항으로는 ㉠ 국내 생산제품의 바이어 발굴인 경우와 ㉡ 제품에 대한 영문카탈로그 혹은 영문 홈페이지를 보유한 경우에 이용 가능하며, 현지 KBC의 사전검토 및 조사 중에 ⓐ 해당 국가의 직·간접적인 수입제한 품목인 경우, ⓑ 해당 국가의 시장성이 미약하거나 거래의사를 가진 바이어가 거의 없는 경우, ⓒ 해당 KBC의 지사화 품목인 경우, ⓓ 조사 신청 3개월 이내에 동일 품목으로 이미 조사가 진행된 경우에는 서비스가 제공되지 않는다.
- 조사절차를 간략히 살펴보면 다음의 그림과 같으며, 조사 가능 국가로는 KOTRA 코리아 비즈니스센터가 소재한 국가의 지역이 기본적으로 적용되며, KBC가 소재하지 않은 지역은 조사 정보가 제공이 되지 않는다.

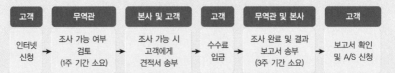

[KOTRA 해외시장조사 서비스 절차 개요]

출처 : www.kotra.or.kr

- 주의사항으로 조사 신청 이전에 KOTRA 홈페이지 Digital KOTRA에세 제공되는 다음과 같은 주요 서비스 및 이용 가능 정보[㉠ 해외시장 정보 : 상품시장, 상품산업 동향, ㉡ 국별 유력 기업 구매 정보, ㉢ 국가 정보 : 국가 개요, 관세 및 조세제도, 인증제도 등, ㉣ 해외 상품정보 D/B : 심층 조사(산업별 조사), 조사대행 D/B, ㉤ 오퍼 정보 : 바이어 오퍼 정보]에 대해서는 기본적으로 서비스를 제공하지 않는다는 점을 유의해야 한다.

❷ 중소기업진흥공단의 해외 민간네트워크 활용사업

해외 민간네트워크란

- 해외진출 지원 분야별 전문 서비스 제공이 가능하고 국내 중소기업에 대한 해외진출 지원 업무를 수행하고 있는 전문 컨설팅 기업
- 지정 요건
  ① 국내 소재 기업 : 전년도 매출액이 1억 원 이상이며, 2년 이상 해외진출 지원 업무를 수행하고 있고, 해외 현지법인 또는 지사를 운영하고 있는 기업
  ※ 해외법인(지사)이 없는 경우, 현지 업무 제휴 파트너와의 2년 이상 협력체계 및 실적이 우수한 경우 지정 가능
  ② 해외 소재 기업 : 1년 이상 현지에서 동 사업 관련 업무를 수행하고, 기업의 수출 및 현지 진출 활동에 대한 지원 실적이 있는 기업

- 사업 목적 : 중소기업이 독자적으로 추진하기 어려운 해외진출 관련 프로젝트에 대해 해외 민간 전문기관의 컨설팅 서비스를 통해 지원하고자 하며, 세계 주요국의 유수 민간 컨설팅 회사나 마케팅 회사를 해외 민간네트워크로 지정하여 중소기업 해외진출 지원거점을 마련하고 네트워크화함으로써 해외진출 인프라 및 종합지원체제 구축하고자 하는 사업이다.

① 지원 절차 : 해외 민간네트워크와 해외진출 지원희망 중소기업을 선정한 후, 상호 컨설팅 계약을 맺고 이에 따른 컨설팅 비용의 일부 지원
② 지원 방법 : 지원 기업과 해외 민간네트워크 컨설팅 서비스 상호 매칭
③ 지원 금액 : 전년도 직수출액과 지원 연차별로 차등 지원
④ 지원 비율

전년도 직수출액이 500만 달러 미만	70% 지원(업체 30% 분담)
전년도 직수출액이 500만 달러 이상	50% 지원(업체 50% 분담)

⑤ 지원 한도 : 지역별 차등 적용

지역 1	북미, 유럽, 러시아CIS, 일본, 싱가포르, 대양주, 중남미(브라질, 아르헨티나)	업체당 월 200만 원
지역 2	중국, 동서남아시아, 중남미 기타, 아프리카 등	업체당 월 170만 원

※ 연간 지원한도(지역 1–2,000만 원, 지역 2–1,700만 원), 연도별로 차이가 있을 수 있음.
※ 동일 국가 최대 2년, 총 참여가능 연수는 5년으로 제한(2013년 참여 중소기업부터 적용)

⑥ 지원 기간 : 진출희망 지역(국가)과 참여기간 선택권 부여(둘 중 택 1)

구분	선택 1	선택 2
진출 희망국가	1개국	2개국
지원 기간	최대 10개월	각 최대 5개월

⑦ 지원 분야 : 지원 분야는 총 8가지로 각 분야별 해외진출 세부 지원 내용은 다음과 같음

분 야	지 원 내 용
기술 수출(제휴)	기술수출 및 제휴(기술이전, 협력, 라이선싱 등) 파트너 알선 및 현지 지원
해외투자 유치	해외 벤처캐피탈 연계, 현지투자 상담 지원 등 외국인 투자유치 지원
조달 진출	국제기구 및 국가별 국제 조달시장에 직접 진출하거나, 공공조달 벤더와 거래 알선, 입찰 대행 업무의 수행
품목별 타깃 진출	다수의 중소기업(5개 사)이 생산하는 산업별 유사 제품을 묶어 온-오프라인의 채널을 활용한 판매 · 판로 개척
인큐베이팅 서비스	인큐베이팅 역량을 갖춘 민간네트워크를 활용하여, 생산설비 등 중장기적인 기술 마케팅 및 유지/관리가 필요한 업종 중심으로 인큐베이팅 서비스 제공
현지투자 지원	중소기업의 현지 진출을 위한, 투자 타당성 검토, 파트너 발굴, 현지법인 설립 지원
해외 유통망 진출	전문 유통채널 진출을 직접 지원하거나, 세일즈랩 등 마케팅 전문가를 활용, 해외 대형할인점, 백화점 등 유통채널 진출 지원
수출 지원	중소기업의 해외시장 진출을 위한 시장조사, 바이어 발굴, 현지 마케팅 세일즈 활동, 홍보대행, 수출계약 지원, 대금회수 등

❸ 한국무역협회의 통합무역정보 서비스-Trade Navi

- 유럽연합(EU) 집행위, 산업부, 중소기업청, 코트라 등 34개 기관의 무역정보를 연계해 제공하는 통합 무역 정보 서비스(www.tradenavi.or.kr)를 2014년 7월부터 제공

출처 : www.tradenavi.or.kr

이러한 상업 자료들은 개별기업이 직접 조사하는 경우보다는 경제적이라 할 수 있다. 그러나 자료 수집 과정에 투입되는 원가를 줄이기 위하여 표본 규모를 부풀리거나 조사 과정을 철저하게 통제하지 못하는 경우도 발생할 수 있음을 유의해야 한다. 특히 상업 자료들은 조사하기가 어려운 자료가 많아서(응답자가 응답해주기 어려운 자료) 자료 수집 과정에서 신뢰성 있는 조사가 진행되었는지 대해서도 신중하게 평가해본 이후에 자료 구입 의사를 결정해야 한다.

(2) 직접 조사

현재 주로 이용되고 있는 해외시장조사의 직접적 방법에는 현지 직접 방문, 해외 지사 이용, 전시회나 박람회 참가, 국내 경제·무역·통상의 자료 이용, 해외의 경제·무역·통상 자료 이용, 국내 주재 외국공관의 자료 이용, 인터넷을 이용한 자료 수집 등의 방법이 있다. 이를 구체적으로 살펴보면 다음과 같다.

① 각종 기존 문헌 조사 : 국내외 대외정책기관(OECD, IMF, UNCTAD, 무역협회, KOTRA, 재외 한국대사관 상무관 등), 경제기관, 연구소, 대학기관 등에서 발행하는 각종 자료(서적, DB, 홍보책자, 무역관련 기사)를 활용하는 방식이다. 대부분 기초적인 시장조사에 적합하며, 직접 조사 방법 중 시간과 비용 측면에서 가장 경제적이라 할 수 있다. 그러나 조사된 자료의 절대량이 부족하고 기업이 원하는 정보가 존재하지 않을 가능성이 있음을 유의해야 한다.

② 해외 현지 직접 방문 : 목표로 하는 해외 현지시장의 직접 방문을 통하여 주요 시장 참여자인 소비자, 경쟁기업과 관련 정책 담당자, 잠재적 바이어 등 시장 이해 관계자에 대한 직·간접 인터뷰를 통하여 조사를 수행하는 방식으로 얻고자 하는 정보를 비교적 정확하고 깊이 있게 조사할 수 있다. 하지만 상대적으로 다른 방식에 비해 시간과 비용이 매우 과다하게 소비될 수 있으며 기업 내부에 전문 조사원이 없을 경우 조사품질에도 문제가 발생할 수 있다. 또한 현지 방문을 추진하는 시기의 선택도 조사의 품질을 결정하는 데 매우 중요하다.

③ 해외의 에이전시나 지인을 활용하는 방법 : 목표로 하는 해외 현지시장을 잘 이해하거나 파악하고 있는 현지지사나 대리점 또는 이미 진출한 관련 기업이나 지인(현지 네트워크) 등을 활용하여 조사하는 방법으로 현지 직접 방문에 비해 대체로

그림 2-3 예시 : KOTRA 글로벌 전시 포털 사이트

출처 : www.kotra.or.kr

신속하며 저렴한 비용으로 조사가 가능하다. 그러나 이미 진출한 현지지사나 대리점이 없는 경우와 자료 제공원(관련기업 또는 지인 등)의 이해관계에 따라 조사 정확도에 문제가 발생할 수 있는 단점이 있다.

④ 해외 전시회나 박람회 참가 또는 참관 : 기업 입장에서 해외시장 진출을 위하여 선택할 수 있는 가장 좋은 방법 중 하나가 바로 해외에서 개최되는 각종 전시회나 박람회에 참가 또는 출전하는 것이다. 해외 전시회나 박람회 참가를 통하여 다양한 잠재거래 가능자 및 시장 참여자를 한 자리에서 빠른 시간에 탐색할 수 있으며, 새로운 제품이나 서비스 등 경쟁기업의 동향을 한눈에 살펴볼 수 있는 등

비용대비 다양한 정보의 확보가 가능한 장점이 있다. 그러나 참여 기업이 전시회 및 박람회 참가 목적을 충실히 달성하기 위해서는 참여 기업의 사전준비와 계획 협상 등에 필요한 역량 확보를 전시회 및 박람회 참가 이전에 일정 수준 확보해두어야 한다. 국내에서는 지식경제부 및 KOTRA, 중소기업진흥공단 등 유관기관에서 다양한 해외 전시회 및 박람회 참여 정보를 제공하고 있다.

2) 자료의 성격에 따른 해외시장 조사방법의 종류

효과적인 해외시장조사를 위해서는 조사 목적, 조사 대상지역과 시기 등을 고려하여 조사자가 사용 가능한 정보(information)를 다수 수집해야 한다. 해외시장조사를 위하여 획득할 수 있는 정보를 자료(data)의 성격으로 구분해보면 크게 1차 자료(primary data)와 2차 자료(secondary data)로 나누어볼 수 있다.

먼저 2차 자료는 다른 조사자가 다른 조사 목적을 위하여 수집한 자료로 각종 정부 간행물, 통계자료집, 신문기사, 잡지, 연구 조사 보고서, 학술논문, 정부 또는 기업의 내부자료 등이 포함된다. 반면에 1차 자료는 조사자가 현재의 조사 목적을 달성하기 위해 직접 수집한 자료로 각종 설문 조사나 관찰, 실험 등으로 확보하는 자료가 이에 포함된다. 이러한 2차 자료 및 1차 자료는 서로 상반되는 장점 및 단점을 가지고 있으므로 어느 것이 상대적으로 더욱 좋은 자료라고 단언할 수 없다. 그렇기 때문에 시장별 및 조사 목적별 또는 조사에 투입할 수 있는 시간과 비용 등 문제가 어떠한지에 따라 조사자가 적절성을 판단해야 한다.

표 2-1 2차 자료와 1차 자료의 비교

	2차 자료	1차 자료
수집 목적	다른 조사문제 해결	직면한 조사문제 해결
수집 과정	낮은 관여도	높은 관여도
수집 비용	적음	많음
수집 기간	짧음	긺
적합성 정도	낮음	높음
정확성 평가	평가 어려움	평가 가능함

(1) 2차 자료 조사

가. 2차 자료의 수집과 분석

2차 자료는 조사자가 직접 해당 문제에 대해 조사하는 1차 자료와는 달리 대부분 문제에 대한 직접적인 해결방법을 제공하는 자료가 아니다. 그러므로 해당 문제해결을 위한 조사 설계에 보충적인 도움을 줄 수 있는 자료들이다. 또한 간혹 습득한 이차 자료의 조사 목적이 본 조사와 일치하더라도 조사가 수행되는 시기의 차이, 시장상황의 변화 등으로 인하여 해당 조사에 직접적으로 사용하는 데 한계가 있을 수 있다.

　2차 자료의 효율적인 수집을 위하여 명확히 인식해야 하는 것 중 하나는 관련되는 모든 2차 자료(기존 문헌자료)를 수집한다는 것은 현실적으로 불가능하므로 수집된 2차 자료의 개별 중요성을 평가하여 효율성을 높일 수 있도록 선별적으로 수집해야 한다. 또한 확보한 2차 자료를 단순나열식으로 정리하는 것을 지양하고 체계적인 분류기준을 만들어 이에 따라 구분하고 서로 연결하여 분석해야 한다. 수집된 2차 자료를 검토하고 분석할 때에는 해당 자료를 비판적인 시각으로 바라보는 것이 필요하며 이후 필요에 따라 수집될 수 있는 관련되는 1차 자료와 심층적으로 연결시켜 분석해 보아야 한다.

나. 2차 자료의 원천과 종류

일반적인 2차 자료의 원천과 종류를 살펴보자. 우선 2차 자료를 수집할 수 있는 장소를 물리적으로 분류해보면 도서관, 상공회의소 등 각종 협회 정보실, 대학 연구소, 인터넷 자료실 등 매우 다양하다. 또한 자료를 수집하는 기업 입장에서 기업내부 자료와 외부 자료로 분류할 수 있다.

가) 기업 내부자료(internal sources data)

기업은 경영 활동을 수행하면서 다양한 종류의 문서와 서류를 작성하게 된다. 구체적으로 재무제표 등의 회계장부, 매출액 보고서, 고객 만족도 조사 보고서, 현지 출장 보고서, 고객들과의 관계를 위한 IR 서류, 협력업체와의 제휴에 필요한 서류, 대외기관에 신고하는 기업공시 보고서 등 종류가 매우 다양하다. 이러한 문서나 서류는 기업 내부에 문서화되어 보존되거나 기업 데이터베이스(DB)에 정리되어 보관되어 있는 경우가 대부분이다. 잘 정리된 이러한 자료들은 효율적인 기업 내부자료로 활용이 충분히 가능하다.

이동전화 서비스 기업이나 신용카드 기업의 경우 고객 개개인별로 나이, 성별, 주소 등 인구통계학적인 기초 자료와 함께 사용액, 사용처, 고객의 선호도, 취미생활 등 다양한 정보를 확보하고 있다. 극단적으로 이러한 정보들을 통해 고객 자신은 지난해 자신이 어떤 소비 활동을 하였는지 기억하기 어렵겠지만, 기업은 사용내역의 조회를 통해 해당 고객의 과거 행적을 매우 정확하게 파악할 수 있다. 그러나 해당 정보의 사용에 있어 개인정보 활용과 관련된 법률문제를 잘 검토해보아야 한다. 해당 정보를 기업 내부자료로만 활용하는 경우에는 큰 문제의 소지가 없을 수 있다. 그러나 외부로 유출 또는 공개하는 것에는 고객의 사전 동의나 관련되는 법적 절차를 잘 이해한 이후에 활용해야 한다.

나) 기업 외부자료(external sources data)

기업이 외부로부터 입수할 수 있는 자료의 종류는 점점 많아지고 있는 추세이며 자료의 품질도 점차 향상되고 있다. 과거에는 대부분의 2차 자료가 공개적이며 이용료도 매우 저렴하거나 무료였다. 그러나 현재에는 다수의 조사기관이 등장하여 양질의 자료를 지적 재화(서비스)로 판매하고 있어 해당 자료의 사용에 주의가 필요하다. 외부자료의 원천과 유형에 어떤 것이 있는지를 살펴보면 다음과 같다.

① 정부기관 : 국가별 경제 동향 및 수출입 통계자료
   - 무역통계 연보 및 월보(무역협회, 관세청 등)
   - UN 무역통계연보(International Trade Statistics Yearbook, UN Comtrade)
   - IMF 발간자료(World Economic Outlook, International financial statistics)
   - 국내 주재 외국공관의 상무관 및 자료실
② 국내외 경제단체 및 유관기관
   - 한국무역협회(KITA), 대한투자진흥공사(KOTRA) 등의 무역통계, 지역별 시장 동향 자료, 국별 수출입업자 총람, 기타 유료 해외시장조사 등
   - 세계무역연합(www.wtpfed.org) 및 UNCTAD(www.unctad.org) 등

표 2-2 국내 주요 2차 자료원

자 료 원	제 공 자 료
한국은행	GNP 등 각종 경제지표, 국제수지, 조사통계월보, 금융통계, 국제경제지표 등
공공연구소	KIET와 KDI 기술, 산업·경제 관련 연구 보고서, ETRI의 전자통신 관련 연구 보고서 등
사설연구소	삼성경제연구소, LG경제연구소, 현대경제연구소 등 산업, 경영, 경제 관련 연구 자료
학회	한국경영학회, 한국마케팅학회, 한국소비자학회, 한국상품학회 등의 학회지(경영 관련, 학회는 공동 인터넷사이트 dure.net 이용)
협회	백화점협회, 슈퍼체인협회, 물가협회, 광고주협회, 한국무역협회, 한국자동차협회, 한국기계협회 등 수 많은 협회의 협회보 및 간행물
광고대행사	제일기획, 오리콤, 동방기획, 엘지애드, 금강기획, 삼희기획 등의 간행물
잡지사	주간매경, 주간한경, 이코노미스트, 경영과 마케팅, 월간 마케팅과 세일즈, 광고 정보 및 업계 관련 잡지
조사회사	A.C.Nielsen의 Retail Index, 미디어리서치의 TV 시청률 등 유료 자료
도서관	국회도서관, 국립중앙도서관의 학위논문 및 각종 연구논문 자료

표 2-3 해외 주요 2차 자료원

자 료 원	제 공 자 료
정기간행물 및 신문 인덱스	Business Periodical Index, Funk & Scott Index of Corporation & Industries, Wall Street Journal Index
정기간행물 및 신문	Advertising Age, Business Week, Forbes, Fortune, Industrial Marketing, Journal of Advertising Research, Journal of Marketing, Journal of Marketing Research, Journal of Retailing, Wall Street Journal
사전, 핸드북, 서지	Encyclopedia of Associations, Marketing and Communication Media Dictionary, Reference Guide to Marketing Literature
소비자 및 시장정보 원천	Editor & Publisher Market Guide, Guide to Consumer Markets, Survey of Buying Power
산업 정보 원천	Barometer of Small Business, Standard & Poors Industry Survey
기업 정보 원천	Fortune Double 500 Directory, Standard &Poors Corporation Records, Thomas Register of American Manufacturers
광고 정보 원천	Daniel Starch and Staff reader audience reports, Standard Directory of Advertisers, Standard Rate and Service Publications
정부 정보 원천(미국)	American Statistics Index, Monthly Catalog of U.S. Government Publications, Statistical Abstract of the United States, Federal Reserve Bulletin. Economic Report of the President. Survey of Current Business
국제 정보 원천	www.OECD.org, www.IMF.org, www.UN.org

다. 2차 자료의 장점 및 단점

2차 자료는 이미 존재하는 자료이므로 수집에 따른 시간과 비용의 경제성이 1차 자료에 비해 상대적으로 높다. 그러나 일반기업이나 개인이 사적으로 수집할 수 없는 자료를 쉽게 얻을 수 있고 공공 자료의 경우 신뢰성이 높다는 장점이 있다. 또한 기업이 필요로 하는 해외진출 문제에 대한 정의 수립에 도움을 주며 1차 자료의 분석과 이용에 대한 지침을 제공해준다. 따라서 2차 자료를 구할 수 있고 또한 조사문제를 해결하는 데 적합한 경우에는 1차 자료에 앞서 우선적으로 사용하는 것이 바람직하다.

그러나 2차 자료는 대부분 현재 조사 목적과는 다른 목적으로 수집된 경우가 많다. 또한 조사 목적이 일치한다 해도 자료의 적합성, 신뢰성, 정확성, 시효성이 결여될 수 있으므로 이에 대한 평가를 한 뒤에 사용해야 한다.

첫째, **적합성의 평가**는 필요로 하는 자료의 측정 내용과 측정대상이 일치하는지를 평가해보는 것이다. 예를 들어 청량음료에서 탄산음료가 차지하는 소비량 점유율을 조사하는 경우 측정 내용이 탄산음료의 전체 청량음료 소비량에 대한 비율을 측정하여야 한다. 이때 측정 내용에 탄산음료가 아닌 우유나 주스 소비량이 포함되어 있거나 소비량이 아니라 판매액으로 조사되어 있는 경우는 자료의 적합성이 떨어진다. 또한 성인을 대상으로 한 소비량을 알고자 하는데 청소년층의 소비량을 조사한 자료의 경우에도 적합성이 없다고 볼 수 있다.

둘째, **신뢰성의 평가**는 측정 내용과 측정대상이 적합한 자료라고 하더라도 자료 수집 방법이나 측정이 부적절하게 이루어지 않았는지를 평가하는 것이다. 자료 수집 절차나 측정도구(설문지 등)를 밝히지 않거나 알 수 없는 경우, 표본의 수(조사 대상자의 수)가 매우 적을 때, 조사 자료에 대한 신뢰도를 평가할 수 있는 근거(신뢰도 계수 등)가 없을 때, 동일한 자료원 또는 다른 자료원에서 얻어진 자료 간에 일관성이 없을 때는 신뢰성을 의심해야 한다. 특히 신뢰성이 떨어지는 사적 기관에서 자신의 주장이나 이해관계를 정당화하기 위해서 조사된 자료나 형식적으로 조사 실적을 보이기 위해 실시한 조사 자료의 경우는 신뢰성에 문제가 있을 수 있음을 명심해야 한다.

셋째, **정밀성의 평가**는 자료의 분류나 측정의 정밀도가 어떤 수준인지를 평가하는 것이다. 정밀성이 낮을 경우 자료로서 이용이 불가능하다. 기간 분류가 월 단위로 된 자료가 필요한데 연 단위로 된 자료이거나, 시(city) 단위 자료가 필요한데 도(province) 단위로 측정된 자료이거나, 소수점 2자리까지 세밀한 자료가 필요한데 1,000단위로 측정되어 있는 경우 자료의 내용과 신뢰성이 높다 해도 조사문제를 해결하는 데 도움이 되지 않는다. 반면에 요구되는 자료보다 세밀하게 분류된 자료이거나 보다 정밀하게 측정된 자료는 조사 요구에 맞도록 통합해서 사용하면 되므로 문제가 없다.

넷째, 시효성의 평가는 조사 자료가 내용(타당성), 신뢰성, 정밀성 측면에서 모두 적합하다 해도 너무 오래된 자료인 경우 자료를 의사결정에 이용할 수 없는 경우가 있다. 요즘에는 시장상황이 급격하게 변하고 있기 때문에 일정 기간 이상 지난 자료는 쓸모없는 경우가 많다. 이러한 자료를 바탕으로 의사결정을 내릴 경우 잘못된 의사결정이 수행될 가능성이 높다고 할 수 있다.

(2) 1차 자료 조사

2차 자료만으로 의사결정 문제해결이 힘든 경우에는 1차 자료의 수집을 검토해야 한다. 1차 자료 수집은 특정 주제에 대한 깊이 있는 문제를 해결(의사결정)하기 위하여 주로 사람을 대상으로 관찰(observation)하거나 설문지(questionnaire)를 통하거나 또는 면접(interview) 등을 이용하여 행동이나 사고, 반응 등을 조사하기 위한 목적으로 수행된다. 이때 가치관이나 문화 등과 밀접한 관련성이 있다. 1차 자료는 특정 문제의 해결을 위하여 계획되고 수집되는 자료인 만큼 정확성과 신뢰성 그리고 현실성이 있어야 하며 그만큼 자료 수집 및 계획에 더욱 신중해야 한다. 이러한 1차 자료 수집방법으로는 크게 의사소통방법(communication method)과 관찰방법(observation method)으로 분류할 수 있다. 이중 의사소통방법은 응답자에게 질문을 하여 자료를 획득하는 방법으로 일반적으로 설문지 조사나 대인면접방법이 대표적이다. 관찰방법은 설문지 등을 이용하지 않고 관심 있는 상황이나 행동을 관찰하여 기록하는 방법을 의미한다.

표 2-4 의사소통방법과 관찰방법의 선택 기준 비교

선택 기준	의사소통방법	관찰방법
다양성(자료 항목)	높음	낮음
신속도(시간)	높음	낮음
비용(경제성)	낮음	높음
객관성(일관성)	낮음	높음
정확성(타당성)	낮음	높음

가. 의사소통방법

의사소통방법은 시장조사에서 가장 흔히 사용되는 방법으로 조사 대상자들에게 조사 문제를 직접 질문함으로써 자료를 수집하는 방법이다. 의사소통 수단에 따라 대인면 접과 우편을 이용하는 방법, 전화를 이용하는 방법이 있다. 이 세 가지 모두 조사 대상 자의 승낙과 협조가 필요하고 적절한 설문지 작성이 요구된다. 또한 최근에는 인터넷 기술의 발달로 온라인 조사가 많이 활용되고 있다.

의사소통방법의 장점은 다양한 자료를 신속하고 저렴하게 수집할 수 있다는 점이 다. 그러나 단점으로는 객관성과 정확성이 미흡할 수 있다. 예를 들어 어려운 질문에 대한 자료 제공 능력이 부족한 응답자의 경우, 민감한 문제에 대해 응답자가 응답을 기피하는 경우 또는 자신 또는 조직의 이익을 위하여 의도적인 왜곡(socially desirable answer)을 하는 경우 등을 들 수 있다.

가) 대인면접(personal interview)

대인면접은 조사자가 필요한 자료를 획득하기 위하여 조사 참가자로부터 양방향 대화 를 통하여 자료를 획득하는 방법이다. 한 사람의 조사자와 다수의 참가에 의한 조사방 법과 개인별 심층 조사방법이 있다. 주요 조사도구로는 설문지 작성 및 응답을 통한 설문 조사방법과 조사자 및 참여자 간에 특정 주제에 관한 심도 있는 대화를 통해 관 련 주제에 대한 깊이 있는 자료를 수집하는 질적 조사방법인 심층면접 조사 그리고 참고자료 등을 제시하여 조사 참가자의 반응이나 응답을 조사하는 실험 조사 방법이 있다.

대인면접의 가장 큰 장점은 응답자의 오답률을 낮출 수 있다는 것이다. 응답자의 대답이나 반응이 명확하지 않을 때 조사자가 추가적인 질문을 제시하여 정확한 응답 을 확보할 수 있다. 이에 반해 대인면접의 단점은 고가의 조사비용에도 불구하고 개인 정보나 직접적인 노출을 꺼리는 정보 수집은 어렵다는 점이다. 대부분의 대인면접에 서 조사자와 응답자는 낯선 관계이지만 우편을 이용하는 방법만큼 익명성이 보장되는 것은 아니기 때문에 조사자가 누구인지에 따라 직접적인 응답을 회피할 가능성이 있 다. 일부 연구에서 응답자의 대다수가 여성일 경우에는 조사자가 여성일 경우보다 남 성일 경우에 보다 많은 조사응답 오류와 편차가 발생하는 것으로 보고되고 있다. 또한 고연령 조사자가 고연령의 응답자 집단을 조사할 경우에도 편차가 발생하는 것으로 나타났다. 이 외에도 조사자의 목소리나 태도 그리고 용모 등도 조사에 영향을 미치는 것으로 나타나 조사자 자체가 대인면접의 단점이 될 수 있음을 시사하고 있다.

나) 우편을 이용하는 방법(mail survey)

설문지를 통한 우편 조사는 과거부터 현재에 이르기까지 가장 많이 사용되는 시장조사 방법 중의 하나이다. 조사 내용과 길이에 따라 다르지만 우편설문에 의한 응답률은 다른 방법에 비해 상대적으로 낮다는 단점을 가지고 있다. 또한 응답률을 높이기 위하여 추가적인 응답 요청서를 발송하는 데 소요되는 비용뿐만 아니라 시간도 가장 많이 소요된다는 단점이 있다. 대부분의 설문지는 일방향 대화 형식이므로 오답률이 높거나 완성률이 떨어질 수 있다는 단점이 있으며, 무성의한 응답을 받을 수 있다는 가능성도 다른 방법에 비해 상대적으로 높다. 하지만 조사자의 영향력이 매우 낮으므로 민감한 개인적 질문에 대해서는 응답률이 상대적으로 높은 편이다. Zikmund(2003)의 연구에 따르면 '당신은 은행에서 자주 돈을 빌립니까?'와 같은 개인의 프라이버시와 관련된 질문에 대인면접의 경우 17%가 '그렇다'라고 응답한 반면, 우편 조사에서는 42%가 '그렇다'라고 응답한 것으로 보고되고 있다.

다) 전화를 이용하는 방법(telephone research)

전화를 이용하는 조사는 조사기관에서 선호하는 조사방법 중 하나이다. 대인면접 등의 방문 조사에 비하여 비용이 저렴하며, 전국 조사 및 해외시장조사 등 조사 가능 지역에 한계가 작은 편이다. 또한 CATI(Computer-Assisted Telephone Interview)나 CATS(Computer-Administrated Telephone Survey) 등 보조기기를 사용함으로써 자료 수집 속도도 매우 빠르며 양방향 대화가 가능하므로 응답의 신뢰성이 높고 완성률도 높은 편이다. 특히 빠른 시간 내에 대규모 조사가 가능하다는 장점이 있다. 그러나 응답자의 오답률이 높을 수 있으며 응답자의 조사에 대한 태도나 수용 정도를 조절할 수 없다는 단점이 존재한다.

나. 관찰방법

관찰방법은 조사자가 조사 대상의 행동이나 행위에 참여하지 않고 관찰자로서의 역할을 수행하는 자료 수집방법을 의미한다. 조사 과정에서 관찰방법은 사람에 의해서 수행될 수도 있으며 기계(컴퓨터, 사진기 등)에 의해 측정될 수도 있다. 해외시장조사에

표 2-5 의사소통방법별 장단점 비교

	대인면접	전화조사	우편조사	인터넷
조사 속도	보통~빠름	보통~빠름	느림	실시간
지리적 제약	제한~보통	도시지역	높음~전 세계	높음~전 세계
응답협조	예약 시 높음	낮음	낮음	보통
질문 변경	높음	보통~높음	불가능	높음
조사량	보통~많음	적음~보통	보통~많음	적음~보통
결측치	낮음	낮음	높음	낮음~보통
오해 가능성	매우 낮음	낮음	높음	보통~높음
조사자 영향	매우 높음	높음	없음	없음
응답 익명성	낮음	보통	높음	낮음~높음
조사감독	보통	높음	없음	없음
추가 조사	낮음	매우 낮음	매우 낮음	보통
비용	매우 높음	높음	낮음	매우 낮음

서 관찰방법은 매우 중요한 의미를 가진다. 그 이유는 설문조사 등의 의사소통방법과는 달리 생소한 해외시장에서 목표 소비자들이 일정한 현상에 대해 어떻게 행동하는가에 대한 객관적이며 사실적인 자료를 수집할 수 있는 효과적인 측정기법이기 때문이다.

따라서 설문조사 등의 방법에 비해 응답자 개인의 습관이나 행위를 보다 정확하고 진실되게 측정할 수 있다. 예를 들어 토요타 자동차는 대부분의 여성이 남성에 비해 손톱이 길다는 특징을 감안하여 새로운 자동차 설계에 반영한 사례가 있다. 이를 위해 여성 운전자가 자동차에 접근하여 차문을 열고 각종 기기를 조작하여 운전을 마칠 때까지의 행위를 면밀히 관찰하여 여성의 상대적으로 긴 손톱으로 인해 발생할 수 있는 불편을 제거할 수 있었다.

또한 관찰 조사는 의사소통방법이 불가능한 조사환경에서 자료를 수집하는 데 매우 유용하다. 예를 들어 미취학 아동들이 좋아하는 과자나 장난감 등은 설문조사로 찾아내기 어렵다. 이 경우 미취학 아동들이 모이는 장소를 인위적으로 설계하여 다양한 과자를 놓아두고 이들의 반응을 기록하거나 놀이터 등에서 어떤 새로운 장난감이 인기가 있는지 등을 관찰하여 필요한 정보를 수집할 수 있다. 특히 관찰방법은 문맹률이 상대적으로 높은 저개발 국가의 시장조사에서 상대적으로 적합한 조사방법이라 할 수 있다.

관찰방법의 장점을 정리해보면, 먼저 객관적이고 정확한 자료의 수집이 용이하다는 점이다. 이는 응답자의 심리 상태나 조사자와의 관계, 질문의 표현, 응답방법의 차이 등에서 발생할 수 있는 오류를 배제할 수 있기 때문이다. 또한 응답자가 자신의 태도나 의견에 대하여 정확히 모르는 경우에도 조사가 가능하다는 장점이 있다. 이에 반해 단점으로는 관찰이 불가능한 행동에 대한 조사에 어려움이 있을 수 있다. 예를 들어 지극히 사적인 장소에서의 행동에 대한 관찰이나 타인에게 숨기고 싶은 행동에 대한 관찰은 현실적으로 불가능하다. 또한 조사 대상자의 행동을 관찰하여 내면의 심리를 추정하는 것에 따른 조사 결과의 객관성과 타당성에 문제가 발생할 가능성이 있을 수 있다. 따라서 관찰방법은 일반적으로 다른 조사방법과 병행하여 사용하는 것이 바람직하다.

지금까지 1차 자료 조사와 관련된 내용들을 살펴보았는데, 이 중 어떤 1차 자료조사 방법이 가장 좋은지는 기업 상황이나 현지시장 상황 또는 조사에 투입되는 비용 및 시간 등 제반 여건에 따라 달라질 수 있으므로 기업이 당면한 조사 상황에 가장 적합한 방법을 선택하는 것이 중요하다. 즉 1차 자료조사 방법 중 어떤 방법을 선택하였는가에 문제의 초점을 맞출 것이 아니라 기업이 선택한 1차 자료 조사방법이 얼마만큼 특정 의사결정 문제를 해결하는 데 시간과 비용을 절약하면서도 조사 목표 달성에 가장 효과적인지에 대한 측면에 초점을 맞추는 것이 더 중요하다.

2　해외시장조사의 복잡성과 특수성

해외시장조사에는 일반적으로 국내시장조사(단일시장 지역 조사)에 적용될 수 있는 기본 개념이나 과정, 절차 등을 그대로 적용할 수 있다. 그러나 조사 대상이 국내 단일시장이 아니라 해외지역의 복수시장이라는 점과 국내 단일시장과는 다른 이질적인 자연적·문화적·법률적 환경이 공존하고 있다는 점에서 해외시장조사는 훨씬 더 복잡하며 특수한 양상을 가지게 된다. 여기서는 해외시장조사와 관련된 복잡성과 특수성 문제에 대해 먼저 논의하고 이후 이러한 복잡성과 차별성이 해외시장조사 과정에서 어떠한 문제를 발생시키는지를 살펴보기로 한다.

1) 해외시장조사에서의 복잡성과 특수성에 관한 문제

해외시장조사의 가장 명확한 특징은 이질적이고 복잡한 환경을 가진 복수의 해외 국가시장을 대상으로 조사를 전개한다는 데 있다. 이는 기본적으로 각 시장별로 지리적인 차이가 있을 뿐만 아니라, 정치 · 경제 · 사회 · 문화적 측면 등 모든 환경이 서로 차별적이기 때문에 이러한 국가별 시장조사 업무 자체에도 상대적으로 많은 시간과 비용 및 기타 어려운 문제들이 추가적으로 발생한다는 것을 의미한다. 해외시장지역의 복잡성과 개별 시장지역에서의 특수성 문제로 인하여 발생되는 어려움으로는 ① 용어에 대한 정의가 국가마다 서로 달라 확보된 계량화된 자료의 비교 가능성이 현저히 떨어지거나, ② 동일한 의미를 가지는 객관화된 자료의 확보가 아예 불가능하다는 점, ③ 상거래 관습이나 유통구조가 국가마다 상이하여 동일한 응답집단을 대상으로 수행되는 조사라 하더라도 비교 자체가 결과적으로 무의미할 수 있다는 점 등을 들 수 있다.

또한 해외시장조사의 또 다른 특징은 다양한 경영방식(management style) 혹은 시장진입방식(market entry mode)을 전제로 하기 때문에 조사 영역이 매우 광범위하다는 것이다. 또한 해외시장에서 기업 활동을 전개하는 데 필요할 것으로 예상되는 거의 모든 유형의 정보와 자료를 조사 대상으로 다루어야 한다는 것이다. 해외시장을 대상을 하는 조사는 필요로 하는 정보나 자료의 유형에 따라 다음과 같은 세 가지 유형으로 나눌 수 있다.

첫째, 특정국가나 지역시장에 대한 일반적 동향 조사로 목표시장의 경제현안과 전망, 경제정책 변화 등을 조사 · 분석하여 경제전반 및 시장 변화에 대한 향후 대응방안 마련을 위해 ① 특정 경제권 및 시장에 대한 일반 개황, ② 주요 경제지표, ③ 경제동향 및 주요 현안과 정책 변화, ④ 자국과 현지국 간 경제협력 및 대응방안 등에 대한 조사가 그것이다.

둘째, 산업기반 조사로 특정 국가에 기업 진출이 활발하거나 유망한 산업을 심층적으로 분석하여 해외진출 전략 수립의 기초 자료를 제공하거나 특정 기업의 특정 산업시장 진출에 필요한 진출전략 수립에 필요한 기본적인 분석 자료를 제공하는 것을 목적으로 ① 산업의 개요 및 산업 동향과 현안 조사, ② 산업관련 정책 조사, ③ 산업성장 잠재력 및 전망 조사, ④ 산업 진출 전략 및 정책적 시사점 조사 등이 이에 포함된다.

셋째, 특정 기업의 해외 목표시장에 제품이나 서비스의 판매 및 구매 가능성과 이에 대응한 진출 전략 수립을 위해 광고, 가격, 유통, 제품개발 등과 관련된 시장기반 조사로 ① 제품시장 수요, 경쟁구조, 생산구조, 가격구조, 유통구조, ② 수출입 동향, 해외업체 진출 동향, 수출입 관리제도, 상거래 법률, 소비자 문화 및 행동추이 등과 ③ 취급 업체 정보 및 주력(핵심) 바이어 조사와 기타 관련 정보 등이 해당된다.

국내시장에 집중하는 조사의 경우에는 세 번째 유형의 조사와 정보가 주된 관심사이며 다른 유형의 정보 수집은 기업의 거시적인 진출 전략 수립이나 동향 조사 업무에 포함시켜 인식할 수 있겠다. 그러나 해외시장조사는 이 세 가지 유형 모두가 포함되는 것이 일반적이다. 새로운 시장지역에 진출하고자 하는 기업은 예상되는 당면 가능한 모든 문제를 해결하는 데 필요한 다수의 정보를 포괄적으로 다루어야 한다. 그렇기 때문에 제품이나 서비스의 판매 및 구매 가능성, 자신의 핵심 경쟁역량 등 시장경쟁에 필요한 정보와 함께 특정 국가의 정치적 안정성, 문화적 특성, 지리적 조건, 경제성장 가능성 등에 대한 정보도 동시에 분석해야 다양한 해외시장 진입방식의 결정이나 경영방식의 결정 등도 가능하다.

2) 2차 자료 수집과 관련된 복잡성과 특수성 문제

다른 조사자가 다른 조사 목적을 위하여 수집한 2차 자료는 해외시장조사의 초기 단계에 매우 유용하게 사용될 수 있다. 이는 특정 국가 및 특정 시장영역에 대한 본격적인 심층 조사(in-depth research)를 수행하기 이전에 상대적으로 적은 비용 및 시간의 투입으로도 해당 해외시장에 대한 개괄적인 상황을 파악할 수 있기 때문이다. 그러나 일반적으로 복수 국가를 조사 대상으로 하는 해외시장조사의 경우에는 2차 자료를 활용한 조사와 분석에 문제점 및 한계가 발생할 소지가 높다. 이는 먼저 사용 가능한 자료의 절대량이 국가별로 매우 상이하다는 것과 다른 하나는 국가별 자료를 객관적으로 비교분석하는 데 많은 한계가 있다는 점 등에 기인한다. 이를 보다 구체적으로 살펴보면 다음과 같다.

먼저, 사용 가능한 자료의 절대량이 국가별로 매우 상이하다. 이것은 대개의 2차 자료가 각국 정부나 공공기관 등에서 조사되고 발표됨에 따라 해당 국가의 경제개발 수준 및 대외 개방정책 등 해당 국가의 특성에 따라 국가마다 발표되는 2차 자료의 절대량에 큰 차이를 보이고 있다. 예를 들어 저개발 국가의 경우 발표되는 2차 자료의 신빙성이나 객관성과 같은 신뢰 수준은 제외하고서라도 발표되는 2차 자료의 절대량 자체가 매우 부족하며 조사대상 기간도 일회성이거나 비정기적일 가능성이 높다는 단점을 가지고 있다. 또한 UN이나 세계은행(World Bank) 등 국제기구에서 발표되는 자료도 존재하지만 이 경우에도 선진국 관련자료 위주이거나 해당 조사에 참여한 국가 위주의 자료로 구성될 가능성이 높아 기업이 목표로 하는 특정 시장지역에 대한 정보가 누락된 경우가 많다.

다음으로, 국가별 자료를 객관적으로 비교분석하는데 많은 한계가 있다. 이것은 확보 가능한 자료의 질적 수준의 차이 또는 국가별 자료의 비교 가능성 문제 때문이라고 할 수 있다. 이는 다시 몇 가지 문제로 나누어 생각할 수 있다.

첫째, 발표된 2차 자료의 신뢰성(reliability) 문제로 해당 국가의 위상이나 명성에 관련된 발표 자료의 경우 해당 국가 정부당국이 의도적으로 부풀리거나 낮추어 발표할 가능성이 있다. 이러한 가능성은 저개발 국가의 경우 상대적으로 매우 높게 나타나지만, 선진국이라고 해서 가능성이 전혀 없다고 할 수는 없다. OECD 국가라 할지라도 다른 국가와의 무역협상이나 협정 등에서 유리한 위치를 차지하기 위하여 자국의 실업률이나 예금률 등을 부풀려 발표하는 경우가 간혹 있는 것으로 알려지고 있다.

또한 정부정책에 따라 자료 왜곡이 발생되는 경우도 종종 있는데 국내 매출액에 기반하여 세금을 부과하거나, 중소기업에 대한 세금감면 혜택을 높이는 정책을 실행하는 경우 기업은 전자는 줄이고 후자는 늘리기 위해 자료를 왜곡시킬 수 있다.

마지막으로 이러한 의도적인 과장 또는 축소 이외에도 조사 적용방식의 차이나 조사 투입 예산 및 인력의 수준 차이 등에 의해서도 발표되는 자료의 신뢰성 수준에 차이가 나타날 수 있다. 우리나라의 경우에도 국가 전반의 통계 조사를 담당하는 통계청이 발표하는 자료와 특정 행정기관이 자체적으로 조사하여 발표하는 자료 간에 어느 정도 차이가 발생하는 경우를 간혹 볼 수 있다.

둘째, 특정 통계자료의 발표주기나 속도가 상이하여 같은 시점에서의 직접 비교가 곤란한 경우가 발생한다. 예를 들어 발표 자료의 기준연도가 다른 경우, 특정 국가에서 1년 단위로 발표되는 자료가 다른 국가에서는 다른 주기로 발표되는 경우, 직접적인 비교가 곤란하여 많은 경우 또는 필요한 시점의 정보에 대해 추정치를 사용하여 비교해야 하는 경우가 있다.

셋째, 조사에 사용되는 용어의 정의나 분류방법 또는 특정 단어와 개념에 대한 국가별 정의가 국가마다 다른 경우가 많기 때문에 국가별 비교를 어렵게 한다. 예를 들어 국가마다 근무시간이 상이함에도 불구하고 시간당 평균 임금의 산출 시 동일한 근무시간 기준을 적용하여 조사한다든지, 아니면 각국마다 중소기업에 대한 정의가 상이함에도 불구하고 발표 자료를 그대로 비교할 경우 직접적인 수치 비교가 무의미하거나 의미가 크게 줄어들 수 있다는 것이다. 또한 똑같은 명칭의 소매점포(예를 들어 슈퍼마켓, 쇼핑센터, 디스카운트 스토어, 백화점 등)라도 그 의미는 국가마다 다를 수 있으며, 점포(건물)의 크기나 배치, 취급하는 상품 등이 서로 다를 수 있다. 그렇기 때문에 이러한 용어 정의에 기초한 통계자료를 유통경로나 소비자의 쇼핑 습관을 파악하기 위한 자료로 사용할 때는 주의를 기울여야 한다.

마지막으로 화폐로 표시된 자료의 경우 국가 간 환율의 변동에 따라 실질가치를 제대로 파악하기 어려운 경우가 있다. 각국이 발표하는 화폐표시 자료의 경우 미국 달러(US, $)나 유로(EURO, €) 등 동일한 통화로 표시하지 않고 자국통화 표시로 발표되는 경우가 빈번하다. 이 경우 각국 화폐의 실질가치에 대한 적정 비교가 곤란한 경우가 발생한다.

또한 변동환율제도와 고정환율제도 등 모든 국가가 자국통화에 적용하는 환율제도가 일정하지 않으며, 변동환율제도의 경우에도 어떤 조건과 연동되어 환산되는지에 따라 다양한 방식으로 나누어볼 수 있다. 우리나라의 경우에도 근본적으로 고정환율제도에서 변동환율제도로 전환되었는데, 1945년부터 1980년까지는 고정환율제도에서 단일변동환율제도로 변화되었으며 1980년부터는 복수통화 바스켓에 의한 변동환율제도를 적용하였다. 또한 1990년부터 1997년 아시아 외환위기까지는 시장평균환율제도를 적용하였고 1997년 12월 이후에는 시장평균환율제도에서 하루 변동 폭을 완전히 폐지한 자유변동환율제도가 시행되었다.

따라서 모든 국가의 통화가치를 미국 달러 등 동일 표시화폐로 환산한다 하더라도 실질적인 적정가치로 환산되었다고 볼 수 없다. 그렇기 때문에 통화표시 자료의 동등비교에 한계가 있을 수밖에 없다.

또한 GNP나 1인당 국민소득을 국가별로 비교할 때 환율문제 이외에도 추계방법이 문제가 될 수 있다. 이는 중앙계획경제를 실시하고 있거나 중앙계획경제를 실시하다가 시장경제로 전환해가고 있는 국가들의 경우에 제기되는 문제이다. 특히 중앙계획경제에서 시장경제로 전환해가고 있는 국가의 경우에는 중앙계획경제가 가지고 있던 문제점들을 많은 부분 그대로 가지고 있는 경우가 많다.

3) 1차 자료 수집과 관련된 복잡성과 특수성 문제

2차 자료 조사를 통하여 일반적이고 기초적인 문제들이 검토·분석되고 나면 특정 기업이 요구하는 특정 문제의 효과적인 해결을 위하여 해당 문제에 보다 직접적으로 연결될 수 있는 구체적인 자료 수집 과정이 필요하게 된다. 이때 요구되는 자료조사가 바로 1차 자료 조사이다.

1차 자료 조사는 특정 주제에 대한 깊이 있는 문제를 해결(의사결정)하기 위하여 주로 사람을 대상으로 관찰하거나 설문지를 통하거나 또는 면접 등을 이용하여 행동이나 사고, 반응 등을 조사하기 위한 목적으로 수행된다. 그렇기 때문에 가치관이나 문화 등과 밀접한 관련성이 있다. 그런데 국가 간의 상이한 문화적 배경과 환경은 이러한 1차 자료의 수집 과정은 물론 분석과 해석 과정을 매우 어렵게 만든다.

1차 자료 조사 어려움에서의 본질적인 문제는 상이한 문화권에서 수집된 자료들의 비교 가능성에 대한 문제이다. 이러한 비교 가능성 문제는 언어적인 측면과 비언어적인 측면으로 나누어 생각해볼 수 있다. 먼저 언어의 차이에서 오는 문제는 설문지나 대인면접 등에서 전달하고자 하는 내용을 자국 언어에서 조사 대상국의 언어로 정확하게 번역(표현)되었는지와 관련된 문제이다. 특히 설문지 조사의 경우 번역에서 오는 오류를 줄이지 않는다면 조사 결과를 결코 신뢰할 수 없다. 또한 조사자가 조사 현장에서 곧바로 오류를 수정할 수 있는 기회도 매우 작기 때문에 설문 문항의 선택만큼이나 중요한 것이 바로 올바른 번역문제이다.

따라서 이러한 설문지 조사에서 번역 오류를 줄이기 위하여 역번역 혹은 재번역 과정을 거치는 경우가 종종 있다. 예를 들어 한국어로 작성된 설문지를 한국어와 영어를 모두 구사할 수 있는 미국인이 영어로 번역한 이후에, 번역된 이러한 설문지를 다시 한국어와 영어에 능통한 한국인이 한국어로 재번역하여 본래의 한국어 설문지와 비교해보는 것이다.

또한 조사자가 원래 측정하고자 하는 개념을 조작적 정의에 의해 보다 구체화시킬 필요가 있을 때, 이러한 조작적 정의로 문화권마다 실제로 차이가 발생할 경우 본래 의도했던 개념을 정확하게 측정하지 못하여 발생하는 측정 타당성의 문제가 생길 수도 있다. 예를 들어 기업 성과에 대한 이미지 조사를 수행할 때 특정 국가에서는 기업의 사회적 참여 및 기여에 대한 항목을 기업 성과에 대한 이미지의 매우 중요한 요인으로 인식하는 반면, 다른 국가에서는 자국의 경제발전 기여율이나 고용수준 등 경제적 측면을 중요한 요인으로 인식하는 경우 동일한 기업 이미지 조사 항목을 사용하였다 하더라도 국가마다 상이한 기업 이미지 조사 결과가 도출될 수 있다. 이러한 비교 가능성 문제는 두 문화권 이상을 조사할 때는 물론 단일 시장지역을 조사할 경우에도 매우 신경을 써야 하는데, 이는 비슷한 조사 활동이 다른 국가에서도 수행될 수 있기 때문이다.

비언어적 측면의 문제는 보다 근본적인 것으로서 측정하고자 하는 추상적인 개념 자체가 문화마다 차이를 보이거나 어떤 개념이나 대상, 반응, 행동 등이 갖는 사회문화적 의미나 중요성이 다르기 때문에 발생하는 문제이다. 예를 들어 리더스 다이제트는 이탈리아 사람들의 스파게티 소비량을 조사할 때 대부분의 이탈리아인이 포장되지 않은 스파게티를 한꺼번에 많이 구입하는 소비문화를 이해하지 못했다. 그래서 상표가 있고 포장되어 있는 스파게티만을 조사 대상으로 삼아 잘못된 시장조사 결과를 발표한 사례가 있다.

이러한 비교 가능성 문제 이외에도 1차 자료 수집 과정에서 직면하게 되는 또 다른 문제는 실제 조사 활동의 수행 과정에서 발생하게 되는 문제를 들 수 있다.

첫째, 조사방법의 오류로 인터넷 및 전화 등의 통신매체, 우편배달기간, 직접 면접 조사 여부의 가능성 정도가 국가마다 차이를 보인다. 만일 이를 무시하고 각국마다 동일한 조사방법을 적용할 때는 필요한 정확한 정보를 얻기가 어렵다. 예를 들어 중동 국가의 여성들은 낯선 남성과의 접촉을 꺼려 사실상 직접 면담이 어렵다. 또한 문맹률이 상대적으로 높은 국가의 경우 설문지 조사 등의 방법으로는 적절한 조사를 수행하기 힘들다. 특히 특정 이슈[예를 들어 성(gender)에 대한 질문 등]에 대해 민감한 반응을 보이는 국가의 경우 공개적인 응답을 꺼리는 경우가 있으므로 유의해야 한다.

둘째, 표본 선정상의 오류를 들 수 있다. 소득 수준이나 인구연령층, 교육 수준, 직업구조 등에 걸쳐 국가 간 차이가 존재하는데, 이를 무시할 경우 표본 추출의 오류가 발생할 수 있다. 예를 들어 저소득 국가를 조사하면서 고소득 국가의 소득기준을 적용시켜 표본을 추출하는 경우에는 무리가 따를 것이다. 또한 의사결정 과정이나 가족, 기업에서의 의사결정권자가 문화권마다 다를 수 있기 때문에 조직 구성원 중 누구를 대상으로 조사할 것인가 하는 대상 선택의 문제에 주의를 기울여야 한다.

셋째, 미응답에 대한 오류를 들 수 있다. 국가 간의 상이한 문화적 특성으로 인해 조사에 대한 전체 응답률에 차이가 있을 수 있다. 특히 질문방법이나 내용이 현지국가의 국민성에 맞지 않을 경우 얻을 만한 응답률을 얻을 수가 없다. 예를 들어 어떤 국가의 국민들은 '예' 또는 '아니요'의 양자택일 응답방식에 익숙해 있으나, 이런 응답방식을 꺼리는 국민들도 있을 수 있다.

3 해외시장조사의 절차

해외시장조사의 일반적인 절차는 일반적으로 다음과 같은 5단계(① 문제의 정의 → ② 조사의 설계 → ③ 자료의 수집 → ④ 자료의 분석과 해석 → ⑤ 보고서 작성)로 이루어지며, 이는 국내시장조사와 동일하다. 조사의 목적이나 상황에 따라 각 단계의 상대적 중요성은 달라지거나 때로 생략될 수도 있다. 하지만 적어도 논리적으로는 이 5단계의 과정을 따라 조사 활동이 수행된다. 각 단계별 세부 내용을 간략하게 살펴보면 〈그림 2-4〉와 같다.

1) 문제의 정의(Problem Definition)

문제의 정의란 해결해야 하는 과제가 무엇인지와 결정해야 할 의사결정 내용이 무엇인지 그리고 이를 위해 필요한 정보가 무엇인지 등을 명확하게 규정하는 것을 의미한다. 문제가 명확히 정의되어야만 문제의 해결을 위한 조사활동의 설계와 자료 수집 등이 정확하게 결정될 수 있다. 이러한 점에서 문제의 정의 단계는 매우 중요한 해외시장 조사과정의 출발점이라 할 수 있다.

문제를 얼마만큼 구체적으로 정의할 것인지와 조사에서 획득해야 할 필요한 특정정보의 유형이 무엇이 되어야 할 것인지 등은 해당 조사 활동의 기본 전제가 되는 의사결정의 주요 내용이나 의사결정자가 누구인지에 따라 달라진다. 즉 일반적으로 최고 경영층이 수행해야 하는 거시적이며 전략적인 의사결정 문제와 중간 관리자가 수행해야 하는 세부 사업 또는 운영 전략(operational strategy)에 대한 의사결정의 경우에는

그림 2-4 해외시장조사의 일반적인 절차

문제정의의 구체성 수준이나 필요 정보의 유형 등에서 차이가 발생하게 된다. 또한 세부 사업 수준으로 의사결정 수준이 내려갈수록 1차 자료의 필요성이 높아진다.

또한 문제를 보다 명확하게 정의하기 위하여 비교적 쉽고 빠르게 획득할 수 있는 2차 자료를 검토하거나 간단한 전문가 인터뷰 등을 수행하는 것도 도움이 된다. 이러한 간단한 2차 자료 조사는 문제를 보다 명확하게 인식하고 정의하는 데 도움을 줄 뿐만 아니라 의사결정 과정에서 고려해야 하는 선택대안(alternatives)의 수를 줄여 세부적인 심층조사에 투입되어야 하는 시간과 비용을 절약시킨다.

2) 조사의 설계(Research Design)

조사의 설계는 정의된 문제의 해결을 위하여 어떠한 조사 활동을 어떻게 수행할 것인지를 결정하는 조사 활동의 마스터 플랜을 마련하는 단계로서, 해외시장조사 활동의 성패를 가늠하는 중추적 역할을 담당한다.

조사 설계의 첫 번째 과제는 필요한 정보와 자료 유형을 구체적으로 파악해야 한다는 것이다. 의사결정을 위해 필요한 정보와 직간접적으로 관련되어 있는 변수들(혹은 요인)을 확인하고 이들 변수(혹은 요인)에 대한 자료를 어디서 어떤 방법으로 수집하며 수집된 자료를 어떤 기법을 이용하여 분석할 것인지를 염두에 두고 검토해야 한다.

2차 자료의 수집만으로 의사결정 문제가 해결될 경우, 조사설계 과정은 비교적 간단하다. 필요한 자료의 목록을 작성하고 자료원을 파악하여 수집·분석하는 절차에 대한 계획을 수립하면 된다. 그러나 1차 자료 수집의 필요성이 제기되거나 확보된 2차 자료만으로는 의사결정이 충분하지 못하여 추가적으로 1차 자료 수집이 요구될 경우 조사설계 과정은 훨씬 복잡해지며 일정 수준의 과학적 분석기법이 요구된다. 통상적으로 조사설계라고 하면 1차 자료의 수집을 연상하게 되는 것이 이러한 이유이다.

조사의 설계 단계에서 또 하나의 중요한 과제는 예산과 조직 및 조사 일정과 관련된 행정적인 문제를 고려해야 한다는 것이다. 조사에 투입되는 예산의 편성과 주요 조사 일정의 작성 및 조사 업무에 따른 기업 내부조직의 역할 분담 등을 명확히 구분하여 전체 조사 과정의 흐름이 순조롭게 진행되도록 해야 한다. 해외시장조사는 자료 수집 과정상의 실제적인 어려움이나 자료의 비교 가능성 등에 있어 국내시장조사보다 훨씬 어렵고 복잡한 문제를 수반할 가능성이 높다. 그렇기 때문에 조사설계 역시 매우 신중한 접근이 요구된다.

마지막으로 기업 내부에서 자체적으로 수행하기 어렵거나 불가능한 조사 업무로 판명될 경우에는 외부의 전문 조사기관에 의뢰하는 문제도 조사설계 과정에서 검토해야 한다.

3) 자료의 수집(Data Collection)

자료의 수집은 앞선 조사의 설계 단계에서 계획된 방법과 절차에 따라 이루어지는 것이 일반적이다. 1절의 해외시장 조사방법의 종류에서 설명한 것과 같이 조사방법은 기업이 직접 조사를 수행하는 직접 조사와 기업 외부의 전문 조사기관에 의뢰하여 조사를 수행하는 간접 조사 방법으로 나눌 수 있으며, 조사 자료는 크게 1차 자료와 2차 자료로 구분할 수 있다. 1차 자료는 조사자가 특정 해외시장조사 프로젝트를 위해 직접 계획하고 수집하는 자료로서 수집 절차나 방법이 까다롭고 시간과 비용도 많이 소요된다. 이에 반해 2차 자료는 해당 조사 프로젝트와 관련 없는 제3자에 의해 이미 수집된 자료를 확보하는 것으로서 상대적으로 쉽고 저렴하게 확보할 수 있다. 자료 수집과 관련된 구체적인 방법 등은 앞의 1절 해외시장 조사방법의 종류와 제8장 해외시장조사와 통계 분석 등에서 언급되고 있으므로 상세한 설명은 여기서 생략하기로 한다.

4) 자료의 분석과 해석(Data Analysis and Interpretation)

자료의 분석은 수집된 자료에 대해 의미 있는 해석이 가능하도록 정리 및 통계 처리 등을 수행하는 단계를 의미한다. 수집된 자료는 대개 편집(editing), 코딩(coding), 통계 분석 등의 과정을 거쳐 분석된다. 편집은 수집된 자료가 조사설계에 따른 분석이 가능하도록 정확성과 일관성을 갖추고 있는지와 조사자의 지시나 요구에 맞게 자료가 수집되었는지 등을 검토하는 과정을 의미한다. 코딩은 자료의 분석을 편리하게 하기 위하여 각각 관찰된 내용에 일정한 기호체계(주로 숫자)를 부여하는 과정을 의미한다.

통계분석은 코딩 처리된 자료를 간단한 형태의 도표로부터 고도의 통계분석 기법에 이르는 다양한 방법에 의해 분석하는 작업을 의미한다. 구체적인 분석기법의 선택은 조사의 목적, 표본 추출방법, 자료 수집 및 측정방법 등에 따라 달리 적용되며 상세한 설명은 제8장 해외시장조사와 통계 분석 부분에서 살펴보기로 한다.

서로 다른 문화권에서 수집된 자료를 분석할 때 가장 유의해야 할 것 중 하나가 자료에 나타날 수 있는 문화적 편견(cultural bias)을 검증하고 수정하는 일이다. 소비자의 태도나 의견 조사의 경우 문화적 차이로 인하여 문화적 준거(referent point)가 다를 수 있다. 특히 이러한 문화적 차이 인식을 위하여 자기준거기준(self reference criteria)에 따른 오류가 발생할 경우 자료가 가지는 본래의 의미를 왜곡할 가능성이 있으므로 상당한 주의가 요구된다.

수집된 자료에 대한 분석이 끝나면 분석결과에 대한 해석이 수행되어야 한다. 주로 수치로 나타난 분석결과를 기계적으로 해석하는 것은 피하는 것이 좋으며, 해외진출 관련 의사결정자가 필요한 의사결정에 사용할 수 있도록 실질적이고 의미 있는 해석이 이루어지도록 수행해야 한다. 이때 동일한 결과에 대해서도 서로 다른 해석이 있을 수 있으므로 해석 과정에도 신중한 접근이 필요하다.

가장 바람직한 것은 조사설계와 통계기법 등에 대한 전문적인 지식을 갖추고 있으며, 필요로 하는 해외진출 관련 의사결정 문제에 대해서도 충분한 이해를 갖춘 사람이 분석결과를 해석하는 것이다. 그러나 현실적으로 일반기업 입장에서 이러한 인력을 자체적으로 보유하는 것은 비용 및 효율성 측면에서 어려운 일이다. 그렇기 때문에 조사 담당자와 의사결정 담당자 사이에 활발한 의견 공유와 토의를 통하여 분석결과를 해석하는 방안에 대해서는 사전에 검토하는 것이 바람직하다.

5) 조사 보고서 작성(Reporting)

보고서는 조사의 결과와 해석을 정리하여 의사결정에 도움을 줄 수 있도록 의사결정 담당자에게 제출하는 문서를 의미한다. 해외시장조사에 투입된 노력이나 결과는 결국 조사 보고서의 완성도에 의해 평가되므로 조사 보고서는 분명하고 명확하게 작성되어야 한다. 여기에서 가장 중요한 것은 보고서의 작성자는 조사 보고서가 누구에게 제출될 것인지를 항상 염두에 두고 작성해야 한다는 것이다. 왜냐하면 조사 보고서는 작성자 입장이 아닌 이용자 입장에서 실질적으로 의사결정에 도움이 되도록 작성되어야 하기 때문이다. 이를 위해서는 보고서 이용자의 배경이나 지식에 비추어 충분하고도 명확하게 이해될 수 있도록 보고서를 작성하는 것이 중요하다. 또한 문서 형태로 작성된 조사결과 보고서 제출과 함께 구두 보고나 설명회 보고 등도 조사결과의 효과적 전달이라는 측면에서 매우 중요한 보고 방식이므로, 이 또한 작성 등에 유의해야 한다.

지금까지 일반적인 해외시장조사 절차를 살펴보았다. 5가지 단계로 나누어 설명된 이상의 해외시장조사 절차는 기업 내부 상황이나 현지시장 상황에 따라 보다 단순화되거나 더욱 세분화될 수도 있으며, 때로는 특정 단계가 생략될 수도 있다. 따라서 해외시장조사 절차를 얼마나 충실히 따랐는가 하는 문제에 초점을 맞출 것이 아니라 기업이 수행한 해외시장조사 절차가 어느 정도로 특정 의사결정 문제를 해결하는 데 시간과 비용을 절약하면서도 도움을 줄 수 있었는가에 대한 문제에 초점을 맞추는 것이 더욱 중요하다.

4 글로벌 업체의 조사방법 사례

해외시장조사는 국내시장조사와는 달리 자료 수집의 한계나 시장접근의 제약 등 여러 가지 요인으로 인하여 1차적인 직접 조사나 2차적인 문헌 조사만으로는 원하는 내용을 얻을 수 없는 경우가 많다. 특히 해외시장 규모나 전망, 수요 추정, 기술수준의 판단, 제품 경쟁력의 평가 등과 같은 정량적·정성적 조사 항목들은 다양하고 복합적인 조사방법론들을 동원해야만 도출하는 경우가 대부분이다. 그러므로 상당한 수준의 전문가가 아니면 이를 자체적으로 수행하기에는 많은 어려움이 따른다. 따라서 대규모

사업이나 중요한 과제에서 필요로 하는 해외시장 정보는 고가의 글로벌 시장조사 전문업체의 보고서를 구입하거나 이들의 맞춤형 조사 서비스를 이용하는 것이 좋다. 글로벌 시장조사 전문업체들은 자체적인 네트워크와 오랜 경험을 바탕으로 상황에 맞는 조사방법들과 연구모형들을 적용하고 있는데, 이러한 방법론들을 살펴보는 것이 조사 결과물의 활용과 한계를 이해하는 데 도움이 된다. 다음에서는 B2B 마켓과 B2C 마켓에서의 대표적인 글로벌 시장 조사업체의 조사방법론 사례를 소개하기로 한다.

1) 롤랜드버거(Roland Berger) 컨설팅 회사의 철도시장 조사방법론

롤랜드버거(http://www.rolandberger.com/)는 1967년 독일 뮌헨에서 출발한 컨설팅업체로서, 글로벌 기업과 공공기관 및 정부기관을 대상으로 주로 B2B 산업 분야에서 전략 컨설팅 서비스를 제공하고 있다. 한국을 비롯한 전 세계 35개국에 50개 사무소를 운영하고 있으며, 세계 5대 컨설팅사로 평가받고 있는 업체이다.

이 회사가 2012년 유럽철도산업협회(UNIFE) 위탁으로 수행한 글로벌 철도시장 전망 보고서인 'World Rail Market Study : forecast 2012 to 2017'을 사례로 조사방법론을 살펴보기로 한다.

이 보고서는 우선 세계 철도산업의 시장 규모를 보고하고 있다. 세계 철도산업의 시장 규모를 2009~2011년을 기준으로 연평균 1,458억 유로로 추정하였고, 이를 바탕으로 향후 2017년까지 매년 2.6퍼센트의 성장궤도를 유지하여 연평균 매출 규모는 1,700억 유로 규모가 될 것으로 전망하였다.

먼저 세계 철도산업의 시장 규모는 2009년부터 2011년 사이 전 세계 철도시장에서 체결된 연평균 수주액을 추정하여 파악한 것인데, 다음과 같은 네 가지 정보를 종합하여 계산하고 있다.

① UNIFE 회원사가 제공한 정보 : UNIFE 회원사가 제공한 다양한 시장 부문의 시장 규모에 대한 자료를 기초로 개인적 견해를 취합하였다. 조사자가 과거 프로젝트 기록, 평균 가격 및 교체 기간 정보 등을 활용하여 해당 규모와 기존 차량 수나 인프라 데이터를 비교하는 등의 기법으로 이 데이터의 일관성과 타당성을 검토하고 있다.

② 전문가 인터뷰 : 지역별 철도산업 전문가와 20회 이상의 인터뷰를 진행하였다.

2012~2017 세계 철도시장 규모 전망

〈목차〉

A. 요약문
B. 서론, 연구의 범위 및 구성
C. 운영 중인 철도차량의 수 및 철로 길이
D. 2011년 세계 철도공급산업 시장현황
E. 철도산업의 지속적 성장을 이끄는 트렌드
F. 철도공급산업의 시장 메커니즘과 경기순환 및 공공지출에 대한 민감도
G. 2012~2017년 세계 철도공급산업 시장전망
H. 결론

〈요약〉

Positive outlook—Latin America and the Middle East growing strongly

Going forward, the worldwide market for rail supply is set to maintain its growth trajectory. A growth rate of 2.6% per annum is forecast for the next six years, leading to a total market volume of just under EUR 170 billion per annum by 2017.

Figure 4 : Future development in the global rail supply market [EUR m]

Regional market breakdown[EUR m]

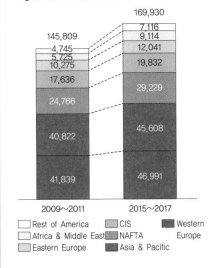

Breakdown by market segments [EUR m]

	2009~ 2011	2015~ 2017	CAGR
Total market Volume	145,809	169,930	2.6%
Integrated projects	687	817	2.9%
Rail control	12,037	14,351	3.0%
Infrastructure	30,220	34,320	2.1%
Rolling stock	47,705	54,791	2.3%
Services	55,158	65,651	2.9%

Rounding differences apply

그림 2-5 예시 : UNIFE의 세계 철도시장 전망 보고서의 목차 및 요약

출처 : 롤랜드버거(http://www.rolandberger.com/) 2014, World Rail Market Study : forecast 2012 to 2017

이러한 인터뷰를 통하여 시장의 현재 및 향후 발전을 가늠하고 시장 규모, 프로젝트 및 관련 양적·질적 데이터를 수집하여 시장평가 과정에 반영하고 있다.

③ 자체 조사 정보 : 일부 시장에 관한 규모 추정치는 국가마다 서로 상이하다. 이

러한 문제를 해결하기 위하여 프로젝트, 계약, 지출 예산, 교체율, 평균 가격에 대한 추가 조사가 진행된다.

④ 추정 계산 : 정보가 부족한 부문이나 국가에 대해서, 특히 서비스 시장 규모를 파악할 때 평균 교체율, 연식 분포, 부문·국가·지역별 평균 가격에 근거하여 시장 규모를 계산하고 있다.

향후 철도시장을 전망하는 데는 주로 상향식(bottom-up) 접근법을 사용하고 있는데, 앞서 서술한 네 가지 정보(source)를 바탕으로 거시적 요인과 산업적 요인을 추가한 모형을 이용하고 있다.

먼저 국가별 요인을 확인하는 단계인데, 한 국가 내 철도시장의 전반적인 발전에 영향을 미치고, 하나 이상의 부문 전망에 영향을 미치는 거시적 요인들, 즉 철도 시스템에 대한 정치적 지원, GDP 성장률, 철도산업 생애주기에서의 위치, 인구 증가율, 도시화 정도 같은 항목들을 포함한다.

산업적 요인은 특정 부문의 전망에만 영향을 미치는 항목들이다. 기존 현황 자료 이외에 차량 보유 대수 및 연식 분포를 비롯하여, 생산성 향상, 교체 주기, 네트워크 축소 계획, 원유 가격 동향, 수송 분담률 동향, 차량 개조율, 업그레이드 추세, 평균 가격, 교통량 증가 등과 같은 항목들을 포함한다.

거시경제 데이터는 공공 통계를 사용했으며, 정치적 영향 정도를 파악하기 위해 철도 부문의 다양한 교통량 전망을 평가한다. 기존에 만들어진 전망이 없는 항목의 경우 자체적인 모형의 틀에서 전망치를 결정하고 있다. 기타 전망 요인들은 산업 전문가와 학계에서 평가한다.

현재 시장 규모의 대부분을 차지하는 선진국의 경우 수요의 대부분은 기존 자산의 교체에서 발생한다. 이 교체율은 보유 차량의 연식 분포(age structures)와 시계열 분석에 기초하여 계산하고 있다. GDP와 교통량 증가와 더불어 정치적 지원은 특히 개발도상국에서는 철도망을 개발하고 차량을 확장하는 데 중요한 요인으로 작용하기 때문에 이를 고려하고 있다. 생산성 향상 요인으로는 교통량 증가로 인해 더 큰 노선과 차량으로 변환되는 데 부분적으로 방해가 될 것이다.

예상 물가 또한 미래시장 규모 예측에 큰 영향을 미칠 수 있는 변수이기 때문에 각국의 과거 평균 물가에 기초하여 현지의 노동비와 자재비, 생산 효율성, 조달 제품과

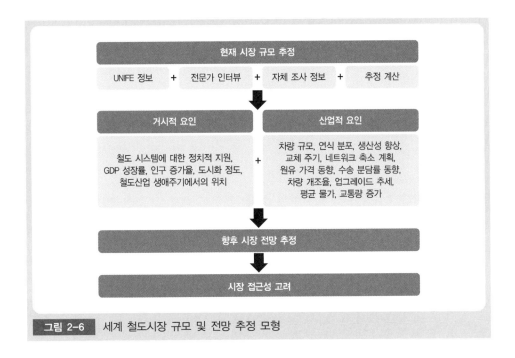

그림 2-6 세계 철도시장 규모 및 전망 추정 모형

제공 서비스의 품질 등을 고려하여 산정하고 있다.

　이와 같이 각 국가와 각 부문의 요인들을 종합한 다음 ① 성장으로부터 발생하는 수요, ② 차량 부문 전환에 따른 수요, ③ 필수 교체로 인한 수요, ④ 시장 발전 가능성 등의 관점에서 향후 시장 규모 전망치를 2011년 가격을 기준으로 도출하였다. 마지막으로 이러한 시장 전망치는 외부 공급자들이 참여가 가능할 때 의미가 있으므로 접근성(accessibility) 요인을 고려하였으며, 이를 위해 여러 시장 부문의 자유화 상태와 동향(stutus and development of liberalisation)을 분석하고 있다.

2) 유로모니터(Euromonitor)의 소비자시장 조사방법론

유로모니터(http://www.euromonitor.com/)는 영국 런던에 본사를 두고 있는 B2C 시장조사 전문업체이다. 1972년 설립되었으며 현재 80개국에 조사원 네트워크를 갖추고 있는 이 회사는 식품음료, 패션의류, 건강미용, 가전소비재, 여행관광 등 주로 소비재 분야 업종에서 글로벌 시장조사와 전략적 분석 서비스를 제공하고 있다. 선진국과 신흥시장에서 각 산업 분야 전문가들과 현지 조사 전문가의 긴밀한 협력으로 지역 특성과 소비자 특성을 지속적으로 관찰하며 이를 토대로 매년 1,000여 종의 국가별/업종별

시장 보고서를 발간하고 있다. 이 회사의 조사방법론을 국가와 소비자 분석, 미래 인구통계 전망, 시장 분석 및 서베이(survey)방법 등으로 구분하여 소개한다.

(1) 국가 및 소비자 분석

국가 및 소비자 분석은 수출 의존의 위험도부터 소비자 행동과 웹 2.0에 이르기까지 다양한 주제를 포괄하므로, 수요처의 요구 내용에 따라 방법론을 조정한다. 일차적으로 유럽, 미국, 중동, 아시아, 오스트레일리아 각지의 애널리스트들이 제공하는 지역 정보를 활용한다. 이들은 석·박사학위 소지자들로서 해당 지역에 거주하고 있어 자신이 담당(또는 거주)하는 지역에 대한 해박한 지식을 보유하고 있으며, 지역 여론을 모니터링하여 가장 최근의 여론까지 분석에 반영하기도 한다.

분석의 근거를 위해 거시경제 데이터, 인구통계, 에너지, 인프라, 기타 통계를 포함한 심도 있는 데이터베이스를 사용한다. 이외에도 IMF, OECD, UN, 세계은행, 유럽위원회(European Commission), 통계청, 중앙은행(Central Banks) 등에서 발표하는 이차적 자료를 활용하기도 한다.

전략적 애널리스트들은 최신 소비자 서베이, 온라인 소비자 동향, 사회적·문화적 저류(undercurrents), 글로벌 소비자 동향 평론가의 관측 변화, 광고에 대한 소비자 반응, 미디어에 반영된 여론 등에 초점을 둔다. 내용 구성의 방향은 품질 관리를 맡은 전문 편집인이 결정한다.

가. 조사

데이터를 수집하고 신뢰도를 확보하여 국가 간 비교에 활용할 수 있도록 하는 과정은 다음 〈그림 2-7〉에 묘사된 여러 단계를 포함한다. 각 데이터를 수집할 때마다 상세 정의와 정확한 데이터 출처 또한 수집한다. 이러한 추가 정보는 데이터 집합의 교차 유효성 검사를 실시할 때 필수적이다. 데이터는 품질 과정 및 표준화 과정을 여러 번 거친다. 예를 들면 통계 전문팀은 수집에 사용한 정의나 방법의 변동 등에 의한 구조적 결함을 찾아내 제거한다. 데이터에서 이상치가 발견되는 대로 수집 담당자에게 보고하여 원인을 파악한다. 필요한 경우 분기별/월별 데이터를 계절에 따라 조절하기도 한다.

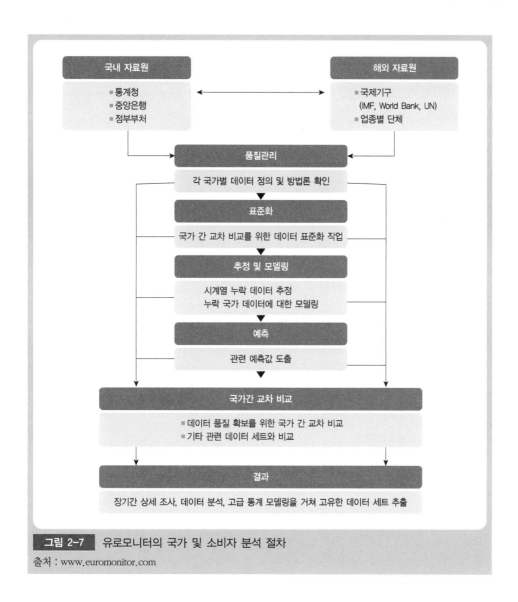

나. 예측

예측 작업은 서로 다른 데이터 집합과 시간 범위로 인해 서로 다른 기법을 사용한다. 따라서 예측기법은 중장기 예측을 위한 행동방정식 시스템을 갖춘 구조적 거시경제·인구통계 모델에서부터 단기 예측을 위한 데이터 집약적 시계열 기법까지 다양하다. 또한 이미 수집된 데이터 집합이 있다고 할지라도 최상의 예측력을 나타내는 모델을 만들어내기 위해 여러 모델을 테스트하고 결합하기도 한다. 이와 더불어 국가기관이

나 국제기구에서 발표하는 핵심 경제지표들의 전망치를 주기적으로 모니터하여 기록
하고 이를 통해 얻은 결과 값들은 경제 전문가들이 분석하고 통합한다. 이렇게 방대한
데이터베이스에 있는 데이터 값들 간의 상호관계와 변수들 간의 상호 움직임들은 예
측 과정에서 이를 주의 깊게 관찰하여 고려하게 된다.

(2) 시장 분석방법

시장 분석은 업종 전문가에 의한 글로벌 관점에서의 분석과 현지 분석가에 의한 지역
적 관점에서의 분석으로 구분된다.

　모든 업종에 대한 시장조사는 전문 분야별로 본사의 산업 전문가와 기업 분석팀에
서 관리하고 있다. 산업 전문가들은 업계 핵심 관계자 및 여론 주도자들과 지속적인
접촉을 통하여 글로벌 차원의 최신 시장 동향 등을 제공한다. 기업 분석팀에서는 해당
업종의 글로벌 및 현지 기업들의 데이터를 수집하여 분석한다.

　지역시장의 분석 업무는 세계 각지의 지역 전문가가 관리하며, 지역 조사원들에게
매장 확인(store checks)에서부터 건물 거래(building trade) 서베이에 이르기까지 사례

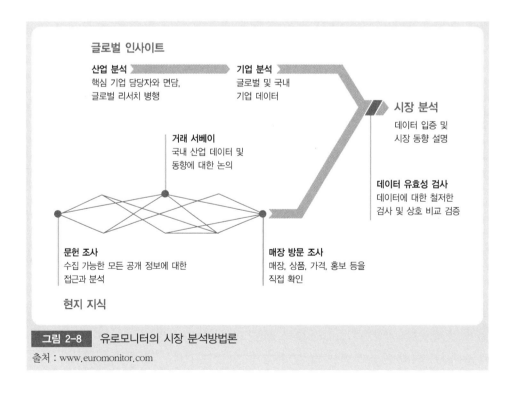

그림 2-8　유로모니터의 시장 분석방법론

출처 : www.euromonitor.com

중심의 교육을 실시하고 있다. 현지 분석가는 유창한 현지 언어의 구사와 최상의 정보원에 대한 근접성을 바탕으로 현지 업계 담당자와 직접 접촉하여 제품과 서비스가 어떠한 방법으로 광고되고, 판매되며, 소비되는지를 파악하게 된다.

최종적으로 본사의 시장 분석 전문가들은 현지 분석가들과 긴밀히 협력하여 조사 과정의 모든 단계에서 얻은 조사 결과를 하나로 통합하고 검증한다. 최종 데이터에 대해 면밀히 평가하고 교차 점검하며 신뢰성을 입증하게 된다.

제3장

해외시장조사의
대상 국가 분석

1　개요

해외시장조사의 대상 국가에 대하여 일반적인 내용과 특수한 환경에 대하여 조사하는 것은 해외로 진출하려는 시장을 선택하고 결정하는 데 매우 중요하다. 일반적으로 지리적·역사적·문화적으로 나라마다 독특한 시장적 배경과 특징을 갖고 있다. 시장에 영향을 미칠 수 있는 국가적 특성은 그 나라의 시장의 규모, 성장 등에 영향을 준다. 시장에 진출하려는 기업들은 그 나라의 시장에 대한 성장 및 진출 잠재성에 많은 관심을 가지고 시장조사를 한다. 시장의 성장과 진출 잠재성에 대한 조사도 매우 중요하지만, 그 나라의 정치적·경제적 기반(fundamental)이 건전한지도 시장을 결정하는 주요 요소가 된다.

만약에 원자력발전소, 화력발전소 건설 등을 해당 국가로부터 수주를 받고 그 나라에 건설사업에 참여했는데, 그 나라가 정치적·경제적 기반이 붕괴로 의해 파산한다면 대금을 받지 못하는 상황이 발생할 수도 있다. 한 가지 더 예를 들자면 자동차, 산업냉장고 등을 해외시장에 진출했는데 갑자기 정치적 혼란에 빠져 수출대금을 받지 못하는 경우는 물론 더 이상 수출시장으로서 작용하지 못하는 상황이 생길 수도 있다. 이러한 두 가지 경우 자사에 상당한 손실을 입히게 된다. 즉 그 나라의 안정성에 대한 조사가 올바르게 이루어지지 않아 잘못된 진출을 하는 경우 이로부터 이미 투자된 시설과 자금에 대한 모든 것이 손실로 돌아오게 된다.

따라서 해외시장 진출은 단순히 진출하려는 제품의 수요, 경쟁, 유통구조만을 조사 분석하여 판매 가능성만을 판단하는 과정만이 아니다. 일단 해외시장에 진출하면 안정적인 판매는 물론 대금 회수가 이루어져야 한다. 이러한 판단을 하기 위해서는 해당 국가의 일반적인 현황, 경쟁력, 국가 리스크 등을 먼저 조사하여 판단해야 한다.

그다음으로 경제 및 산업정책의 기조와 변화도 면밀하게 분석해야 한다. 갑작스러운 경제 및 산업정책의 변화로 더 이상 목적시장에 수출 또는 투자하지 못할 경우가 발생할 수 있다. 이러한 경우 준비하던 계획 또는 기존의 수출과 투자를 포기해야만 한다. 따라서 진출하려는 목적국가의 경제 및 산업정책은 해외시장 진출을 결정하는 데 매우 중요한 결정요인이 된다.

진출하려는 시장의 산업구조와 그 위상도 면밀하게 검토되어야 한다. 진출 대상 품목이 속해 있는 산업만이 아니라 전체적인 산업구조를 파악할 필요가 있다. 즉 나라별로 산업구조가 다르고 성장 형태 및 속도가 다르기 때문에 산업구조는 해당 국가 시장의 성장 가능성에 막대한 영향을 준다. 더욱이 어떤 산업이 그 시장에서 가장 중요한 산업이고, 어떤 산업이 상대적으로 미비한지에 대한 고찰은 진출하려는 품목을 결정하는 데 결정적인 역할을 한다.

다음으로 진출하려는 대상 국가가 우리나라와 어떤 협력관계를 유지하고 있는지도 시장 진출에 영향을 주는 중요한 요인이다. 우선 대외 및 경제협력관계는 강한지 약한지, 아니면 현재는 약한 협력관계를 가지고 있지만 앞으로 협력관계를 강화해나갈 것으로 전망되는지 등에 대한 판단이 필요하다. 양국 간에 협력이 약하거나 반한 감정이 있는 경우 우리 제품에 대한 불매운동이 발생할 수도 있고, 어떤 경우는 반덤핑 및 긴급 수입 금지(safeguard) 등을 악의적으로 이용하여 수입을 금지시키거나 축소시킬 수도 있다. 이에 양국 간의 협력관계 정도와 전망은 해외시장조사에서 가장 기초적으로 수행되어야 한다.

이러한 분석을 통하여 해당 국가의 진출에 대한 기본 방향을 제시해야 한다. 가령 시기적으로는 언제가 중요한지, 진출 제품은 어떤 것이 전망이 있는지, 진출방법은 어떤 것이 좋은지 등을 결정한다. 이러한 결정은 다양한 요인에 의하여 영향을 받을 수 있기 때문에 진출 전략을 수립하는 데 유의해야 할 점도 같이 조사되어야 한다.

이에 본 장에서는 진출하려는 대상 국가의 일반 개황, 국가 경쟁력과 리스크, 경제 정책과 경제현황, 산업의 구조와 위상, 진출 유망산업 및 분야, 양국 간 경제협력 현황 및 전망, 진출 전략 수립 시 유의해야 할 사항 등에 대하여 자세하게 고찰하고자 한다.

2 대상 국가의 일반 개황

일반 개황에는 진출하려는 목적시장에 대한 자연지리, 행정, 정치, 사회 및 문화 등에 대한 조사가 포함된다.

1) 자연지리

목적시장의 국가가 지리학적으로 어떤 위치에 있는지에 대한 정보, 지역의 특성 그리고 이러한 특성에 영향을 미칠 수 있는 요소에 대하여 조사한다. 그 주요 조사 내용은 국토 면적, 인구, 기후, 시간대, 인접국가 등이 포함된다. 국토 면적과 인구는 그 국가의 위상을 대표할 수 있는 것은 물론 향후 시장으로서 성장 잠재성을 보여주는 중요한 요소이다. 국토 면적이 넓을수록 그리고 인구가 많을수록 상대적으로 시장은 규모나 잠재성이 커질 가능성이 높다.

기후는 소비의 패턴과 형태를 결정하는 중요한 요소이다. 더운 지방과 추운 지방은 음식섭취 등의 의식주가 날씨에 의해 영향을 받아 전혀 다른 소비형태를 갖게 된다. 이러한 환경은 진출하려는 제품의 선택에 영향을 준다.

시간대는 현지와 본국 간에 시간차가 어느 정도인지에 대한 정보를 제공한다. 시차의 정도는 현지와 본사 간에 협력, 의사결정 등의 신속성에 영향을 준다는 점에서 필요한 정보이다. 본국과 현지 국가 간에 시차가 클 경우 특별한 통신 및 의사소통방법을 강구해놓아야 한다.

인접국가에 대한 정보는 외부로부터의 충격 요인에 대한 정보를 준다. 인접국가와 경쟁적인 관계를 갖거나, 아니면 비우호적인 관계를 맺고 있는 국가가 있는지에 대한 정보도 이러한 조사로부터 알 수 있다. 만약에 해당 국가가 인접국가와 자유무역협정이나 관세협정 등을 맺고 있다면, 해당 국가에 직접 진출하는 것이 바람직한지 아니면 인접 국가를 통하여 우회적으로 진출하는 것이 더 효율적인지에 관한 정보를 얻을 수 있다. 이런 조사를 통해 진출하려는 국가가 주변국과 분쟁이 많을 경우 그 국가에는 직접적으로 진출하는 것보다는 우회적으로 진출하는 방법을 제시할 수 있다.

2) 행정

시장의 형태나 구조 등은 국가의 거버넌스(governance)에 의하여 직접적으로 영향을 받기 때문에 행정구조는 시장조사에서 주요한 참고사항이 된다. 그 주요 조사 내용은 공식 국가명, 수도, 행정조직, 주요 도시 등이다.

3) 정치

시장은 정치에 의하여 크게 영향을 받게 된다. 특히 신흥시장일수록 정치에 매우 민감하게 작용한다. 정부 형태, 대통령 및 의원내각제, 국회 및 의회, 주요 정당에 대한 조사를 하고 간략하게 설명하면 된다. 이러한 조사를 통하여 현 정권이 시장 친화적인지 아니면 전혀 시장 친화적이 아닌지를 판별할 수 있어야 한다. 현 정권이 시장 친화적이라면 향후 시장개방 가능성이 높아지는 것은 물론 다각도의 경제 지원 정책이 수

반될 가능성이 높아진다. 이러한 국가에 대해서는 진출 가능성이 그만큼 높아진다고 할 수 있다.

4) 사회 및 문화

해외시장에서는 그 나라의 독특한 사회 및 문화에 의해 소비나 구매력이 완전히 다르게 나타날 수 있기 때문에 이에 대한 조사가 요구된다. 주요 조사 내용은 민족의 구성, 언어의 사용(단일어 또는 다양한 언어 사용 여부 등), 종교의 구성, 회계연도, 도량형, 공휴일, 공식화폐 등이다. 가령 다양한 민족에 언어까지 다양하게 사용하고 있는 국가라면 제품의 구성과 범위에 커다란 영향을 미칠 수 있다. 예를 들어 인도와 같이 16개 공용어를 가지고 있는 국가에 휴대전화를 수출한다고 하자. 이러한 경우 휴대전화에 16개의 언어 모두를 탑재하지 못한다고 해도 최소한 5개 이상의 언어를 탑재해야 한다. 이러한 경우 휴대전화의 구성이 복잡해진다.

5) 한국과의 관계

해당 국가가 우리와는 어떤 관계가 있는지를 간략하게 전달할 수 있도록 주요 내용들을 조사한다. 주요 내용은 국교, 경제협정, 외교관계, 해당 국가에서 우리와의 협력의 중요성 등을 나타낼 수 있는 내용이면 된다. 이러한 내용은 진출하려는 해당 국가의 시장에 대하여 이해하는 데 도움이 된다. 더욱이 우리나라와 협력 현황이 많을수록 관계가 좋다는 것을 의미한다. 즉 이러한 나라에서는 우리 제품에 대한 호감도가 높을 가능성이 크다.

　다음의 표들은 인도와 중국에 대한 일반 개황을 예시로 보여주고 있다.

표 3-1 예시 : 인도 일반 개황

일반	위치	서남아시아, 아라비아 해와 벵골 만 사이
	면적	328만 7,000km^2(한반도의 15배)
	기후	열대몬순기후, 고온다습
	인구	12억 2,000만 명(2013)
	수도	뉴델리(2,170만 명)
	행정조직	20개 주, 7개 연방직할지
	민족	인도아리안족, 드라비다족, 몽골족
	언어	힌디어, 영어 등 16개의 공용어 사용
	종교	힌두교(80.5%), 이슬람교(13.4%), 기독교, 시크교, 불교 등
정치	독립일	1947. 8. 15(영국)
	정부형태	연방공화제
	국가원수	나렌드라 모디(총리)
	의회	양원제(상원 245석, 하원 545석)
	주요 정당	국민의회당(INC), 인도인민당(BJP), 인도공산당(CPI)
	국제기구가입	UN, IMF, IBRD, ADB, ESCAP, UNCTAD, WTO 등
경제	GDP	17,582억 달러(2013)
	1인당 GDP	1,414달러(2013)
	화폐단위	Rupee(Rs)
	회계연도	4. 1~3. 31
	산업구조	(2012) 농업 17%, 공업 18%, 서비스업 65.0%
	주요 수출품	(2012) 석유제품, 보석류, 기계류, 철, 화학제품
	주요 수입품	(2012) 원유, 보석류, 기계류, 비료, 철, 화학제품
	주요 부존자원	석탄, 철광석, 망간, 천연가스
	경제적 강점	천연자원 및 저임 노동력 풍부, 거대한 내수시장
	경제적 약점	사회간접자본 미비, 수출구조 취약, 관료주의 만연

출처 : 한국수출입은행

표 3-2 예시 : 중국 일반 개황

일반	위치	아시아 대륙 동북부
	면적	956만 1,000km^2(한반도의 43배)
	기후	대륙성 및 아열대성
	인구	13억 5,000만 명(2013)
	수도	베이징(1,559만 명)
	행정조직	31성, 특별행정구(홍콩, 마카오)
	민족	한족(92%)
	언어	중국어
	종교	도교, 불교
정치	독립일	1949. 10. 1
	정치체제	사회주의 인민공화제
	국가원수	시진핑 주석
	의회	전국인민대표대회(2,987명)
	주요 정당	중국공산당
	국제기구가입	UN, IMF, IBRD, ADB, ILO, WTO 등
경제	GDP	89,393억 달러(2013)
	1인당 GDP	6,569달러(2013)
	화폐단위	元(RMB)
	회계연도	1. 1~12. 31
	산업구조	(2012) 제조업 45.3%, 서비스업 44.6%, 농업 10.1%
	주요 수출품	(2012) 전기기기 및 설비, 기계, 의류 및 섬유, 집적회로
	주요 수입품	(2012) 전기기기 및 설비, 석유, 광물, 화학제품
	주요 부존자원	석탄, 석유, 천연가스, 철광석
	경제적 강점	노동력 및 부존자원 풍부
	경제적 약점	지역간 불균형, 높은 대외 의존도

출처 : 한국수출입은행

3 국가 경쟁력과 리스크

1) 국가 경쟁력

국가 경쟁력과 리스크는 해외시장을 개척하고 선택하는 데 매우 중요한 요소이다. 국가 경쟁력이 높고 리스크가 낮을수록 해외시장은 상대적으로 안정되고, 교역 및 직접투자에 대한 신뢰성을 높여줄 수 있다. 기업들은 도전적으로 이전에 개척되지 않는 불안전한 시장에 진출하기도 하지만, 대부분 안정적인 시장에 진출하기를 원한다. 이에 따라 해외시장조사에서 시장을 선택하는 데 국가 경쟁력과 리스크 분석이 우선되어야 한다.

국가 경쟁력은 국가의 면적, 경제 규모, 인구 등 규모에 의해 좌우될 수도 있다. 하지만 국가 경쟁력의 비교는 이러한 양적인 경쟁력보다는 포괄적이면서도 질적인 경쟁력이 더 중요하다. 이를 위해 세계의 유명 기관들이 이러한 국가 경쟁력 조사를 바탕으로 한 경쟁력 지수를 측정하여 발표하고 있다.

(1) IMD 세계경쟁력지수 및 순위

국가 경쟁력을 보여주는 대표적인 지수로는 스위스 국제경영개발원(International Institute for Management Development, IMD)에서 발간되는 세계경쟁력연보(World Competitiveness Yearbook, WCY)가 있다. WCY는 세계의 주요 60개 국가들의 경쟁력을 1989년부터 331개의 주요 항목을 중심으로 매년 발표하고 있다. 331개의 항목의 2/3는 각국에 대한 국내외 통계자료를 이용하고, 1/3은 최고경영자들의 설문조사를 통하여 자료를 수집한다. WCY의 주요 경쟁력 요소는 경제 성과, 정부 효율성, 비즈니스 효율성, 인프라 등이다. 이러한 경쟁력 요소에 적절한 가중치를 두어 최종적으로 순위를 정하여 발표한다. 즉 국가 내에서 활동하고 있는 기업들이 국내 및 글로벌 경쟁력을 유지할 수 있도록 환경을 제공하는 국가의 능력에 대한 것을 지수화한다.

〈표 3-3〉은 IMD의 세계 경쟁력 지수의 결정요인을 나타내고 있다. 경제 성과에는 국내경제, 국제무역, 국제투자, 고용, 물가 등 주요 경제지표로 구성되어 있다. 정부의 효율성은 공공재정, 재정정책, 제도적 체계, 비즈니스 규정, 사회체계 등으로 구성되어 있다. 비즈니스의 효율성은 생산성, 노동시장, 금융시장, 경영 관례, 태도 및 가치 등으로 구성된다. 인프라는 물리적 인프라, 기술 · 과학 · 보건 및 환경 · 교육 등 사회적

표 3-3 IMD의 세계 경쟁력 지수의 결정요소

경쟁력 요소	주요 경제지표
경제 성과	국내경제, 국제무역, 국제투자, 고용, 물가
정부의 효율성	공공재정, 재정정책, 제도적 체계, 비즈니스규정, 사회체계
비즈니스의 효율성	생산성, 노동시장, 금융시장, 경영 관례, 태도 및 가치
인프라	기초 인프라, 기술 인프라, 과학 인프라, 보건 및 환경, 교육

출처 : 스위스 국제경영개발원(IMD)

인프라를 포괄하고 있다.

〈그림 3-1〉의 IMD의 세계 경쟁력 순위에서 BRICs 국가들의 순위를 살펴보면, 중국은 BRICs 국가 중에서는 세계경쟁력 지수에서 가장 높은 것으로 나타났다. 그다음으로 인도가 높았으나, 최근에 러시아가 급속하게 순위가 상승하면서 BRICs 국가 중에서 러시아가 높은 수준을 나타내고 있다. 더욱이 인도와 브라질의 순위가 최근에 크게 하락하여 두 국가의 경쟁력이 많이 악화되고 있는 것을 알 수 있다.

한편 〈그림 3-2〉는 중국의 부분별 IMD의 세계 경쟁력 순위를 보여주고 있다. 중국은 국내경제, 고용, 노동시장, 과학 인프라 등에서 세계적인 경쟁력을 보유하고 있는 것으로 나타나고 있다. 하지만 물가, 비즈니스 규정, 경영 관례, 보건 및 환경에서는

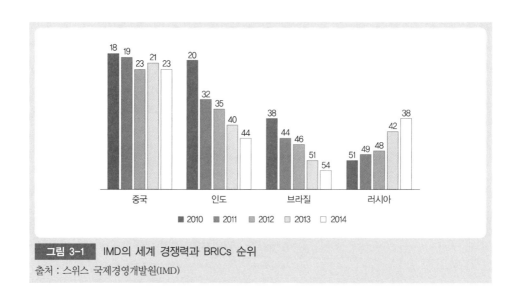

그림 3-1 IMD의 세계 경쟁력과 BRICs 순위

출처 : 스위스 국제경영개발원(IMD)

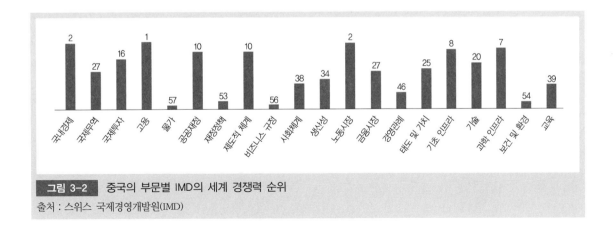

그림 3-2 중국의 부문별 IMD의 세계 경쟁력 순위
출처 : 스위스 국제경영개발원(IMD)

거의 최악의 순위를 기록하는 것을 알 수 있다.

〈표 3-4〉의 2014년도 IMD의 세계 경쟁력 순위를 보면 미국과 스위스는 2013년 기준 1위와 2위를 연속으로 차지하고 있으며, 싱가포르는 5위에서 3위로 상승하였다. 하지만 홍콩과 스웨덴은 3위에서 4위로, 그리고 4위에서 5위로 각각 하락하였다. 한국은 같은 기간에 22위에서 26위로 4계단이나 하락하였다.

(2) 세계경제포럼의 글로벌경쟁력지수

다른 경쟁력 지표로는 세계경제포럼(World Economic Forum, WEF)의 글로벌경쟁력지수(Global Competitiveness Index, GCI)가 있다. WEF는 경쟁력 순위는 제도·인프라·거시경제·보건 및 기초 교육으로 구성된 기초 분야, 고등교육 및 훈련·상품시장 효율성·노동시장 효율성·금융시장 성숙도·기술 준비도·시장 규모 등의 효율성 개선 분야, 혁신 및 비즈니스 성숙도 등 총 3개 지표로 구성되어 있다. 이러한 지표를 이용하여 1인당 GDP의 높은 성장률을 유지하는 국가의 능력을 지수화하여, 중기적으로 높은 경제성장률을 지지해주는 제도와 경제정책을 망라하고 있다.

세계경제포럼의 글로벌경쟁력지수(GCI)로 본 BRICs 국가들의 경쟁력에서는 중국이 IMD의 경쟁력과 유사하게 가장 상위권에 속해 있으며, 그다음으로는 러시아, 브라질, 인도 순으로 중위권 및 중하위권에 위치하고 있는 것을 알 수 있다. 중국은 순위의 변화가 거의 없는 것으로 나타났으며, 인도는 최근에 순위가 급격히 하락하였다. 브라질은 순위가 상승하다가 최근에 경기침체로 인하여 순위가 하락하였다. 러시아는 순

표 3-4 2014년 IMD의 세계 경쟁력 전체 순위 변화

국가	순위			국가	순위		
	2014	2013	변화		2014	2013	변화
미국	1	1	—	칠레	31	30	↘
스위스	2	2	—	카자흐스탄	32	34	↗
싱가포르	3	5	↗	체코	33	35	↗
홍콩	4	3	↘	리투아니아	34	31	↘
스웨덴	5	4	↘	라트비아	35	41	↗
독일	6	9	↗	폴란드	36	33	↘
캐나다	7	7	—	인도네시아	37	39	↗
아랍에미리트	8	8	—	러시아	38	42	↗
덴마크	9	12	↗	스페인	39	45	↗
노르웨이	10	6	↘	터키	40	37	↘
룩셈부르크	11	13	↗	멕시코	41	32	↘
말레이시아	12	15	↗	필리핀	42	38	↘
대만	13	11	↘	포르투갈	43	46	↗
네덜란드	14	14	—	인도	44	40	↘
아일랜드	15	17	↗	슬로바키아	45	47	↗
영국	16	18	↗	이탈리아	46	44	↘
호주	17	16	↘	루마니아	47	55	↗
핀란드	18	20	↗	헝가리	48	50	↗
카타르	19	10	↘	우크라이나	49	49	—
뉴질랜드	20	25	↗	페루	50	43	↘
일본	21	24	↗	콜롬비아	51	48	↘
오스트리아	22	23	↗	남아프리카공화국	52	53	↗
중국	23	21	↘	요르단	53	56	↗
이스라엘	24	19	↘	브라질	54	51	↘
아이슬란드	25	29	↗	슬로베니아	55	52	↘
한국	26	22	↘	불가리아	56	57	↗
프랑스	27	28	↗	그리스	57	54	↘
벨기에	28	26	↘	아르헨티나	58	59	↗
태국	29	27	↘	크로아티아	59	58	↘
에스토니아	30	36	↗	베네수엘라	60	60	—

출처 : 스위스 국제경영개발원(IMD)

표 3-5 세계경제포럼(WEF)의 경쟁력 순위 지표

구 분	세부 영역
기초 분야 : 4 (basic requirement)	Institution(제도) Infrastructure(인프라) Macro-economy(거시경제) Health & primary education(보건/기초 교육)
효율성 개선 분야 : 6 (efficiency enhancers)	Higher education & training(고등교육/훈련) Goods market efficiency(상품시장 효율성) Labor market efficiency(노동시장 효율성) Financial market sophistication(금융시장 성숙도) Technological readiness(기술 준비도) Market size(시장 규모)
혁신/성숙도 분야 : 2 (Innovation & sophistication)	Business sophistication(비즈니스 성숙도) Innovation(혁신)

출처 : 세계경제포럼(WEF). 2008. www.weforum.org

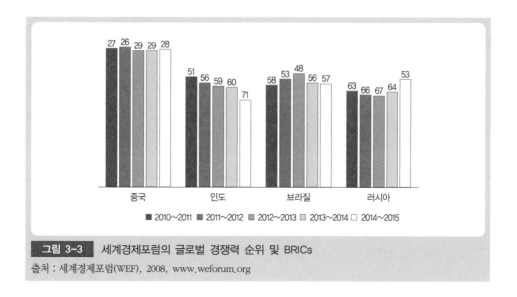

그림 3-3 세계경제포럼의 글로벌 경쟁력 순위 및 BRICs

출처 : 세계경제포럼(WEF), 2008. www.weforum.org

위가 하락하다가 최근에 급격히 상승하였다.

　한편 WEF의 글로벌 경쟁력 순위 중에서 중국의 부분별 순위를 〈그림 3-3〉에서 보여주고 있다. 중국의 경우 시장 규모, 거시경제, 보건 및 기초 교육 등에서 좋은 점수를 받았다. 하지만 혁신, 제도, 인프라, 기술 준비도와 같은 부분에서는 매우 낮은 점수를 받은 것으로 나타났다. 이렇게 WEF의 글로벌경쟁력지수도 국가별, 부분별로 경쟁력지수를 보여주어 각 나라가 어떤 경쟁력 위치에 있는지를 제시해준다.

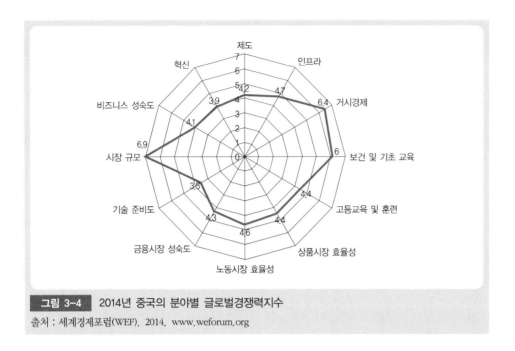

그림 3-4 2014년 중국의 분야별 글로벌경쟁력지수

출처 : 세계경제포럼(WEF), 2014, www.weforum.org

세계경제포럼의 경쟁력지수로 본 상위 국가는 스위스, 싱가포르, 미국, 핀란드 등으로 나타났다. IMF의 세계 경쟁력 순위에 비해 핀란드, 일본, UAE 등이 상위권에 위치하고 있다. 즉 경쟁력지수별로 국가별 순위에는 차이가 있다는 점을 보여주고 있다(그림 3-5).

문제는 이러한 경쟁력지수가 완전하지 않다는 것이다.

첫째, 국가경쟁력지수는 완벽하게 신뢰할 수 없다는 단점이 있다. 이러한 지수를 산출하기 위해 설문 조사를 수행하는데, 주요한 부분의 50% 이상이 이 설문조사에 의존하게 된다. 이러한 설문조사의 대상은 기업경영자들로 자국의 사업 환경에 대한 인식에 따라 경쟁력 순위가 왜곡될 수 있다.

둘째, 평가 항목의 구성이 기업에 편중되어 있어, 사회후생, 사회적 자본 등과 같은 국가 경쟁력의 핵심 요소의 평가가 미흡하다.

셋째, 각 항목에 대하여 가중치를 부과하는데, 이 가중치의 합리성이 보장되지 않는다. 즉 각 항목의 가중치가 변화하게 되면 순위도 당연하게 변화하는 단점이 있다.

따라서 이러한 지표를 사용할 때 절대적 또는 맹목적으로 받아들이지 말고, 전체적인 조사를 바탕으로 합리적으로 판단해야 한다. 특히 각 지수들의 한계를 인식하여

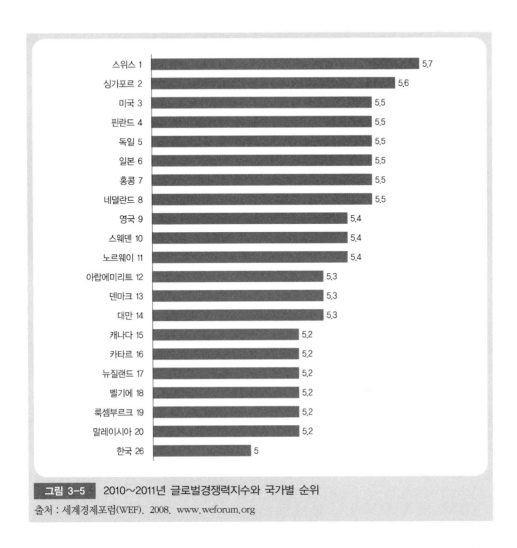

국가	지수
스위스 1	5.7
싱가포르 2	5.6
미국 3	5.5
핀란드 4	5.5
독일 5	5.5
일본 6	5.5
홍콩 7	5.5
네덜란드 8	5.5
영국 9	5.4
스웨덴 10	5.4
노르웨이 11	5.4
아랍에미리트 12	5.3
덴마크 13	5.3
대만 14	5.3
캐나다 15	5.2
카타르 16	5.2
뉴질랜드 17	5.2
벨기에 18	5.2
룩셈부르크 19	5.2
말레이시아 20	5.2
한국 26	5

그림 3-5 2010~2011년 글로벌경쟁력지수와 국가별 순위

출처 : 세계경제포럼(WEF). 2008. www.weforum.org

여러 기관들이 발표하는 지수들을 종합하여 분석 및 판단해야 한다.

2) 리스크

경제 리스크, 지정학적 리스크, 사회적 리스크, 환경 리스크로 구분하여 국가 리스크를 결정한다. 경제 리스크에는 경제의 안정성, 유가 및 에너지 공급, 자산시장, 외채, 재정 상태, 정부정책 변화 등에서 주요 리스크 요소를 추정할 수 있다. 경제 자체가 불안정할수록 그 국가의 리스크는 커지게 된다. 또한 에너지 공급을 국가 내에서 해결할 수 없고, 완전하게 외부에 의존하게 될 경우 유가 및 에너지 가격변화에 경제가 크게 영향을 받게 된다. 특히 외부로부터 에너지 공급이 중단될 경우 경제만이 아닌 국가의 존립에도 크게 영향을 줄 수 있다.

자산시장은 금융시장, 부동산시장 등을 의미한다. 예를 들어 최근에 미국에서 발생한 부동산시장의 파산이 미국 경제는 물론 세계 경제에도 크게 영향을 미친 것처럼, 자산시장이 불안정해지면 국가경제에 커다란 악영향을 미치게 된다. 모든 국가는 어느 정도 수준까지는 외채를 보유하게 된다. 하지만 장기보다 단기 부채를 지나치게 많이 보유하게 된다면 유동성 함정에 쉽게 빠져들 수 있다. 특히 지나친 부채의 보유는 국가재정을 악화시킬 수 있기 때문에, 대외 신용도에 크게 영향을 준다.

따라서 대외 부채가 적은 국가가 상대적으로 안정적이고 대외 부채가 많을수록 리스크가 큰 나라라고 할 수 있다. 정부는 세금을 거두고 이로부터 예산을 마련하여 지출을 하게 된다. 하지만 조세 수입보다 지출이 많은 경우 재정수지 적자를 기록하게 된다. 재정수지 적자가 심각한 경우 재정 파탄 가능성이 높기 때문에 그만큼 리스크가 커진다. 또한 정부가 재정정책을 자주 바꾸게 된다면 비즈니스 환경이 불안정하게 된다. 따라서 재정정책 기조의 안정성 또한 리스크에 영향을 준다.

지정학적 리스크로는 테러리즘, 국경 분쟁, 조직범죄, 내전 가능성 등이 주요 리스크 요인이다. 아프가니스탄, 이라크 등에서처럼 지속적으로 테러가 발생하게 된다면 비즈니스를 지속하기 힘들기 때문에 기업들이 투자를 꺼리게 된다. 국경분쟁이 많을수록 내전 및 전쟁의 위험이 커지게 되고, 외국인에 대한 범죄나 조직범죄에 의한 지배적 암시장의 존재 등은 사업 환경을 크게 저해한다.

사회 리스크로는 급속한 도시화, 과잉 규제, 노령화 등이며, 환경 리스크로는 수질오염, 식수 부족 등의 문제가 주요 리스크이다. 도시화가 급속하게 진행된다면 빈민, 도시오염 등의 문제가 발생할 수 있다. 규제가 지나치게 되면, 기업들은 투자를 할 수 없게 된다. 더욱이 지나친 규제는 정상적인 영업 활동 및 기업 활동보다는 로비 및 뇌물 등 부정부패에 의존하게 만든다. 즉 정상적인 기업 활동을 보장받기 어렵기 때문에 투자가 위축될 수밖에 없다. 수질오염 및 식수 부족 역시 최근에 주요 핵심 이슈로 나타나고 있다. 기업 활동에서 가장 중요한 것 중에 하나가 용수인데 환경문제로 인하여 용수를 적절하게 공급받을 수 없게 된다면 그만큼 비용이 상승하게 된다.

다음의 〈표 3-6〉은 사례는 BRICs 국가들의 국가적 리스크를 보여주고 있다.

경제 리스크에서는 경제적 안정성의 문제인 국제 자본이동, 세계 경제위기, 계층과

표 3-6 국가 리스크 요인과 BRICs

	세부 내용	예상 원인	관련국
경제 리스크	경제경착륙	국제 자본이동, 세계 경제(금융, 실물)위기, 사회불안(빈부격차-계층, 지역 간)	BRICs
	유가하락, 에너지 공급 차질	세계경제위기, 테러발생	러시아
	자산가격 붕괴	부동산 가격 하락	중국, 러시아
	외채문제	국제금리 상승	브라질
	재정적자	정부지출 확대	브라질, 인도, 중국
	정부정책 변화	정부개입, 법-제도의 급격한 변화	BRICs
지정학적 리스크	테러리즘	체첸사태, 이슬람분쟁	러시아, 인도
	국경 분쟁	중국-대만, 인도-파키스탄(인도 무장단체)	중국, 인도
	조직범죄	마피아, 낙살라이트	러시아, 인도
	내전	지역 간 소득격차 확대, 자원소유권 및 종교 및 민족분쟁	BRICs
사회 리스크	급속한 도시화	농촌인구의 도시유입으로 인한 사회문제	중국, 인도
	과잉 규제(red tape)	정부관료의 부정부패	BRICs
	노령화	인구 감소, 노령화	러시아, 중국
환경 리스크	환경오염	수질오염, 식수 부족	중국, 인도

지역 간의 빈부격차에 의한 사회불안 요인이 BRICs 국가에는 상존하고 있는 것으로 평가되고 있다. 유가 하락이 경제에 미치는 영향은 러시아가 클 것으로 평가되고 있다. 자산가격 붕괴의 리스크를 갖고 있는 BRICs 국가 중에서는 중국과 러시아가 해당된다. 외채 리스크는 브라질, 재정적자는 브라질과 인도 그리고 중국이 갖고 있으며, BRICs 국가들은 모두 급격한 정책적 변화가 심한 나라로 평가되고 있다.

테러리즘에 노출된 국가는 러시아와 인도, 국경 분쟁은 중국과 인도, 조직범죄는 러시아, 내전은 BRICs 국가 모두 리스크를 안고 있다고 볼 수 있다. 사회적 리스크에서는 급속한 도시화로 인한 사회문제가 중국과 인도에서 발생하고 있으며, 정부의 부정부패는 BRICs 국가 전체, 노령화는 러시아와 중국, 환경오염에는 중국과 인도가 리스크를 안고 있다고 평가되고 있다.

이러한 사례를 통하여 진출하려는 시장이 어느 정도 대내외적인 리스크에 노출되어 있는지를 평가한 후, 시장 진출에 대한 판단을 해야 한다. 특히 진출하려는 분야가 대단위 사업인 경우, 예를 들어 발전소 건설 등 대단위 투자가 예정된 사전 시장조사일수록 리스크 평가를 정확하게 수행하여 사후적으로 사업이 중단된다거나, 투자 후 대금결제가 제대로 이루어지지 않는 사태를 방지하기 위해서 리스크 평가는 철저하게 이루어져야 한다.

4 경제정책과 경제 현황

1) 주요 경제지표

해당 시장에 속해 있는 국가의 주요 경제지표 조사는 해당 시장의 경제성장 가능성, 생산 잠재력, 물가 상황, 환율 변화, 무역 규모 등을 사전에 파악하기 위한 것이다. 즉 진출하려는 시장에 대한 경제 현황을 파악하는 것은 거의 모든 해외시장조사에서 가장 먼저 조사되는 부문이다.

시장의 일반적인 개황을 알 수 있는 경제지표를 먼저 확인한다. 주요 경제지표로는 GDP 규모 및 실질 GDP 증가율, 산업생산성, 인플레이션, 환율, 외환 보유액, 경상수지, 수출입 규모, 인구, 대외 부채 등이 있다. 이러한 자료는 대부분 1차 자료를 활용하게 되는데, 주로 해당 국가의 통계청, 중앙은행, 주요 관계부처의 홈페이지 등에서 정보를 얻을 수 있다. 그 외 2차 자료로는 세계경제 전망기관 및 연구기관들이 해당 국가에서 발표한 자료를 기초로 재가공하여 생산한 것들이 있다.

(1) 주요 거시경제지표의 조사 포인트

해당 시장의 거시경제 현황을 가장 잘 알 수 있는 지표를 선택할 때는 거시경제의 안정성을 살펴볼 수 있는 지표들을 선택해야 한다. 자료는 2차 자료보다는 1차 자료를 활용하는 것이 바람직하다.

그런데 여기에서 주의해야 할 점이 있다. 이러한 자료에서 '어떤 점을 주의 깊게 살펴보아야 하는가?'에 대한 고민이 필요하다. 가장 기본적인 경제 현황 자료로 통하여 우리가 얻을 수 있는 것이 무엇인지 고민하고, 이에 대한 정확한 자료를 수집하고 제시되어야 할 것이다.

그 고민의 대상은 자료의 해석이다. 자료의 해석문제로 해당 시장의 경제가 현재까지 안정적으로 성장하여 왔는지 그리고 어느 정도의 경제 규모인지, 물가와 환율은 안정되어 있는지를 살펴보아야 한다. 또한 향후 그 국가가 대외적으로 안정적인지도 살펴보아야 한다. 이에 대해서는 경제성장률, 대외 부채, 외환 보유고, 환율 그리고 경상수지 및 무역수지 등을 살펴보아야 한다. 그리고 수출과 수입을 살펴봄으로써 향후 진출하려는 국가가 지속적으로 제품을 구매하거나 구입할 가능성이 있는지 간접적으로 살펴본다.

〈표 3-7〉과 〈표 3-8〉에서는 인도와 중국의 주요 거시경제지표를 보여주고 있다. 두 표에 의하면 중국과 인도의 GDP는 최근에 하락하는 기조를 갖고 있다. 또한 GDP 규모는 중국이 인도에 비해 4배 이상 차이를 보이면서도 중국이 인도에 비해 매우 빠르게 증가하고 있는 것을 알 수 있다. 1인당 GDP도 같은 추이를 보이고 있다.

한편 수출과 수입에서는 중국이 인도보다 거의 2~30배의 차이를 보이고 있으며, 인도가 경상수지 적자를 기록하는 것에 비해 중국은 경상수지 흑자를 보이고 있다는 점에서도 차이를 보이고 있다. 외환 보유고에서는 인도도 거의 3,000억 달러에 육박하는 보유고를 갖고 있지만, 중국은 거의 4조억 달러의 외환 보유고를 가지고 있어 양국

표 3-7 예시 : 인도의 주요 거시경제지표 조사

구분	단위	2007년	2008년	2009년	2010년	2011년	2012년	2013년
실질GDP 증가율	%	9.8	3.9	8.5	10.3	6.6	4.7	5.0
GDP(명목)	10억 달러	1,206.1	1,294.1	1,338.2	1,702.3	1,930.9	1,892.8	1,938.0
1인당 GDP	달러	1,040.6	1,101.7	1,124.4	1,412.0	1,581.2	1,530.5	1,547.7
CPI 상승률	%	6.4	8.3	10.9	12.0	9.6	9.7	10.1
수출	10억 달러	153.5	199.1	168.0	231.0	307.8	298.3	319.1
수입	10억 달러	208.6	291.7	247.9	324.3	428.0	450.2	433.8
경상수지/GDP	%	−0.7	−2.4	−2.0	−3.2	−3.2	−4.8	−2.5
외환 보유고	10억 달러	267.0	247.4	265.2	275.3	271.3	270.6	276.5
외채	10억 달러	39.4	30.9	16.5	24.4	29.3	30.6	
재정수지/GDP	%	−2.5	−6.0	−6.4	−4.8	−5.7	−4.8	−4.5
실업률	%	9.2	9.6	9.5	8.6	9.5	8.9	9.2
환율(연평균)		41.3	43.5	48.4	45.7	46.7	53.4	58.6

주 : 외채만 세계은행의 World Development Indicators의 자료를 사용
출처 : Global Insight(www.globalinsight.com)

표 3-8 예시 : 중국의 주요 거시경제지표 조사

구분	단위	2007년	2008년	2009년	2010년	2011년	2012년	2013년
실질GDP 증가율	%	14.2	9.6	9.2	10.5	9.3	7.7	7.7
GDP(명목)	10억 달러	3,494.7	4,518.7	4,990.5	5,931.4	7,319.5	8,234.3	9,251.6
1인당 GDP	달러	2,644.9	3,402.6	3,739.6	4,423.4	5,432.5	6,081.3	6,799.1
CPI 상승률	%	4.8	5.9	−0.7	3.3	5.4	2.7	2.6
수출	10억 달러	1,220.0	1,434.6	1,203.8	1,581.4	1,903.8	2,056.9	2,219.0
수입	10억 달러	904.6	1,073.9	954.3	1,327.2	1,660.3	1,735.3	1,859.1
경상수지/GDP	%	10.1	9.1	5.2	5.1	1.9	2.3	2.0
외환 보유고	10억 달러	1,530.3	1,949.3	2,416.0	2,866.1	3,181.1	3,311.6	3,821.3
외채	10억 달러	31.7	33.2	39.7	60.3	74.0	77.4	
재정수지/GDP	%	0.6	−0.4	−2.2	−1.6	−1.1	−1.6	−1.9
실업률	%	4.0	4.2	4.3	4.1	4.1	4.1	4.1
환율(연평균)		7.6	6.9	6.8	6.8	6.5	6.3	6.1

주 : 외채만 세계은행의 World Development Indicators의 자료를 사용
출처 : Global Insight(www.globalinsight.com)

간에 비교할 수 없을 정도이다. 재정수지는 인도는 만성적인 적자를 보이고 있지만, 중국은 최근에 글로벌 경제위기로 인하여 재정수지 흑자에서 적자로 기조가 전환된 것을 알 수 있다.

실업률은 인도는 9%대를, 중국은 4%대를 유지하고 있다. 환율은 인도는 급속하게 평가절하를 경험하였던 것에 반하여 중국은 평가절상되고 있는 것을 알 수 있다.

이렇게 두 경제의 거시지표를 살펴봄으로써 우리는 각 나라의 경제 현황은 물론 성장 가능성도 같이 파악할 수가 있다.

2) 경제전망 조사

경제전망 조사는 해당 시장이 향후 어떻게 성장할 것인지에 대한 조사이다. 특히 단기적으로 해당 시장경제가 어떻게 될 것인지를 알려주기 때문에 경제전망에 대한 조사는 중요하다. 즉 앞으로 조사 대상 시장이 향후 진출할 수 있는 시장인지, 아니면 새로운 시장을 포기하고 기존 시장에 진출을 강화해나갈지, 아니면 진출 보류 및 철수하는

것이 더 유리한지 등을 결정하는 정보를 간접적으로 제공한다.

따라서 가능한 세계의 주요 경제전망기관들의 자료를 이용한다. 예를 들어, 세계은행, IMF, 아시아개발은행(ADB), 골드만 삭스, EIU, 글로벌 인사이트(Global Insight) 등 국제기구나 다국적 투자은행, 전망기관들이 발행한 자료를 이용한다. 참고로 한국에서는 한국은행, KDI, 삼성경제연구소 등에서 해외 경제에 대한 경제전망지표를 발표하고 있다. 하지만 대부분의 해외 경제전망지표는 세계 주요기관들이 발간 또는 발표한 내용을 참조하는 것이 일반적이다. 그 이유는 세계 주요기관이 발표한 내용이 세계 경제의 변화와 흐름에 크게 영향을 미치기 때문이다.

경제전망지표 역시 2차 자료보다는 1차 자료를 활용하는 것이 바람직하며, 주요 경제전망지표는 GDP 성장률 또는 증감률, 물가상승률 또는 인플레이션, 수출입을 포함한 경상수지, 환율 등이다. 이 중에서 경제성장 가능성을 가장 잘 나타내주는 실질 GDP 증감률이 제일 중요하며, 그다음으로 물가상승률을 살펴보아야 한다. 경제가 급속하게 성장해도 지나치게 물가가 상승하면 그 경제는 안정적으로 성장하고 있다고 볼 수가 없다.

다음으로는 그 나라의 무역, 즉 수출과 수입은 지속적으로 성장하고 있는지, 구매력이나 매출 가능성은 충분한지 살펴본다. 그 외 환율 등을 고려해야 한다. 환율의 변화는 기업의 진출비용 및 수익을 변화시키기 때문에 언제나 주의 깊게 살펴보아야 할 지표이다. 즉 달러대비 환율이 급격히 상승하면 그 나라 공식화폐의 가치가 하락하는 것을 의미하며, 급격히 하락하면 그 화폐가치가 상승하는 것을 의미하기 때문에 진출비용 및 수익에 영향을 준다.

표 3-9 예시 : 중국의 거시경제지표 전망

	단위	2020년	2025년	2030년	2040년
GDP 성장률	%	7.8	6.0	4.6	3.6
GDP(명목)	10억 달러	17,023	30,564	44,037	77,804
CPI 상승률	%	3.6	3.5	3.1	1.7
경상수지	10억 달러	381.6	227.6	45.9	−144.3
시장환율(연평균)	현지통화/달러	5.9	6.0	6.2	6.5

출처 : Global Insight, EIU

표 3-10 예시 : 인도의 거시경제지표 전망

	단위	2020년	2025년	2030년	2040년
GDP 성장률	%	8.0	6.6	5.7	4.9
GDP(명목)	10억 달러	4,679.5	8,505.2	14,055.9	33,472.3
CPI 상승률	%	6.0	5.5	4.5	4.0
경상수지	10억 달러	−120.8	−227.3	−297.7	−533.5
시장환율(연평균)	현지통화/달러	59.3	62.2	64.3	67.5

출처 : Global Insight, EIU

(1) 국내 거시 동향

국내 거시 동향에서 가장 중요한 것은 경제성장이다. 경제성장은 최근에 어느 정도까지 성장하고 있는지 그리고 어떤 분야가 성장을 견인하고 있는지를 확인한다.

인플레이션은 최근에 3~4% 이상으로 물가가 상승하고 있는지를 파악하고, 만약 물가가 급속히 상승하고 있다면 그 물가 상승의 원인이 무엇인지를 파악해야 한다.

재정수지는 최근에 적자, 흑자 또는 균형수지를 유지하는지를 조사한다. 재정수지의 적자가 심화된다면, 향후 정부의 재정 악화로 국가 파산도 가능하기 때문에 재정수지를 좀 더 명확하게 파악해야 한다. 특히 신흥시장일수록 정부가 재정수지 적자를 기반으로 경제성장을 견인하는 경우 장기적으로는 물가 상승의 원인이 되기도 하지만 저축을 감소시켜 투자를 축소시킬 수 있기 때문에 유의하여 조사해야 한다.

또한 지나친 재정수지 적자는 결과적으로 더 이상 경제를 운영할 수 없게 한다. 그 결과 정부는 재정적자를 보전해야 하는데, 궁극적으로 화폐 발행에 의한 재정보전 가능성이 높아지거나, 아니면 결국 국가 파산이라는 극단의 경우까지 갈 수 있다. 즉 재정적자가 심해지면 정부의 재정정책 변화도 발생하게 된다. 이에 정부의 주요 경제정책의 변화를 같이 조사하여 제시해야 한다. 이러한 조사를 토대로 향후 해당 시장의 경제가 안정화될지를 판단해야 한다.

경제성장에 대한 전망을 직접 할 수도 있지만, 이미 많은 경제기관이 분기별, 월별 또는 연도별 경제성장에 대한 전망 자료를 많이 발표하고 있기 때문에 비용과 시간을 소요하면서 직접 경제성장 전망을 할 필요는 없다.

우선 특정 시장에 대한 경제성장 전망은 해당 정부기관에서 발표하는 자료를 활용하는 것이 가장 효율적이다. 예를 들어 러시아의 경우 '러시아 경제개발통상부'에서 발표하는 자료를 활용할 수 있다. 인도의 경우 인도 내의 '응용연구원(NCAER)' 등과 같은 곳에서 전망치를 확보하여 분석하면 된다. 하지만 이보다는 IMF, 세계은행 등과 같은 기관의 전망 자료를 활용하는 것이 비용과 시간을 절약하는 것은 물론, 더 높은 신뢰성을 확보할 수 있다.

3) 대외 경제 동향

(1) 수출입 및 경상수지

대외 경제 동향에서 가장 큰 관심사는 최근 해당 경제의 수출입이 어떤 추세를 유지하고 있는지에 관한 것이다. 대외무역에서 흑자 또는 적자를 기록하고 있는지 그리고 그 정도는 어느 정도인지를 확인해야 한다. 또한 주요 수출입 품목에는 어떤 품목들이 포함되는지에 대한 조사도 병행되어야 한다. 이를 위해서는 연도별로 상위 5위 품목 등 수출입 주요 품목을 조사하고, 이 제품의 최근 추이 및 특징을 조사한다.

다음으로는 국가별 수출입 현황을 조사하여 어떤 국가와 무역을 많이 하는지도 함께 조사하는 것이 해당 시장의 상황을 이해하는 데 도움을 준다. 즉 수출은 어느 나라와 가장 많이 하고 있으며, 그 추세는 어떻게 변화하고 있는지를 조사한다. 좀 더 자세한 조사를 원하는 경우 국가별-품목별 조사가 이루어져야 한다. 또한 이러한 조사에는 우리나라를 꼭 포함시켜 우리나라가 해당 시장에서 어떤 위치를 차지하고 있는지를 살펴보아야 한다.

(2) 외국인직접투자

외국인투자에는 외국인직접투자(FDI)와 외국인기관투자 또는 간접투자(FII)가 있다. FII는 주로 주식 및 펀드 등 금융시장에 대한 투자로 금융 조사가 아니면 크게 고려대상이 되지 않기 때문에 여기에서는 외국인직접투자만을 조사 대상으로 삼는 것이 바람직하다.

외국인직접투자 동향 조사는 목적시장에 외국인이 어느 정도, 어느 분야에 많이 진입하고 있는지 그리고 어느 나라가 가장 적극적이며 경쟁 가능성이 있는지를 보여주는 조사가 되어야 한다. 따라서 조사 내용은 전체적인 외국인직접투자 추이는 물론 국가별 외국인직접투자 유입액, 업종별 외국인직접투자 현황, 지역별 투자 추이 등이 포함된다. 이러한 조사를 토대로 향후 대상 시장이 어떤 분야에 생산 및 판매 등이 증가할 가능성이 있는지를 판단하게 된다.

조사 자료는 중앙은행, 재무부 등에서 발간하는 자료를 이용하면 된다. 인도의 경우는 상공부에서 제시되는 자료를 이용하며, 러시아의 경우는 연방통계청(Federal State Statistics Service) 자료를 이용하면 된다. 한편 정부의 외국인직접투자에 대한 개혁, 제한 등 규제 및 정책에 대한 정보도 수집하고 분석해야 한다.

4) 대외 부채 및 외환 보유고

신흥시장일수록 대외 경제에 취약한 면을 가질 수 있다. 특히 대외 부채가 높고 외환 보유고가 적을 경우 향후 대외 경제가 매우 취약하다고 평가할 수 있다. 이와 반대로 대외 부채가 적고, 외환 보유고가 많을 경우 향후 대외 경제 측면에서 매우 강한 면을 보여 줄 것으로 판단할 수 있다.

따라서 이에 대한 자료를 조사하는 것이 바람직하다. 하지만 조사 대상이 선진국일 경우 이러한 사항이 상대적으로 중요하지 않을 수도 있다. 여기에서 중요한 것은 대외 부채와 외환 보유고가 어떤 이유로 변화하는지를 조사하고 분석하는 것이다.

5 산업구조와 위상

산업조사는 여러 가지 목적에 의해서 실행될 수 있다. 우선 기업에게는 특정 해외시장에 대한 진출 가능성을 검토할 수 있게 해준다. 정부 및 관련 기관들에게는 특정 시장의 산업에 대한 동향과 구조 및 전망을 분석하여 정부 간에 경제협력 확대 전략을 구상하는 자료를 제공한다. 물론 기업들에게 진출 유망한 산업을 발굴하고, 진출하려는 기업들에게 진출 전략 수립에 필요한 자료를 제공하기 위하여 조사가 이루어진다.

이에 따라 해당 시장의 주요기관에서 발표하는 자료 및 통계나 관련 연구기관들의 참고문헌을 통한 정성적 분석과 전문가 면담 및 현지 조사 등 다양한 조사방법이 활용되는 것이 일반적이다.

1) 조사 대상 산업의 선정

한 기업이 특정시장의 산업을 조사하는 경우는 목적시장에 제품을 판매하기 위해서 수출 가능성 또는 현지 투자 가능성에 대한 사전 조사가 대부분이다. 이에 가장 중요한 것은 그 산업의 성장 가능성 및 소비 가능성이다. 산업 성장 가능성이 높은 경우 그 시장에 기업들은 제품을 제조·생산하기 위한 투자 진출을 하거나, 아니면 현지에서 생산하여 제3국으로 수출하기 위한 조사일 수도 있다. 무엇보다도 그 시장의 소비 가능성이 높아 특정 산업 성장이 높을수록 현지시장에서 제조 및 판매 가능성을 좀 더 심도 있게 조사하게 된다. 이와 더불어 현지 투자가 아닌 수출 가능성 여부도 중요한 산업 조사의 이유가 된다.

해당 시장에서 특정 산업 성장이 빠르게 일어나면 그만큼 원자재 및 소재 등의 수요가 크게 발생하게 되며, 이에 따라 해외로부터 원자재 및 소재에 대한 수입이 증가하게 된다. 급증하는 소비 추세를 이용하여 수출을 확대하기 위한 가능성을 조사할수 있다. 결과적으로 진출하고자 하는 산업의 성장 및 그에 따른 수요 확대 잠재성이 어떤 산업에서 크게 발생하고 있는지를 조사하게 된다.

다음으로 정부 차원에서 특정 국가의 산업을 조사하는 경우에는 해당국의 주요 산업의 성장에 대한 조사를 통하여 향후 수출 및 투자 확대 등에 대한 양국 간 협력 방안을 마련하거나, 주요 산업의 성장에 따른 우리와의 경쟁 가능성 등을 측정하고, 이에 대비하기 위해 조사를 하게 된다. 이와 더불어 특정 산업의 성장 잠재성이 높은 산업과의 양국 간 보완적 또는 국제적 분업 가능성도 중요한 조사 대상이 된다. 결국 산업 조사는 시장성, 국제적 기술협력 가능성, 경쟁성 등을 고려하여 추진하게 된다.

2) 산업 조사 범위

산업 조사는 조사 대상에 따라 산업의 주요 추세 및 현안 분석 그리고 산업 전망을 조사하는 매우 단순한 조사와 경제 현황, 산업구조 및 정책, 경쟁관계, 수요관계 조사 등 매우 세부적으로 추진되는 산업조사로 구분된다.

산업 조사의 범위는 결과적으로 조사하고자 하는 목적과 비용 등을 고려하여 이루어지게 된다. 산업 조사의 주요 범위로는 경제 현황, 산업구조 및 정책, 산업 개황, 주요 산업육성정책, 주요 산업 부문별 동향, 외국 기업의 진출 현황 및 전략, 산업의 성장 잠재력 및 전망 등이다.

우선 산업 조사 개황은 산업 조사의 기초 자료 조사로, 산업의 개요 및 특징 등이 조사 대상이 된다. 산업 개요와 개황은 특정 시장의 산업에 대한 변천 과정 또는 사업의 위상 등을 조사하여 그 산업의 중요성 및 위상을 보여줄 수 있는 내용을 조사해야 한다. 변천 과정은 매우 간략하게 서술한다. 그 내용은 초기 단계의 주요 생산자와 규모를 조사하고, 현재 조사 대상 산업이 어느 정도의 성장 단계에 있는지를 조사한다. 산업 조사 개황은 대부분 산업별로 해당 국가 내의 협회 및 상공부 등에서 발간되는 자료를 이용하면 된다.

3) 산업의 위상과 특징

산업의 위상은 산업의 성장배경과 더불어 해당 산업의 성장 가능성 및 현재의 세계적 위치를 보여준다. 이에 해당 산업을 주요 경쟁국의 산업과 비교할 수 있다면 더 좋은 조사라고 할 수 있다. 여기에서는 인도의 자동차 산업의 예를 들어 설명하고자 한다.

자동차 산업에 대한 기초적인 조사를 하기 위해서는 글로벌 인사이트, 국제자동차제조사기구(International Organization of Motor Vehicle Manufacturers), 한국자동차산업협회 등 해당 기구 및 해당 국가의 산업에 소속되어 있는 협회의 자료를 활용할 수 있다.

〈그림 3-6〉은 세계의 지역별 및 주요 국가별 인구 1,000명당 자동차 보유 현황을 보여주고 있다. 〈그림 3-6〉에 의하면 미국, 호주, 캐나다 순으로 자동차를 많이 보유하고 있으며, 그다음으로는 유럽, 일본과 한국, 러시아 등의 순으로 많이 보유하고 있다는 사실을 알 수 있다. 이에 반해 러시아와 브라질은 중위 정도 수준으로 자동차를 보유하고 있다. 하지만 중국과 인도는 아직도 세계 최하위 수준으로 자동차를 보유하고 있는 것으로 보인다. 이렇듯 인구 대비 자동차 보유 현황을 국가별로 비교해보면, 관심을 갖고 있는 국가의 자동차시장에 대한 정보를 알 수 있다.

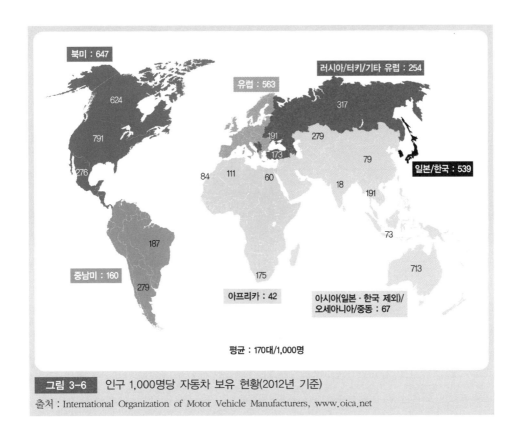

북미 : 647

러시아/터키/기타 유럽 : 254

유럽 : 563

624

317

791

191
279

173

79

일본/한국 : 539

-276

84　111　60

18

191

187

73

713

중남미 : 160

279

175

아프리카 : 42

아시아(일본 · 한국 제외)/
오세아니아/중동 : 67

평균 : 170대/1,000명

그림 3-6　인구 1,000명당 자동차 보유 현황(2012년 기준)

출처 : International Organization of Motor Vehicle Manufacturers, www.oica.net

한편 세계 지역별 및 주요 국가별 자동차 판매 현황을 보면(표 3-11), 지역별로는 아시아 및 오세아니아에서 가장 많이 판매 되는 것으로 나타났다. 그다음으로 미주, 유럽, 아프리카 순으로 많이 판매되고 있다. 국가별로 보면 중국이 미국을 앞서 1,000만 대 이상 판매시장으로 성장하였으며, 미국이 매년 700~800만 대 이상 판매되는 시장으로 2위를 차지하고 있다. 그리고 일본시장에서 300만 대 이상이 판매되고, 브라질과 러시아 시장에서 최근에 판매량이 약간 감소하고 있지만 각각 170만 대와 120만 대 수준으로 판매되고 있다. 인도 역시 최근에 판매시장으로서 역할이 축소되고 있는 것으로 나타나고 있다. 이러한 자료를 통하여 우리는 미국 및 BRICs 국가들이 자동차 시장으로서 중요한 위치를 차지하고 있다는 것을 알 수가 있다.

표 3-11 지역별/주요 국가별 자동차 판매 현황(대수)

지역 및 국가	2012년	2013년	2014년	변화율
유럽	9,893,574	9,200,506	9,448,752	2.7%
EU 28국가 + EFTA	7,851,882	7,323,155	7,800,311	6.5%
EU 15국가 + EFTA	7,353,773	6,861,227	7,259,978	5.8%
러시아	1,522,293	1,325,651	1,239,995	−6.5%
미주	11,633,356	12,430,755	12,486,009	0.4%
미국	7,422,482	7,965,617	8,310,911	4.3%
중남미	2,846,495	3,043,372	2,733,060	−10.2%
브라질	1,716,916	1,799,064	1,662,920	−7.6%
아시아 및 오세아니아	19,267,063	20,201,507	21,347,806	5.7%
중국	9,598,050	10,782,270	11,683,541	8.4%
인도	1,891,620	1,718,244	1,594,176	−7.2%
일본	2,947,356	2,711,645	3,005,806	10.8%
한국	796,062	796,401	840,075	5.5%
아프리카	742,884	809,256	790,695	−2.3%
전체 국가	41,536,877	42,642,024	44,073,262	3.4%

출처 : International Organization of Motor Vehicle Manufacturers, www.oica.net

다음으로 생산시장을 보면(표 3-12), 지역별로는 아시아 및 오세아니아 지역에서의 자동차 생산이 월등히 많은 것을 알 수가 있다. 그다음으로 유럽, 미주, 남미 등에서 생산을 많이 하고 있으며, 아프리카에서는 자동차 생산은 미미한 수준에 머물러 있는 것으로 나타났다.

국가별로는 미국이 1,000만 대 이상을 생산하고 있으며, 일본이 그 뒤를 이어 거의 1,000만 대 수준에 달하는 자동차를 생산하고 있다. 그다음으로는 독일 500만 대, 한국 300~400만 대, 브라질 300~400만 대 수준의 자동차 생산국이다. 이러한 자료로부터 각 지역별 및 국가별 자동차 생산시장의 현황을 알 수 있는 것은 물론, 자동차를 많이 사용하는 국가가 자동차도 많이 생산하는 국가라는 사실도 알 수가 있다.

표 3-12 지역 및 주요 국가별 자동차 생산 현황(대수)

지역 및 국가	2012년	2013년	변화율
유럽	19,857,396	19,726,283	-0.7%
EU 27국	16,269,212	16,183,724	-0.5%
EU 15국	12,822,352	12,765,404	-0.4%
프랑스	1,967,765	1,740,000	-11.6%
독일	5,649,260	5,718,222	+1.2%
스페인	1,979,179	2,163,338	+9.3%
영국	1,576,945	1,597,433	+1.3%
미주	20,086,458	21,136,313	+5.2%
미국	10,332,626	11,045,902	+6.9%
남미	4,288,654	4,658,210	+8.6%
브라질	3,402,508	3,740,418	+9.9%
아시아 및 오세아니아	43,709,131	45,800,878	+4.8%
인도	4,174,713	3,880,938	-7.0%
일본	9,943,077	9,630,070	-3.1%
한국	4,561,766	4,521,429	-0.9%
태국	2,429,142	2,457,057	+1.1%
아프리카	586,396	636,519	+8.5%
전체 국가	84,239,381	87,299,993	+3.6%

출처 : International Organization of Motor Vehicle Manufacturers, www.oica.net

다음으로 관심 있는 국가의 자동차 산업의 위상을 해당 국가의 자동차 관련 협회의 자료를 활용하여 조사한 경우를 보자. 중국과 인도의 예로 들어 자동차 산업의 위상을 〈표 3-13〉을 이용하여 살펴보자. 중국과 인도는 승용차 부문에서 세계 첫 번째와 여섯 번째로 자동차를 많이 생산하고 있어, 중국과 인도가 세계 승용차시장에서 차지하는 위상이 높다는 것을 알 수 있다. 또한 브라질과 러시아가 인도 다음으로 많은 승용차를 생산하는 것으로 나타나, BRICs 국가들이 세계 승용차 시장에서 상당한 위치를 차지하고 있다는 것을 알 수 있다. 한국도 5위의 생산국이라는 것을 알 수 있다.

상용차 시장에서는 중국은 세계 두 번째, 인도는 여덟 번째로 많이 생산하고 있다.

표 3-13 중국과 인도 자동차산업의 위상

국가별 승용차 생산 순위(2013년 기준)			국가별 상용차 생산 순위(2013년 기준)		
순위	국가	생산대수	순위	국가	생산대수
1	중국	18,085,213	1	미국	6,698,944
2	일본	8,189,323	2	중국	4,031,612
3	독일	5,439,904	3	일본	1,440,747
4	미국	4,346,958	4	캐나다	1,414,615
5	한국	4,122,604	5	대만	1,385,981
6	인도	3,138,988	6	멕시코	1,280,408
7	브라질	2,742,309	7	브라질	988,109
8	러시아	1,919,636	8	인도	741,950
9	멕시코	1,771,987	9	터키	491,930
10	스페인	1,719,700	10	스페인	433,638
11	영국	1,509,762	11	한국	398,825
12	프랑스	1,460,000	18	러시아	255,675

출처 : International Organization of Motor Vehicle Manufacturers, www.oica.net

브라질과 러시아도 각각 7위와 18위를 차지하고 있을 정도로 상용차 시장에서도 BRICs 국가들의 위상은 높은 것으로 나타났다. 한국은 11위를 차지하고 있다.

한 나라의 자동차 관련 협회의 자료를 통하여 해당 국가의 자동차 산업의 위상뿐만 아니라 다른 나라, 특히 주요 자동차산업의 위상을 동시에 조사할 수도 있기 때문에 가능한 산업의 위상 조사는 다양한 국가들과 비교 분석하는 것이 더 효율적이다.

산업의 위상에서 생산 능력, 판매 추이, 수출입 추이에 대한 조사를 추진하여 생산 자시장, 소비시장, 수출입시장에 대한 특징을 도출할 수 있다. 그 이유는 산업의 주요 특징은 산업의 생산능력 및 판매 가능성 등을 판단하여 생산 및 소비시장의 잠재성을 판단할 수 있게 해주기 때문이다. 이에 대한 자료는 대부분 해당 국가의 협회 또는 국내외 다양한 기관들로부터 찾을 수 있다.

우선 인도의 자동차산업의 생산능력에 대한 조사의 예를 보자. 인도 자동차 부문별 생산능력을 보면 2륜 또는 3륜 자동차 중심으로 생산능력이 집중되고 있고, 4륜 자동차의 생산능력은 상대적으로 낮다는 것을 알 수 있다. 즉 인도 자동차 생산자시장은

표 3-14 인도 자동차 부문별 생산능력

2012-13 생산능력(100만 대)		2013-14 생산능력(100만 대)	
4륜차	3.17	4륜차	3.88
2&3륜차	12.15	2&3륜차	14.31
엔진류	0.45	엔진류	0.49

출처 : www.siamindia.com

승용차나 상용차 중심이기보다는 오토바이 등 2륜차를 중심으로 시장이 형성되어 있다는 것을 알 수 있다. 한편 엔진을 생산할 수 있는 능력은 매우 낮은 것으로 나타났다(표 3-14).

조사하려는 산업이 현재 어떤 상황이고, 앞으로 어떻게 변화할 것인지를 판단하기 위해서는 생산 현황 및 추이를 조사해야 한다. 예를 들어 인도의 승용차 생산 추이를 보면, 2008-2009년에 인도는 183만 대를 생산하였으나, 2011-2012년부터 300만 대 이상을 생산하기 시작한 것을 알 수 있다. 그리고 2015년 이후부터는 500만 대 이상을 생산하고, 2020년대에는 1,000만 대 이상을 생산할 것으로 전망하고 있다(그림 3-7).

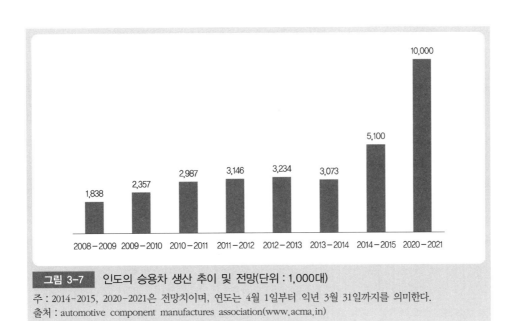

그림 3-7 인도의 승용차 생산 추이 및 전망(단위 : 1,000대)

주 : 2014-2015, 2020-2021은 전망치이며, 연도는 4월 1일부터 익년 3월 31일까지를 의미한다.
출처 : automotive component manufactures association(www.acma.in)

표 3-15 인도의 자동차 형태별 생산 추이(단위 : 대)

구분	2007-2008	2008-2009	2009-2010	2010-2011	2011-2012	2012-2013
승용차	1,777,583	1,838,593	2,357,411	2,982,772	3,146,069	3,233,561
상업용차	549,006	416,870	567,556	760,735	929,136	831,744
3륜차	500,660	497,020	619,194	799,553	879,289	839,742
2륜차	8,026,681	8,419,792	10,512,903	13,349,349	15,427,532	15,721,180
합 계	10,853,930	11,172,275	14,057,064	17,892,409	20,382,026	20,626,227

출처 : www.siamindia.com

인도의 자동차 산업에서 자동차 형태별 생산 현황을 보면(표 3-15), 2륜차(76.2%)가 가장 많고, 그다음으로 승용차(15.6%), 3륜차(4.07%), 그리고 상업용차(4.03%) 순으로 나타났다(2012-2013년 기준). 즉 인도는 승용차보다는 2륜차 중심으로 자동차 생산이 이루어지고 있다. 더욱이 2륜차 생산이 급속하게 증가하고 있다.

이러한 조사를 통해서 인도의 자동차 생산시장은 급격히 성장하고 있다는 사실을 알 수 있다.

자동차시장이 급격히 성장하고 있는지 아니면 소강 상태에 있는지 그것도 아니면 침체하고 있는지를 살펴보기 위해서는 자동차 판매시장을 조사해야 한다. 이에 가장 기본적인 것이 해당 시장의 자동차 판매 실적 및 추이를 살펴보는 것이다. 인도의 자동차 판매시장을 조사해보면, 글로벌 경제위기가 시작되는 2007-2008년부터 소강 상태를 보인 후 2009-2010년부터 판매가 급속히 증가하고 있는 것을 알 수 있다(그림 3-8). 여기에서 주목할 것은 비록 인도의 자동차시장은 오토바이와 같은 2륜차가 많이 판매되고 있지만, 승용차의 판매가 글로벌 위기 이후에도 지속적으로 증가하고 있으며 최근에 그 추세가 계속 유지되고 있다는 점이다. 즉 그만큼 성장속도가 빠르고, 향후 성장 가능성도 높다는 것을 이러한 자료들이 보여주고 있다.

인도 자동차의 수출 현황과 추이를 분석하면, 인도 자동차들이 해외로 수출할 수 있는 여건이 되는지를 조사할 수 있다. 인도 자동차 부문의 수출은 주로 오토바이 등 2륜차 중심으로 이루어지고 있으며, 그 추세가 급속히 증가하고 있다. 또한 승용차의 수출도 매우 빠르게 증가하여, 2012-2013년에 55만 대 이상이 수출되었다(그림 3-9).

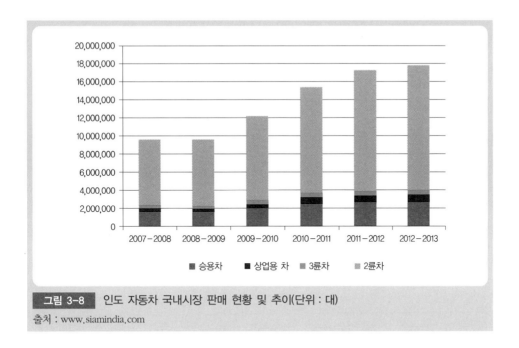

그림 3-8　인도 자동차 국내시장 판매 현황 및 추이(단위 : 대)

출처 : www.siamindia.com

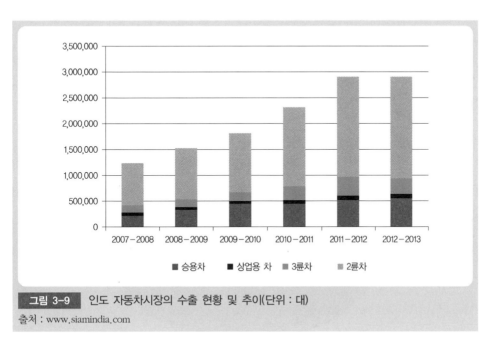

그림 3-9　인도 자동차시장의 수출 현황 및 추이(단위 : 대)

출처 : www.siamindia.com

　이러한 조사에서 알 수 있는 내용은 인도의 자동차시장은 우선 2륜차 중심으로 이루어져 있으며, 최근에 생산보다는 판매가 더 많이 이루어지고 있다는 것을 알 수 있다. 더욱이 수출도 매우 빠르게 증가하고 있다. 이러한 결과로부터 우리는 인도 자동차시장이 급속히 팽창하고 있으며, 내수시장으로서의 가치는 물론 향후 제3국으로 수출 가능성이 높아질 것이라는 점을 알 수 있다.

　이러한 조사와 더불어 기타 특수한 시장 환경을 조사해야 한다. 시장을 형성하는 특수한 환경은 산업 조사에서 중요한 분야 중 하나이다. 예를 들어 자동차의 판매 및 생산 시장에 영향을 미치는 기타 요인들은 도로환경(규모, 정비, 포장 정도 등), 교통체증, 인프라, 연료 사용, 기술 환경 등 다양하다. 또한 중고제품, 즉 중고차의 수입에 대한 정부정책은 중고차가 신형 자동차와의 경쟁관계를 이루고 있다는 점에서 중요하다. 가령 중고차 수입에 대하여 중앙정부가 개방적이라면 자동차 판매시장은 중고차와 경쟁적 관계가 높을 수 있다. 특히 진출하려는 시장이 신흥시장이라면 중고차의 수입은 현지 신차의 판매에 크게 영향을 미칠 것이다.

　그다음으로 산업 내의 경쟁자 현황을 조사한다. 경쟁자 현황은 시장 내에서 업종별로 자동차를 판매하고 있는지를 조사하면 된다. 예를 들어 인도 내에서 승용차시장을 누가(어느 업체) 가장 많이 점유하는지를 살펴보기 위해서는 인도 승용차시장의 점유율을 조사하면 된다. 가령 인도의 승용차 시장의 경우를 보면(그림 3-10), 인도시장에

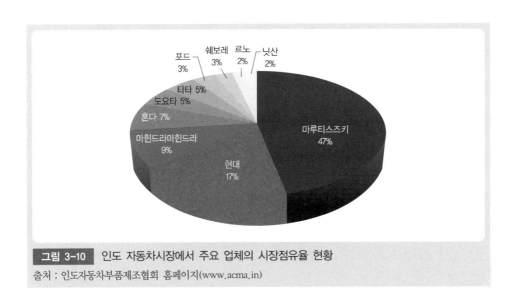

그림 3-10 인도 자동차시장에서 주요 업체의 시장점유율 현황
출처 : 인도자동차부품제조협회 홈페이지(www.acma.in)

서 가장 강세를 보이는 자동차업체는 일본의 스즈키와 합작한 마루티스즈키가 시장을 50% 가까이 장악하고 있으며, 그다음으로 현대자동차가 17%, 인도의 타타 자동차 5% 순으로 시장을 점유하고 있다. 여기에서 한 가지 더 알 수 있는 것은 인도 자동차시장은 인도 자동차업체들보다는 다국적기업들이 더 높은 시장 점유율을 차지하고 있다는 점이다. 즉 인도 자동차시장은 다국적기업들에 의해 경쟁이 심화되고 있음을 알 수 있다.

4) 산업정책

산업정책 조사는 해당 산업에 대하여 정부가 어떤 자세를 취하고 있는지를 조사하는 것이다. 정부가 해당 산업에 대하여 개방적이면서도 경쟁적인 정책을 시행할 경우 진입 장벽은 낮고, 해당 산업의 성장 가능성은 그만큼 높아진다.

이에 반해 해당 산업에 대하여 정부가 제도 및 정책을 매우 제한적이고 개방에 대하여 친화적이지 않을 경우 진입장벽이 그만큼 높아져 외국 기업들이 진출하기에는 많은 어려움을 느끼게 된다. 이에 해외시장조사에서 해당 산업의 정책 조사는 필수적이다.

(1) 정책기조 및 추진 방향

산업정책 조사는 우선 '주요 정책기조 및 추진 방향' 조사가 이루어져야 한다. 여기에는 정부에서 발표되는 정책 자료들이 중요한 정보가 된다. 정부 자료는 해당 산업을 담당하고 있는 정부부처 홈페이지 및 각종 출판 자료를 활용한다. 또한 매년 관련 정책이 변한다는 점을 유의해야 한다.

산업정책 조사에서 가장 유의해야 할 점은 최근에 정부가 어떠한 정책기조를 가지고 있는가이다. 이와 더불어 해당 산업에 어느 정도 예산을 편성하고 있는지도 중요한 정보가 될 수 있다.

(2) 규제와 개방

다음으로 중요한 것은 해당 산업의 규제와 개방에 대한 정책이다. 대부분의 국가들은 특정 산업을 매우 강력하게 보호하거나 아니면 부분 개방 또는 완전 개방하여 국내 기업이든 외국 기업이든 상관없이 산업 활동을 보장하고 있다. 자동차의 경우 중요한

표 3-16 조사 예시 : 러시아의 자동차 수입 관세

구분	엔진배기량(cc)	관세율
신차, 3년 이하 중고차	1,800~2,300	단, 1.8유로/cc 이하
	2,300~3,000	
3~7년 중고차	1,800~2,300	단, 0.55유로/cc 이하
	2,300~3,000	
7년 이상 중고차	1,800~2,300	2.2유로/cc
	2,300~3,000	

출처 : IFC(2004), p. 91

정책은 관세, 소비세, 부가가치세 등은 물론 안전 규정, 오염가스 배출 규정 등도 중요한 조사 대상이 된다. 이와 더불어 인프라 개선에 대한 정부의 입장도 중요한 조사 대상이다.

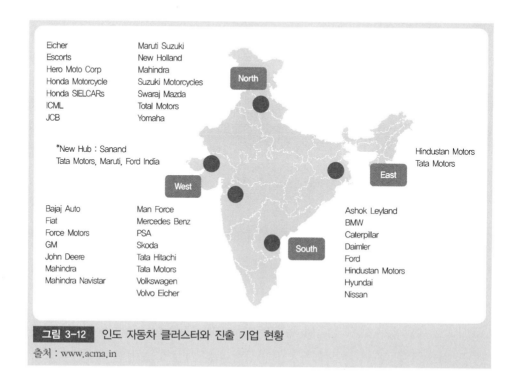

그림 3-12 인도 자동차 클러스터와 진출 기업 현황

출처 : www.acma.in

(3) 외국인투자

외국인투자 조사는 주요 기업의 생산 및 판매능력 그리고 그 기업들의 최근 동향 등을 포함해야 한다. 예를 들어 인도의 승용차시장에서 가장 중요한 외국인투자자는 스즈키, 혼다 등이다. 이러한 기업들이 현재 어느 정도로 승용차를 생산·판매하고 있으며, 향후 어떤 자동차를 생산하기 위한 투자를 확대해나갈 것인지에 대한 조사가 이루어져야 한다. 무엇보다도 향후 어떤 유형의 제품들이 어떤 소비자를 대상으로 판매하기 위해 투자가 이루어질 것인지를 조사해야 한다.

인도의 자동차 산업의 예를 보면, 1990년대 중반까지 인도에서는 기술력과 역량의 부족으로 자동차 제조업체는 소수에 불과했으나, 1996년 자동차 제조 분야가 외국인에게 개방되면서 현대, 혼다, 토요타, GM, 포드 등을 위시한 세계적인 기업들이 인도 시장에 진출하여, 현재 인도의 자동차시장은 경쟁이 점차 심화되고 있다.

6 진출 유망산업과 분야

진출 유망산업을 살펴보기 위해서는 앞에서 조사한 내용을 종합적으로 분석하고, 다양한 경제전망 및 산업전망기관의 자료를 조사하여 판단해야 한다. 우선 산업 전망은 주요 전망기관에서 발표한 자료를 활용하는 동시에 주관적 판단을 포함하여 종합적으로 판단해야 한다. 문제는 대부분의 전망기관들이 산업 전망에 대한 전망치를 발간하지 않는다는 점이다. 이에 대한 다른 방안으로는 해당 산업과 관련된 정부부처의 산업 성장 목표치를 활용할 수도 있다. 즉 정부의 계획안은 가장 실현 가능한 목표치를 설정한다는 점에서 단기적인 전망치로 활용하기에 용이하다. 그 외 조사자 및 조사팀에서 자위적인 판단 가능한 자료를 통하여 해당 산업의 전망을 주관적으로 제시할 수 있다.

인도 자동차시장의 전망을 사례로 본다면, 우선 자동차산업에 대한 계획 또는 전망치 자료를 조사한다. 우선 GDP 대비 자동차시장의 비중과 자동차산업 규모 등에 의해 자동차시장의 전망을 보여주고 있다(표 3-17). 인도 정부는 자동차산업을 2016년까지 GDP 대비 10%까지 성장시킬 계획을 가지고 있는 것으로 판단되는데 만약 이러한 성장이 현실화된다면 인도의 자동차시장은 급격히 커질 것이다.

다음으로는 산업 전망에서 자위적 해석을 할 때 유의해야 할 점을 살펴보자. 예를 들어 인도 자동차시장의 특성을 반영하여 인도 자동차시장의 성장 가능성을 제시할

표 3-17　자동차산업 GDP 비중 전망(단위 : 10억 달러)

구분	2006년	2010년	2020년
GDP 규모	650	950	1390
자동차산업 규모	34	69	145
비중(%)	5.2	7.3	10.4

출처 : Automotive Mission Plan 2006~2016

수 있다. 그 가능성을 보기 위해서는 ①자동차 구매 계층의 인구 증가 정도, ②승용차 시장의 성장 잠재력, ③자동차 산업 클러스터 구성 활성화, ④소비세 감면 등의 정부 정책 등을 살펴보아야 한다.

자동차 구매 계층의 인구 증가 정도는 통계청 등에서 주로 발표하고, 승용차시장의 성장 가능성은 세계 주요 전망기관들의 자료를 활용하면 된다. 가령 주요국의 인구 1,000명당 승용차의 보급률을 살펴보고, 그로부터 진출하려는 국가가 얼마나 빨리 승용차의 보급률이 변화하는지를 살펴보면 된다(그림 3-13).

승용차 판매 대수의 전망에 대한 자료를 찾아 자동차시장의 전망에 대하여 긍정적인지 부정적인지를 보여줄 수도 있다. 예를 들어 〈그림 3-14〉에서와 같이 러시아 시장에서 승용차 판매 대수가 점진적으로 증가한다는 전망에 대한 자료를 이용하여 러

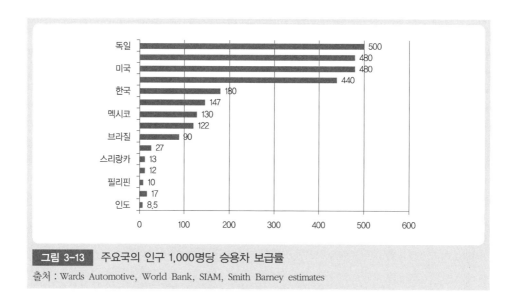

그림 3-13　주요국의 인구 1,000명당 승용차 보급률

출처 : Wards Automotive, World Bank, SIAM, Smith Barney estimates

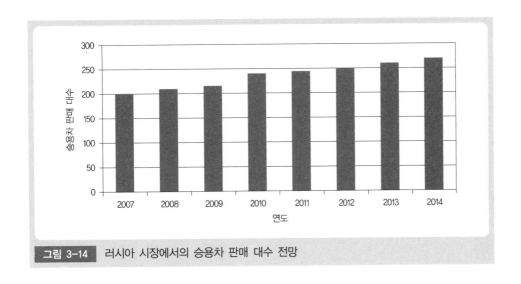

그림 3-14 러시아 시장에서의 승용차 판매 대수 전망

시아 승용차시장의 전망이 밝다는 것을 제시할 수도 있다.

다음으로는 자동차산업 클러스터가 형성되고 있는지를 조사할 필요가 있다. 자동차 산업 클러스터가 형성되어 있다는 것은 그만큼 자동차산업 성장에 긍정적인 영향을 미친다. 특히 현재 산업 클러스터가 최근에 많이 형성되고 있다면, 그 자동차시장의 전망은 밝다고 말할 수 있다. 즉 다양한 자동차 및 부품업체들이 한 지역으로 집중하고 있다는 것은 산업 성장의 잠재성은 물론, 분업 등에 의해 시너지 효과가 높게 나타난다는 것을 의미하기 때문에 산업 전망을 긍정적으로 볼 수 있다.

산업 전망에 대한 조사를 할 때 산업 클러스터에 자동차 부문의 투자가 증가하고 있다는 점을 부각시켜, 해당 지역시장의 성장 가능성이 높다는 점을 주관적으로 제시할 수도 있다.

진출 예정 시장에 어떤 분야로 진출할 것인가는 매우 중요한 조사의 대상이다. 조사를 위해서는 우선 다양한 방법으로 사전 조사가 필요하다. 이를 위해서 일반적으로 사용하는 것은 현시비교지수(Revealed Comparative Advantage, RCA)라는 개념이다. 이 지수를 통해 주요 품목별 수출입에서 어느 정도 경쟁력이 있는지를 알 수 있다.

이와 더불어 현지 수요가 높은 품목들 역시 주요 진출 아이템이 된다. 이러한 품목 조사는 매우 다양한 방법으로 수행될 수밖에 없고, 국민경제 현황과 현안 조사에서는 단순한 시장 정보를 이용하여 파악할 수밖에 없다. 예를 들어 각종 언론매체, 조사 보고서 등을 이용하여 주요 분야를 추론해나가야 한다.

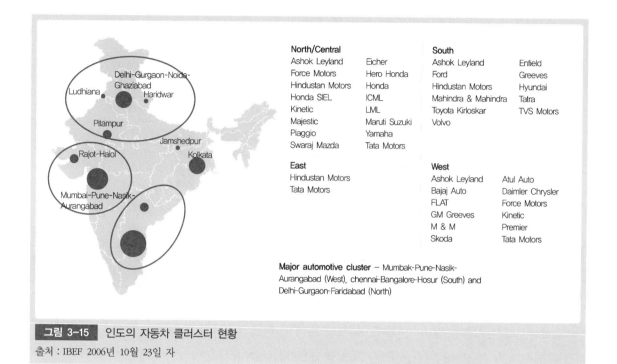

North/Central

Ashok Leyland	Eicher
Force Motors	Hero Honda
Hindustan Motors	Honda
Honda SIEL	ICML
Kinetic	LML
Majestic	Maruti Suzuki
Piaggio	Yamaha
Swaraj Mazda	Tata Motors

South

Ashok Leyland	Enfield
Ford	Greeves
Hindustan Motors	Hyundai
Mahindra & Mahindra	Tatra
Toyota Kirloskar	TVS Motors
Volvo	

East

Hindustan Motors
Tata Motors

West

Ashok Leyland	Atul Auto
Bajaj Auto	Daimler Chrysler
FLAT	Force Motors
GM Greeves	Kinetic
M & M	Premier
Skoda	Tata Motors

Major automotive cluster – Mumbak-Pune-Nasik-Aurangabad (West), chennai-Bangalore-Hosur (South) and Delhi-Gurgaon-Faridabad (North)

그림 3-15 인도의 자동차 클러스터 현황

출처 : IBEF 2006년 10월 23일 자

표 3-18 주요 자동차산업 SEZ 승인 지역별 투자 규모(단위 : 달러)

지역명	개발업체	투자 금액
마하라쉬트라 주 아우랑가바드	Bajaj Auto Ltd	4,000만
자르칸드 주 아디타푸트	Adityapur Industrial Area Development Authority	760만
하리아나 주 구르가온	Shreeaumji Developers Ltd	1억
마하라쉬트라 주 푸네	Parsvnath Developers Ltd	3,000만
웨스트벵갈 주 카라그푸르	Bengal SREI Infrastructure Development Ltd	8억

출처 : The Financial Express 2007년 5월 9일 자

7 양국 간 경제협력 현황 및 전망

진출 대상국과 경제적 협력을 추진하는 것은 양국 정부 간 현안이기도 하지만, 진출하려는 기업들에게도 사업을 확장하는 데 중요한 정보가 된다. 따라서 양국 간 현재 추진 중에 있는 사업 및 협력, 협정 등은 매우 중요한 조사 대상이 된다. 이러한 조사는

우선적으로 양국 정부에서 발표되는 보도자료 등에 의존할 수밖에 없다. 아니면 제3국에서 발표된 자료를 이용해야 한다. 다른 방법으로 시장에 대해 잘 알고 있는 전문가들을 통하여 정보, 의견, 평가 등을 수집하는 방법이 있다.

참고 GCC 국가와 한국과의 협력관계 조사 예시

- 한국은 GCC 국가 중심으로 12건의 투자보장협정,* 13건의 이중과세방지협정,** 10건의 항공협정*** 및 32건의 분야별 MOU를 체결
  *투자보장협정(12건) : GCC 5개국(바레인 제외), 이집트, 이스라엘, 요르단. 이란, 레바논, 모로코, 알제리
  **이중과세방지협정(13건) : 발효[GCC 5개국(바레인 제외), 이란, 모로코, 알제리, 요르단, 이스라엘, 이집트, 튀니지], 가서명(리비아)
  ***항공협정(10건) : GCC 6개국, 이집트, 요르단, 이란, 이라크
- GCC와의 FTA는 2008년 7월 개시된 이후 3차 협상까지 진행되었으나, 상품 양허문제로 타결이 지연

표 3-19 한국의 對GCC 국가와의 분야별 MOU 체결 현황

분야	대상 국가	주요 협력 내용
IT협력	쿠웨이트, 모로코	전자정부, 인력 양성, IT협력위원회 개최
금융협력	카타르, 아랍에미리트	금융감독 정보의 교환 등 당국 간 협력
방송협력	아랍에미리트	디지털융합정책, 방송콘텐츠 발전, 전문가 교류
투자협력	아랍에미리트, 쿠웨이트	ADIA, KIA 등 국부펀드와 KIC 간 정보교류 등
인사교류	카타르	양국 공무원 간 상호 교환 파견근무
투자협력	아부다비	KOTRA-산업은행-아부다비투자공사 간 투자정보 공유
경제협력	아랍에미리트, 이라크	원자력, 인력 양성, ICT, 재생에너지 등
건설협력	아랍에미리트, 쿠웨이트, 이라크, 알제리, 리비아	해외건설 정보교환, 전문가 교류 등
환경협력	아랍에미리트, 이란, 이집트, 튀니지, 이스라엘, 알제리, 쿠웨이트	환경산업, 환경인력·정보 교류 활성화, 기술 분야 상호 협력 등
체육협력	이라크, 카타르, 이란, 모로코, 알제리, 수단, 이집트, 쿠웨이트	선수·지도자 교류, 대회 참가, 정보교환 등
관광협력	이란, 이집트	관광상품 마케팅 협력, 전문인력 교류 등

8 진출 전략 및 유의사항

진출 전략은 다양한 방면에서 고려할 수 있다. 기업 측면에서는 다음과 같은 전략을 고려할 수 있다.

① 마케팅 전략
② 가격 전략
③ 유통 전략
④ 홍보 전략

이러한 진출 전략은 기업의 제품 진출에 필요한 것들이라고 할 수 있다. 이러한 전략과 더불어 진출 시 주의 및 애로 요인들을 회피 또는 우회하는 진출 전략을 고려할 수 있다. 예를 들어 인도의 경우 다양한 나라와 FTA를 체결하거나 추진 중에 있다. FTA를 다양한 국가와 체결할 경우 관세 인하로 인하여 가격경쟁이 심화되기 때문에 이러한 점을 충분히 고려한 진출 전략이 요구된다.

자동차 클러스터가 많이 발달 경우에는 산업 클러스터를 활용한 시장 진출도 모색이 가능하다. 특히 신흥시장들은 매우 특이한 요소가 많이 존재하기 때문에 충분한 사전 조사의 시행과 더불어 조사를 바탕으로 지속적이고 끈기 있는 진출 전략도 필요하다. 진출 전략을 수립할 때 현지생산, A/S 등의 증가를 고려할 경우 완성품보다는 부품이나 소재 등에 진출하는 것도 하나의 전략으로 고려할 수 있다. 진출에 대한 장벽이 높은 경우는 협력 및 공동 진출도 주요 전략이 된다. 특히 생산성이 높거나 제품 구매력이 높은 유망시장에 진출하는 전략도 고려할 수 있다.

9 대상 국가 분석 사례

1) 유망국가의 선정(1) : MSU-CIBER : Market Potential Index

해외시장조사 업무에서 첫 번째로 고려하게 되는 것은 조사 대상 국가가 이미 주어져 있다면 별 문제가 되지 않겠지만 그렇지 않은 경우 어떤 기준으로 대상 국가를 정하느냐이다. 조사 목적에 따라 그 기준이나 적용방식이 달라지겠지만 일반적으로는 국가 순위비교지수를 자주 이용하게 된다. 해외시장 진출 관점에서 주목할 만한 지수로서 미시간대학교 국제비즈니스센터가 개발한 '시장유망도지수(Market Potential Index, MPI)'를 소개한다. 미시간대학의 지식포털 globalEDGE(http://globaledge.msu.edu/mpi)를 통해 제공되고 있는 이 MPI 지수는 〈표 3-20〉에서 보는 바와 같이 서로 다른 가중치를 갖는 8가지 항목[1]에서 22개 측정지표를 활용하여 산출하게 된다. MPI를 결정짓는 이 측정지표의 값들은 국제기구 통계지표, 연방정부 통계자료, 민간기관 및 싱크탱크 조사결과 등 10가지의 비즈니스 정보원들로부터 추출한 것이다. 그런데 이 시장유망도지수(MPI)는 국가적 차원에서 전반적인 시장 환경을 비교하여 종합 순위를 나타낸 것이기 때문에, 이를 특정 산업 차원으로 좁혀 들여다본다면 그 순위는 달라진다.

globalEDGE YOUR SOURCE FOR global business knowledge

Market Potential Index (MPI) - 2014

Rank	Country	Overall Score	Market Size	Market Intensity	Market Growth Rate	Market Consumption Capacity	Commercial Infrastructure	Market Receptivity	Economic Freedom	Country Risk
1	China	100	100	4	100	98	56	9	23	80
2	Hong Kong	56	2	100	62	31	96	100	100	95
3	Japan	54	21	77	49	100	81	9	70	90
4	Canada	53	9	80	55	63	89	65	77	90
5	Singapore	50	2	76	76	33	83	89	70	100
6	Germany	48	12	79	48	85	94	18	71	83
7	India	46	37	36	77	57	14	9	47	64
8	Switzerland	41	2	94	52	48	89	36	78	90
9	United Kingdom	41	8	85	43	69	93	15	72	75
10	South Korea	41	10	59	67	60	78	21	63	83
11	France	41	10	72	46	72	94	12	61	75
12	Australia	41	5	75	59	60	96	14	79	83
13	United Arab Emirates	38	2	66	91	37	88	43	43	74
14	Norway	37	3	84	62	49	82	16	68	90
15	Russia	36	19	41	71	51	81	8	28	64
16	Austria	36	2	77	51	51	97	19	70	83
17	Netherlands	36	3	63	40	53	84	40	71	75

그림 3-16 미시간대학 시장유망도지수(MPI) 화면

출처 : http://globaledge.msu.edu/mpi

1) 시장 규모(25%), 시장 강도(15%), 시장 성장률(12.5%), 시장 소비역량(12.5%), 민간 인프라(10%), 시장 수용도(10%), 경제적 자유도(7.5%), 국가 위험(7.5%)

표 3-20 미시간대 시장유망도지수(MPI)의 산출기준

측정항목	가중치	측정지표
시장 규모 Market Size	25.0	전력소비(2011)[1] 도시 인구(2012)[1]
시장 강도 Market Intensity	15.0	구매력 평가 1인당 GNI(2012)[1] GDP대비 민간 소비(2012)[1]
시장 성장률 Market Growth Rate	12.5	연평균 기초 에너지 소비(Between years 2007-2012)[2] 실질GDP 성장률(2012)[1]
시장 소비역량 Market Consumption Capacity	12.5	소비지출(2013)[4] 중산층 소득비중(2011)[1]
민간 인프라 Commercial Infrastructure	10.0	휴대전화 가입자(2012)[3] 인터넷 보급률(2012)[3] 주요 전화 보급률(2012)[3] PC 숫자(2012)[4] 도로포장률(2013)[4] 아울렛 매장당 인구(2013)[4] 컬러TV 가계 보급률(2013)[4]
시장 수용도 Market Receptivity	10.0	미국으로부터 1인당 수입(2013)[7] GDP대비 무역(2012)[1]
경제적 자유도 Economic Freedom	7.5	경제자유지수(2014)[5] 정치자유지수(2013)[6]
국가위험 Country Risk	7.5	비즈니스 리스크(2014)[8] 국가 리스크(2013)[9] 정치 리스크(2014)[10]

주 : 1) World Bank, World Development Indicators
    2) U.S. Energy Information Administration, International Energy Annual
    3) International Telecommunication Union, ICT Indicators
    4) Euromonitor International, Global Market Information Database
    5) Heritage Foundation, The Index of Economic Freedom
    6) Freedom House, Survey of Freedom in the World
    7) U.S. Census Bureau Foreign Trade Division, Country Trade Data
    8) Swiss Export Risk Insurance, Country Risk Survey
    9) Coface, Country Risk Survey
   10) Credimundi, Country Risk Survey

출처 : http://globaledge.msu.edu/mpi

이 사이트에서는 MPI 이외에 산업별 유망도지수(Industry MPI)도 같이 발표하고 있다. 하지만 산업별로 측정 항목에 사용된 지표가 다르고 이에 따라 유망시장 순위도 다르게 나타남을 알 수 있다. 예를 들어 산업유망도지수의 측정 항목 중 가중치가 가장 높게 책정된 시장 규모의 관점에서 살펴보면, 산업별로 시장 특성을 반영한 다른

표 3-21 2014 산업별 유망시장지수 TOP 5

산업 구분		시장 규모(Market Size) 측정지표	시장 규모 순위				
			1위	2위	3위	4위	5위
MPI(전체)		전력 소비량, 도시인구	중국	홍콩	일본	캐나다	싱가포르
산업별 M P I	첨단 제조업	고졸/대졸 노동력, 공대학생 수 제조업 부가가치액	중국	독일	일본	스위스	싱가포르
	화학	화학제품 소비액 제조업 부가가치액	중국	독일	일본	한국	캐나다
	식품가공	도시인구, 농산물 부가가치액, 식품가공기계 수입액, 식음료 품 소매판매액	중국	인도	일본	캐나다	러시아
	의료기기	의사 수, 병상 수, 건강지출비, 의료관광 의료기기 수입액	중국	일본	독일	프랑스	인도

출처 : MPI 2014 내용을 참고로 저자 작성

측정지표들을 적용하고 있기 때문에 중국을 제외하고는 대부분의 경우 시장 규모의 순위가 다르게 나타나고 있다.

　미시간대학의 MPI지수는 1996년부터 이코노미스트에서 '신흥시장(Emerging Markets)'으로 정의한 26개국을 대상으로 순위를 발표하기 시작한 이래로 2014년 비교 대상 국가가 87개[2]로 확대되고 9개 산업별(첨단제조업, 대체에너지, 자동차 전자부품/경량소재, 바이오, 화학, 식품가공, 토지기반 생산물, 기계, 의료기기)로 세분화하여 매년 발표되고 있다. 그렇기 때문에 관련 분야의 해외시장조사에 유용하게 활용될 수 있다. 다만 이 지표는 미국의 관점에서 유망시장 순위를 보여주고 있기 때문에 조사 대상 국가에 미국이 제외되어 있음을 염두에 두어야 한다.

2) 유망국가의 선정(2) : Country Ranking Indexes

앞에서 본 바와 같이 유망시장 선정을 위한 국가 비교에 있어 가장 중요한 것은 조사하고자 하는 분야의 특성을 가장 잘 반영할 수 있는 측정지표가 무엇인지를 결정하는

---

2) 다음 세 가지 조건, ① GDP 상위 100개국 이내의 국가로서, ② 인구 수가 100만 명 이상이며, ③ 측정 항목에 사용된 지표 대부분에 대하여 신뢰할 만한 데이터를 입수할 수 있는 경우를 모두 충족하는 국가를 대상으로 하고 있다.

것과 이 측정지표를 만들기 위해 사용할 수 있는 신뢰할 만한 데이터를 어디에서 입수할 수 있느냐 하는 문제로 귀결될 수 있다. 조사 내용에 따라 적절한 측정지표를 얻지 못할 경우 자체적으로 새로운 지표를 만들어 사용하는 방법도 생각해볼 수 있다. 하지만 대부분의 경우 기존의 데이터를 이용하는 것이 현실적인 대안이므로 결국은 공식력 있는 글로벌 데이터 소스를 얼마나 잘 파악하고 있느냐가 국가 비교에서 관건이 될 것이다. 해외시장조사에서 국가 비교를 위해 자주 인용되고 있는 대표적인 지표들을 정리하면 다음과 같다.

- (국가순위지수) 경제 자유도, 국제 경쟁력, 투명성, 국가 위험도 등 순위
  - 경제적 자유도(Economic Freedom) : Heritage, Cato
  - 국제 경쟁력(Global Competitiveness) : WEF, IMD, Deloitte, Ernst & Young
  - 국가 위험도(Country Risk) : Fitch, Caface
- (기업환경지수) 사업 용이성, 투자, 물류, IT 인프라, 고용, 조세 환경 등
  - 사업 용이성(Doing Business) : World Bank
  - 외국인직접투자(FDI) : A.T. Kearney
  - IT 인프라(IT Infrastructure) : EIU/IBM
  - 물류(Logistics) : World Bank, DHL
  - 고용(Employment) : OECD, ILO
  - 조세 환경(Taxation) : PwC
- (기업순위지수) 글로벌 종합, 제조업, 브랜드 파워, 프랜차이즈 등 순위
  - 글로벌 종합(Global) : Fortune Global 500, Forbes Global 2000, FT Global 500
  - 제조업(Manufacturer) : IndustryWeek IW 1000
  - 브랜드(Brand) : Interbrand Best Global Brands
  - 프랜차이즈(Franchise) : Entrepreneur Magazine Top Global Franchises

참고 국가환경지수

경제자유도지수

- Cato Institute : Economic Freedom of the World Annual Report
  http://www.cato.org/economic-freedom-world
  교환의 자유(freedom of exchange), 시장조정(market coordination), 사유 재산권 보장 정도 등 경제적
  자유와 관련된 항목에 따른 국가별 순위

- Heritage Foundation : Index of Economic Freedom Country Rankings
  http://www.heritage.org/index/ranking
  헤리티지 재단과 월스트리트 저널이 합동으로 경제적 자유에 대한 10개 요인을 근거로 국가별 순위 제공

- Transparency International – Corruption Perceptions Index
  http://www.transparency.org/research/cpi/overview
  국제투명성기구(Transparency International)는 공무원과 정치인이 얼마나 부패해 있다고 느끼는지에
  대한 정도를 국가별로 비교하여 순위를 제공

국가위험도지수

- Coface : Country Risk Assessments
  http://www.coface.com/Economic-Studies-and-Country-Risks
  개별 국가와 산업 부문의 경제, 금융, 정치 데이터에 기초한 리스크 등급 제공

- Fitch : Sovereign Ratings
  https://www.fitchratings.com/gws/en/sector/overview/sovereigns
  100여 개국에 대한 신용 연구 자료를 제공하며, 정부의 외화부채에 등급 부여

글로벌경쟁력지수

- World Economic Forum : Global Competitiveness Report
  http://www.weforum.org/reports/global-competitiveness-report-2014-2015
  대략 5년 간격으로 급격한 경제 성장에 기여하는 요인을 선별 측정하고, 해당 요인을 통합, 경쟁력 지수
  로 환산하여 국가별 순위 제공

- Deloitte : Global Manufacturing Competitiveness Index
  http://www.deloitte.com/global/en/pages/manufacturing/topics/global-competitiveness-manufact
  uring.html
  생산능력과 경쟁력을 기준으로 한 국가별 제조업 경쟁력 순위

- Ernst &Young : Globalization Index
  http://www.ey.com/GL/en/Issues/Driving-growth/Globalization---Looking-beyond-the-
  obvious---Tool#view=overview&sort=rating-descending&jump=
  특정국가가 글로벌 경제에 연결된 상대적 정도를 20개 요인으로 측정

- KOF Index of Globalization
  http://globalization.kof.ethz.ch/
  경제, 사회, 경제 부문의 국제화 정도를 시각화하여 제공

참고 기업환경지수

- A.T. Kearney : Foreign Direct Investment (FDI) Confidence Index
  http://www.atkearney.com/research-studies/foreign-direct-investment-confidence-index
  정치, 경제, 규제 변화가 해외직접투자자나 CEO, CFO, 기타 글로벌 1000기업의 최고 경영자에게 미치는 영향을 조사하는 연간 서베이

- Doing Business : Economy Rankings
  http://www.doingbusiness.org/rankings
  World Bank에서 전세계 189개국을 비즈니스 환경을 반영하는 10개 지표에 기초하여 기업하기 좋은 순으로 나열하여 매년 발표

- DHL Global Connectedness Index
  http://www.dhl.com/en/about_us/logistics_insights/studies_research/global_connectedness_index
  /global_connectedness_index_2012.html
  125개국의 세계경제 통합 정도와 세계를 연결하는 흐름에 대한 상세 분석

- OECD : Indicators of Employment Protection
  http://www.oecd.org/employment/emp/oecdindicatorsofemploymentprotection.htm
  근로자를 해고하는 비용과 절차 및 근로자를 채용하는 절차를 계량화한 지표

- PwC : Ease of Paying Taxes
  http://www.pwc.com/gx/en/paying-taxes/
  189개국의 세금 납부 편의성을 비교하며, 세금 납부와 기부의 행정 부담 또한 측정하여 제공

- A.T. Kearney : The Global Retail Development Index
  http://www.atkearney.com/consumer-products-retail/global-retail-development-index
  신흥국의 국가 리스크, 시장 매력도, 시장 포화도 및 매출 성장률 등 25개 항목에 대한 지표 순위

- Digital economy rankings 2010 Beyond e-readiness
  http://www-935.ibm.com/services/us/gbs/bus/pdf/eiu_digital-economy-rankings-2010_final_we
  b.pdf
  EIU와 IBM사가 공동으로 조사한 70개국의 ICT 접근성 및 디지털 경제 환경 순위

- Global Information Technology Report
  http://www.weforum.org/issues/global-information-technology
  INSEAD, 세계경제포럼(WEF), 세계은행(World Bank)이 공동으로 작성 발표하는 네트워크 기반 정도와
  세계 경제 성장 및 생산성에 기여하는 정도에 대한 국가별 순위

- Logistics Performance Index (LPI)
  http://lpi.worldbank.org/
  World Bank가 제공하는 전 세계 150여 개국의 물류경쟁력지수

참고　기업순위지수

- Fortune : Global 500
  http://fortune.com/global500/
  포춘에서 매년 7월 발표하는 세계 500대 기업의 목록

- Entrepreneur Magazine : Top Global Franchises
  http://www.entrepreneur.com/franchises/topglobal/index.html
  재무 건전성과 안전성, 성장 속도 및 시스템의 규모, 업력, 창업비용 등의 요인을 종합한 글로벌 프랜차이즈 200대 기업의 목록

- Financial Times : FT Global 500
  http://www.ft.com/indepth/ft500
  FT지가 발표하는 시가총액 기준 글로벌 500대 기업의 국가별, 부문별 목록

- Forbes : Global 2000
  http://www.forbes.com/global2000
  포브스에서 매년 매출, 이익, 자산, 시장 가치 등을 종합하여 발표하는 세계 2000대 기업의 목록

- Fortune : World's Most Admired Companies
  http://fortune.com/worlds-most-admired-companies/
  포춘에서 매년 발표하는 매니지먼트의 질, 상품 및 서비스의 질, 혁신, 장기적 투자 가치, 재무건전성, 사회적 책임 등의 지표를 기준으로 한 전 세계 상위 기업의 순위

- IndustryWeek : IW 1000 – World's Largest Manufacturers
  http://www.industryweek.com/resources/industryweek-1000
  전 세계 제조업 중 수익이 가장 큰 상장 제조업체의 순위 목록

- Interbrand : Best Global Brands
  http://www.interbrand.com/en/best-global-brands/
  인터브랜드가 매년 발표하는 최고의 글로벌 브랜드 순위

- The Global Outsourcing 100
  http://www.iaop.org/content/23/152/1793/
  규모 및 성장, 고객 평가, 조직 역량, 매니지먼트 역량을 기준으로 정하는 세계 최고 아웃소싱 서비스 제공 업체의 순위

- Deloitte : Global Powers of Consumer Products
  http://www2.deloitte.com/content/dam/Deloitte/global/Documents/Consumer-Business/gx-cb-global-powers-cons-products-2014.pdf
  딜로이트가 발표하는 전 세계 소비자 제품 제조업체 250대 기업의 순위

- Stores : Top 250 Global Retailers
  http://www.nxtbook.com/nxtbooks/nrfe/stores-globalretail2013/

제4장

해외시장과
시장 동향 조사

여기에서는 기업들이 특정 분야 및 제품의 해외진출 또는 수입하기 위해서 필요한 시장 동향, 바이어 발굴, 공급업체 조사 등에 대하여 고찰하고자 한다. 이러한 조사를 통하여 기업들은 특정 상품에 대하여 판매 또는 구매 가능성을 판단할 수 있다. 물론 시장 동향 조사를 통하여 목적시장에 직접투자를 위한 방안으로도 활용이 가능하다.

해외시장조사는 ① 구매자를 발굴하기 위한 바이어 조사, ② 원재료나 소재 등을 공급받기 위한 공급자 발굴 조사, ③ 가격, 경쟁구조, 유통구조 등을 조사하는 시장 동향 조사, ④ 해외 투자를 위한 사전 정보 조사, ⑤ 해외시장 진출에서 부딪힐 수 있는 진출 애로 요인 조사, ⑥ 해외 바이어를 발굴 후 거래 대금 결제 등을 고려한 바이어 신용 조사 등으로 구분된다.[1]

1 시장 및 수요 동향 조사

시장 동향 조사는 진출하려는 목적시장에 대한 대략적인 시장의 수요 및 동향에 대한 것을 조사하는 것이다. 이에 주요 조사 내용은 상품의 수요 동향, 경쟁 동향, 생산 동향, 가격 동향, 유통구조, 수출입 동향, 수출입 관리제도 등에 대한 정보를 조사하게 된다.

1) 수요 및 시장 동향

시장 수요 및 시장 동향은 우선 시장 규모, 해당 품목 수입 규모, 한국 제품 수입 현황, 시장 특성 및 전망 등이 조사 대상이 된다.

(1) 시장 규모

시장 규모는 목적시장의 규모로 주로 업체의 수, 종업원의 수, 생산 규모 등을 의미한다. 여기에서는 전체 규모, 제품별 규모 또는 기업별 규모 등 다양하게 목적에 따라 조사하게 된다. 이와 더불어 해당 제품을 누가 가장 많이 구매하는지에 대한 주요 수요처 조사도 병행할 수 있다.

---

[1] 현재 시장 동향 및 관련 조사는 KOTRA에서 유료로 중소기업들을 지원하기 위해 실시하고 있으며, 본고는 KOTRA가 실시하고 있는 해외시장조사의 내용을 활용하였다.

표 4-1 예시 : ○○○제품의 시장 규모(단위 : 억 U$, %)

구 분	0001년		0002년		0003년		0004년		0005년	
	금액	증감률	금액	증감률	금액	증감률	금액	증감률	금액	증감률
총시장규모	00	00	00	00	00	00	00	00	00	00

(2) 수입시장 동향

수입시장 동향은 해외시장에 진출하려는 제품이 목적시장에 어느 정도 수입되는지를
파악하기 위한 것이다. 수입 제품의 추이, 즉 최근에 제품의 수입이 증가하는지, 아니면
감소하는지를 조사한다. 그리고 어느 나라의 제품이 많이 수입되는지도 파악한다.

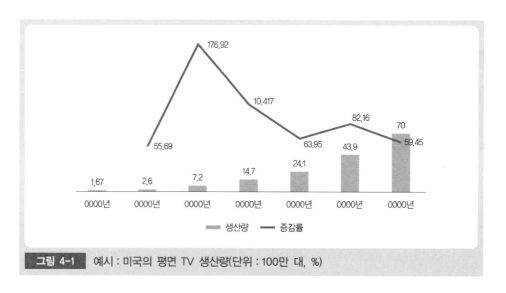

그림 4-1 예시 : 미국의 평면 TV 생산량(단위 : 100만 대, %)

표 4-2 예시 : ○○○제품의 상위 5대 수입국 현황(단위 : 억 U$, %)

구 분	0001년		0002년		0003년	
	금액	증감률	금액	증감률	금액	증감률
수입 규모	00	00	00	00	00	00
독일	00	−00	00	00	00	−00
스위스	00	00	00	−00	00	00
일본	00	00	00	00	00	00
한국	00	00	00	00	00	00

(3) 한국 제품의 수입 현황 및 전망

한국 제품의 수입 현황은 현지시장에 한국 제품이 어느 정도 수입되는지를 조사하는 것으로 전체 수입량 중에 한국 제품이 시장에서 점유하는 정도 등을 조사한다. 즉 한국 제품이 시장에서 어떤 위치를 차지하고 있는지를 이러한 조사를 통하여 파악할 수 있다. 이 조사에서는 한국 제품의 강세, 약세 또는 보합세를 유지하는지를 파악하고, 그 원인을 분석한다.

(4) 시장 특성 및 전망

시장 특성은 시장 형태, 최근에 외부의 충격에 대한 반응, 환율 변동 등이 내수에 미치는 영향을 조사한다. 시장 형태는 하나의 기업만이 있는 독점인지, 주요 2개 업체가 있는 과점인지, 아니면 유사한 기업들이 많은 경쟁적 독점인지를 살펴본다. 외부의 충격에 시장이 많은 영향을 받는지 아니면 영향을 작게 받는지에 대한 것도 같이 고려하여 단기적으로 시장을 전망한다. 또한 시장이 환율 변동 등으로부터 어떤 영향을 받는지를 조사하며, 이러한 영향이 가격에 미치는 시장의 가격 탄력성을 조사한다. 이러한 조사는 궁극적으로 중·단기적 시장 전망으로 연계되어야 한다.

2) 경쟁 동향

(1) 경쟁자 및 주요 브랜드 현황

목적시장에 우리 제품이 진출했을 때 어떤 기업이 가장 중요한 경쟁자인지를 우선적으로 조사해야 한다. 특히 시장의 경쟁구조가 어떤 형태로 구성되어 있는지를 조사해야 한다.

목적시장에 진출하려는 품목에 대해서는 어떤 브랜드가 가장 많이 시장을 점유하고 있는지를 조사해야 한다. 여기에서는 시장을 점유하고 있는 상위 최소 5대 브랜드의 시장 점유율을 조사한다. 특히 각 브랜드별로 점유율의 변화를 조사하고, 어떤 브랜드가 시장에서 강세를 보이는지를 파악한다. 즉 특정 브랜드가 강세를 보인다면 시장에서 소비자들의 선호를 매우 명확하게 알 수 있다. 여기에 브랜드의 시장 점유율이 변화가 있다면 점유율 변화 요인이 무엇인지도 조사되어야 한다.

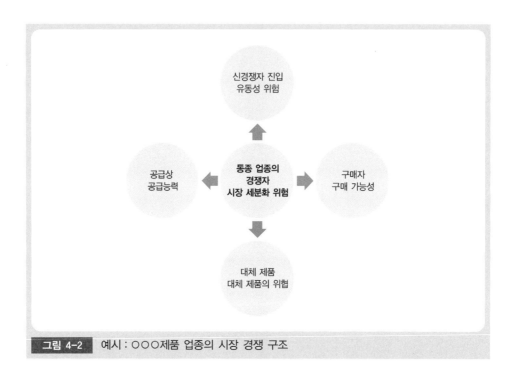

| 그림 4-2 | 예시 : ○○○제품 업종의 시장 경쟁 구조 |

표 4-3 예시 : 브랜드별 시장 점유율 현황 리스트

브랜드명	시장 점유율	점유율 변화	점유율 변화 요인
AAA	58.7%	전년비 5% 증가	브랜드 인지도 제고
BBB	16.4%	전년비 2% 증가	가격 경쟁력 향상
CCC	14.9%	전년과 동일	–
DDD	7.8%	전년비 1% 증가	–
EEE	2.18%	전년비 0.5% 증가	–

이와 더불어 주요 브랜드의 소비자 가격, 원산지, 소비자 평판, 주요 판매처, 주요 기술사항 등도 조사하여 경쟁업체의 특이 사항을 파악한다. 목적시장에서 가장 중요한 브랜드가 파악이 되면, 브랜드의 업체 또는 경쟁업체에 대한 기초적인 조사가 이루어져야 한다. 기초적인 조사는 주소, 전화, 팩스, 이메일, 홈페이지, 자본금, 설립연도, 종업원의 수, 공장부지의 면적, 주요 모델 등 업체에 대한 주요 사항을 조사한다. 경쟁업체에 대한 조사는 많을수록 좋지만 최소한 상위 5대 브랜드 업체에 대해서는 수행하는 것이 좋다.

표 4-4 예시 : 주요 브랜드별 가격 및 특징(단위 : 1,000달러)

브랜드명	소비자 가격	원산지	소비자 평판	주요 판매처	주요 특징 (예 : 속도)
AAA	30	독일	고급품	외자 기업	600m/min
BBB	30	독일	최고급품	외자 기업	1000m/min
CCC	20	중국	중고급품	현지 기업	300m/min
DDD	22	중국	중고급품	현지 기업	450m/min

경쟁사 정보 예시

업체명 : ○○○○ Co., Ltd.

- 주소 :
- 전화 :
- 팩스 :
- 이메일 :
- 홈페이지 :
- 자본금 :
- 설립연도 :
- 종업원수 : 000명(기술자 100여 명)
- 공장부지면적 :
- 주요 모델 : 예) 섬유제직 준비기계(warping machine, sizing machine 등)
- 업체 소개 :
  * 제직준비기계의 연구, 개발, 생산, 판매 및 A/S업무를 하는 기업이며 생산규모 및 시장점유율은 로컬 기업 중 1위임
  * 독일과 일본산 제조설비 보유
  * 공장 내부에서 ERP관리(Enterprise Resource Planning)를 실시하고 있으며 제품은 중국 내수 시장에 공급하는 동시에 유럽, 중동, 아프리카 등 20여 개 국가 및 지역에 수출되었음
- 제품사진 :

(2) 경쟁업체의 장단점과 한국 제품의 위치

여기에서는 브랜드별로 원산지, 소비자가격, 시장 점유율, 소비자 평판 등을 비교하고 이에 따라 한국 제품의 경쟁적 위치를 파악한다. 우선 한국 제품이 고급품, 중저가품,

저가품 등의 시장 중에서 어느 시장에서 경쟁력을 갖고 있는지, 품질대비 가격 경쟁력
은 어느 정도인지 그리고 판매망은 어느 정도 갖추어져 있는지 등을 파악한다.

표 4-5 예시 : 경쟁브랜드의 현황 및 특징

브랜드명	원산지	소비자 가격	시장 점유율	소비자 평판
AAAA	한국	25	1.5%	중고급품
BBBB	일본	36	4.5%	최고급품
CCCC	중국	22	8.3%	중고급품

제품 반응 조사 예시

상담업체	AAAA사
상담자 직함	○○○○○ manager of NY office
조사목적	생산 및 공급업체 관계자의 자사제품 평가
자사제품의 강점 및 장점	– 성능 – 운영 – 효율성 등
자사제품의 단점	– 가격과 선호도 – 시장의 요구 수준과의 일치성 등
자사제품의 가격에 대한 인식	– 가격평가

(3) 특이사항 및 전망

해당 시장에서 최근에 생산 동향의 변화가 있는지, 있다면 어떤 방향으로 움직이고
있는지 등을 조사한다. 이러한 조사를 바탕으로 향후 한국 제품의 진출 방향도 제시
한다.

3) 생산 동향

(1) 생산 규모 및 전망

생산 규모는 최근 3~5년간 생산 규모가 매년 몇 %씩 증감하고 있는지 그리고 전체
생산에서 국내 소비와 해외 수출이 어떤 비중으로 이루어지고 있는지 등을 조사한다.
생산 규모의 증가 대비 수출은 어떻게 되고 있는지도 주요 조사 대상이 된다. 즉 현지

생산 제품이 어느 정도 국내에서 소비되는지 그리고 해외에 수출은 어느 정도 되는지를 파악하여 향후 시장에 진출할 경우 내수시장은 유망한지, 해외시장으로의 판매도 유망한지 등을 판단한다. 그리고 해외에 수출하는 정도가 크다면 어느 나라에 주로 수출하는지도 조사하여 해외시장 진출 가능성을 파악한다.

표 4-6 예시 : ○○○제품의 생산 규모(단위 : 100만 달러)

구분	0001년		0002년		0003년		0004년		0005년	
	금액	증감률	금액	증감률	금액	증감률	금액	증감률	금액	증감률
총생산규모	000	00	000	00	000	00	000	00	000	00

표 4-7 미국 LED 조명의 시장 규모 및 전망 예시

	2009	2010	2011	2015	2020
전체 조명 시장 내 LED 조명 비율	< 2%	5~6%	10%	50%	75%
전 세계 LED 조명시장 규모	U$2.85bil	U$4bil	–	U$50bil	–
LED 조명 시장서 북미 비율	40%	40%	40%	40%	40%
미국 시장 규모 (북미의 60~70%)	U$0.7~0.8bil	U$1.0~1.1bil	–	U$12~14bil	–

출처 : LED lighting accounts for 5% of global lighting market in 2010, DIGITIMES

(2) 주요 생산업체별 생산동향

최근 3~5년간 주요 생산업체들이 생산을 증가시키고 있는지, 아니면 감소시키고 있는지, 그것도 아니면 크게 변하지 않고 보합세를 유지하는지를 조사한다. 이러한 조사를 통하여 현지 생산자 시장의 규모가 어떻게 변하는지를 판단한다. 이러한 판단을 하기 위해서는 생산 규모(생산액)와 생산 증감률이 조사되어야 한다.

만약에 외부의 충격이 있었다면, 현지 생산업체들은 그 충격으로부터 어떤 영향을 받았는지도 조사해야 한다. 그리고 그 영향은 어느 정도 지속될 것인지도 판단하여 보고한다.

다음으로 주요 생산업체의 기본적인 사항도 조사한다. 주소나 연락처는 물론 자본금, 설립연도, 종업원 수, 주요 생산 모델, 그리고 기타 특이사항을 조사한다. 가능하다면 주요 현지 생산업체의 유통경로, A/S 정책, 주요 마케팅 수단 등을 조사하여 향후 현지시장 진출 시에 대응 전략을 마련하는 데 활용한다.

표 4-8 예시 : 주요 업체의 ○○○제품 생산 현황

업체명	0001년		0002년		0003년	
	금액	증감률	금액	증감률	금액	증감률
AAA	85	10.0	92	8.2	100	8.7
BBB	58	8.5	65	12.1	77	18.5
CCC	39	7.3	45	15.4	50	11.1

4) 가격 동향

시장조사에서 가장 중요한 것 중에 하나가 가격 동향 조사이다. 가격은 주요 브랜드 중심으로, 예를 들어 상위 5대 브랜드 품목의 가격 변동 동향을 조사하는 것은 물론 수준별, 즉 최고급품, 중급품, 저가품 등을 구분하여 조사한다. 이와 더불어 우리 제품과 경쟁관계가 큰 예를 들자면 중국 제품, 일본 제품 그리고 현지 주요 제품의 가격을 비교할 수 있도록 같이 조사한다. 이러한 조사는 최근 3~5년 동안 또는 가장 최근 가격을 조사한다. 그리고 그 품목들의 최근 가격이 상승세인지 아니면 감소세인지도 조사한다.

그리고 현지 가격결정 요인이 무엇인지도 조사한다. 가격결정 요인은 다양하겠지만 브랜드, 품질, 원산지, 사이즈, 기능 등을 기반으로 조사하고, 그 요소 중에서 가장 가격에 크게 영향을 주는 요인을 순위별로 조사하는 것도 좋다. 이러한 가격 조사는 진출하려는 우리 제품의 수준을 결정하고 이에 따른 진출 전략을 결정하는 데 중요한 요소가 된다.

마지막으로 가격 전망도 필수적으로 이루어져야 한다. 특히 시장에 수요의 변화가 있다면 그 변화가 가격에 영향을 어떻게 미칠지 등을 시장조사를 통하여 제시되어야 한다. 가격 변화와 소비의 성향 변화가 앞으로 우리 제품의 진출을 결정하는 데 중대한 영향을 미친다는 점에서 신중하게 조사되어야 한다.

표 4-9 예시 : 주요 제품의 가격 동향(단위 : 1,000달러, %)

구분		0001년		0002년		0003년	
		금액	증감률	금액	증감률	금액	증감률
AAAA (독일)	OOO 100	35	2.5	35	–	35.5	1.4
	OOO 200	37	3.2	37.5	1.4	37.5	–
BBBB (중국)	△△△ 1000	20	1.4	21	5.0	21	–
	△△△ 2000	23	2.2	23	–	23.5	2.2

표 4-10 예시 : 주요 제품별-국가별 가격 비교

브랜드명	원산지	소비자 가격	시장점유율	소비자 평판
AAAA	한국	25만 달러	1.5%	중고급품
BBBB	일본	36만 달러	4.5%	최고급품
CCCC	중국	22만 달러	8.3%	중고급품

5) 유통구조

(1) 유통구조 및 특성

유통구조는 현지 생산업체의 유통구조 수입제품의 유통구조와 특성을 조사해야 한다. 생산업체들은 직접 최종 소비자에게 공급하는지, 아니면 총대리상을 이용하는지, 그것도 아니면 지역별 대리상의 네트워크를 활용하는지를 조사한다.

수입 제품에 대해서는 수입업체에 의해 독점적으로 수입되는지, 아니면 총대리상을 통하여 진출하는지, 아니면 수입업체와 대리점 모두를 이용하여 진출하는지도 조사해야 한다.

다음으로 최근에는 온라인 판매망은 있는지, 있다면 어느 정도 비중으로 판매되고 있는지도 조사한다. 이러한 조사에는 각 유통망의 노드(node)에서 차지하는 비중은 어느 정도인지도 면밀하게 파악해야 한다.

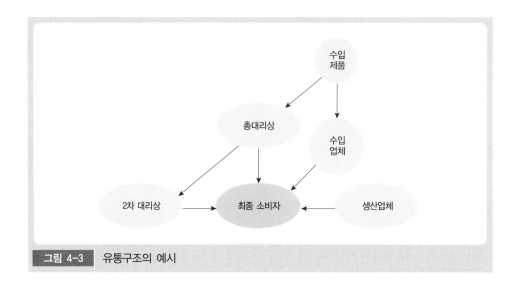

그림 4-3 유통구조의 예시

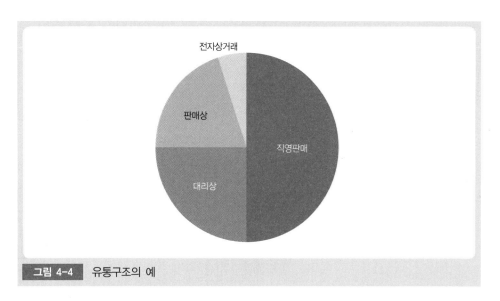

그림 4-4 유통구조의 예

　　마지막으로 주요 유통업체에 대해서도 조사해야 한다. 주요 유통업체의 규모, 자본
금, 취급 품목, 주요 수입국가, 우리 제품에 대한 관심도, 사용 언어 등도 조사한다.

표 4-11 예시 : 현지유통업체 정보 및 현황

○○○○○○ Co., Ltd.		
주 소	(현지어) ○○○○	
	(영문) ○○○○ ZhangJiaGang, China	
담 당 자	Mr.Bin(General Manager)	
이 메 일		
전화/팩스	전화 : 팩스 :	
홈페이지	http://www.ooooo.com http://www.oooo.com	
설립연도	0000년	
종업원수	000명 이상	
자 본 금	0000	
업 종	생산, 무역	
취급품목	각종 방직설비, 중고기계	
對韓수입여부	없음	
주요 수입국가	없음	
업체 접촉 확인 정보	관심도	★★☆☆☆
	* 동사는 방직설비의 판매, 수출입무역, 중고기계 회수, 판매 및 신형설비의 개발, 제조 등 업무를 동시 하는 업체임. 　ISO9001-2000인증 보유 * 연간 영업액은 0000만 달러 이상임	
언어 (선호도 順)	* 문서 : 000/영어 　구어 : 000	

출처 : KOTRA

(2) 공공조달시장

현지시장에서 공공조달시장의 규모도 같이 조사하고 발주하는 방식도 조사한다. 즉 공공조달시장에서 발주처와 경쟁 입찰, 제한경쟁 입찰 등 발주 방식도 조사한다. 그리고 공공조달시장에 접근하기 위해서는 어떤 방식이 요구되는지도 조사한다.

(3) 유통시장 전망과 우리 제품의 유통방안

유통구조 및 특성에 따라 어떤 방식으로 우리 제품을 효과적으로 유통시킬 것인지를 조사하는 것이다. 가령 제품 특성상 총대리상을 중심으로 유통하는 것이 관행이라면,

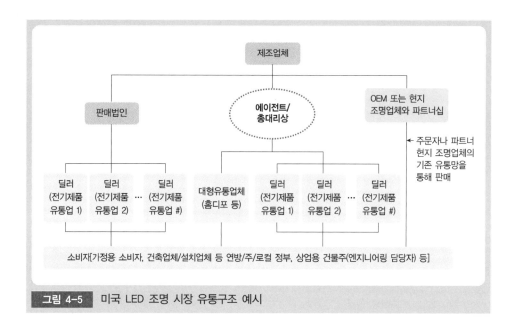

그림 4-5　미국 LED 조명 시장 유통구조 예시

총대리상과의 제휴 등을 고려해야 한다. 특히 총대리상을 중심으로 유통하기 위해서는 A/S가 중요한지도 조사해야 한다.

6) 수출입 동향

(1) 수입 동향

수출입 동향 조사는 진출하는 시장의 진출 가능성을 판단하는 데 필요하다. 수출입 동향은 수출보다는 수입 동향이 더 중요하다. 즉 우리 제품이 진출하려는 수입시장의 규모가 얼마인지를 파악해야 한다. 이를 위해서는 최근 3~5년간 수입시장 규모는 얼마인지 그리고 그 수입 규모가 증가하고 있는지, 증가하고 있다면 어느 정도 증가하고 있는지를 조사한다.

수입시장 규모 조사 후 최근 몇 년 동안 어느 나라로부터 주로 수입하고 있는지를 조사한다. 조사 대상은 상위 5~10위 정도, 또는 사정에 따라 주요 국가들을 조사하면 된다. 수입이 증가 또는 감소하고 있다면, 그 정도는 어느 정도이며 그 변화를 가져온 원인이 무엇인지도 같이 조사한다.

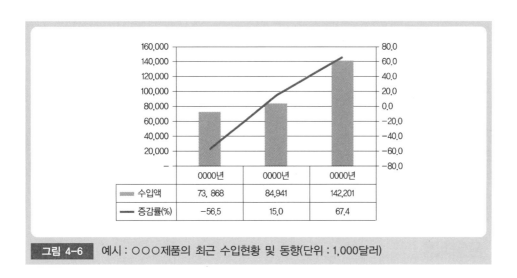

	0000년	0000년	0000년
수입액	73, 868	84,941	142,201
증감률(%)	−56.5	15.0	67.4

그림 4-6 예시 : ○○○제품의 최근 수입현황 및 동향(단위 : 1,000달러)

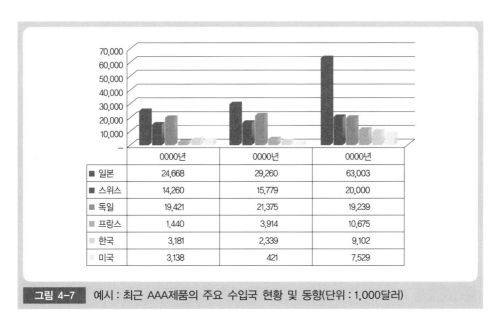

	0000년	0000년	0000년
일본	24,668	29,260	63,003
스위스	14,260	15,779	20,000
독일	19,421	21,375	19,239
프랑스	1,440	3,914	10,675
한국	3,181	2,339	9,102
미국	3,138	421	7,529

그림 4-7 예시 : 최근 AAA제품의 주요 수입국 현황 및 동향(단위 : 1,000달러)

(2) 수출 동향

수출 동향 조사는 수입 동향 조사와 거의 동일하게 이루어진다. 즉 최근 3~5년간 수출 규모는 얼마이고, 어느 나라에 가장 수출을 많이 하는지를 조사한다. 그리고 수출 규모의 변화가 있다면 그 원인도 같이 조사한다.

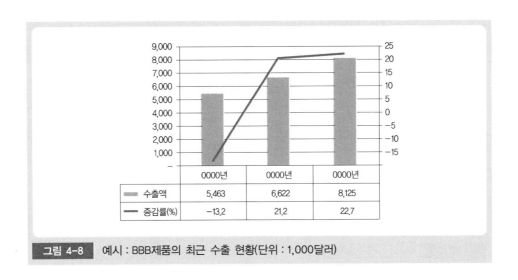

	0000년	0000년	0000년
수출액	5,463	6,622	8,125
증감률(%)	−13.2	21.2	22.7

그림 4-8 예시 : BBB제품의 최근 수출 현황(단위 : 1,000달러)

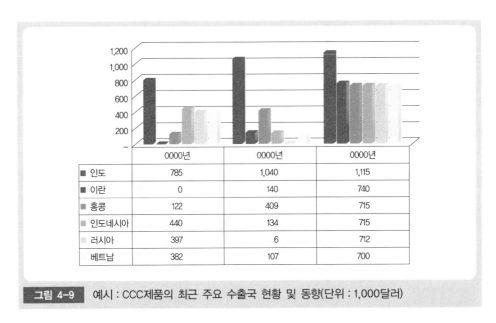

	0000년	0000년	0000년
■ 인도	785	1,040	1,115
■ 이란	0	140	740
■ 홍콩	122	409	715
■ 인도네시아	440	134	715
러시아	397	6	712
베트남	382	107	700

그림 4-9 예시 : CCC제품의 최근 주요 수출국 현황 및 동향(단위 : 1,000달러)

(3) 수출입 전망

향후 수출입이 어떻게 변화할지를 조사한다. 이 조사는 향후 전망에 대한 근거를 제시
하는 것이 좋다. 가령 수출이 증가할 것이라면 그 원인이 주요 수출시장의 소비시장이
회복 가능성이 높다든가, 아니면 주요 수출업체가 파산하여 경쟁이 완화된다든지, 또
는 새로운 시장의 급부상으로 판매처가 확대될 것인지 등 그 원인에 관한 조사가 이루

어져야 한다.

7) 수출입 관리제도

(1) 해당 정부의 수입정책

진출하려는 목적시장의 정부가 수입에 대하여 호의적인지, 아니면 부정적인지는 진출을 결정하는 데 중요한 역할을 한다. 만약 목적시장의 정부가 우리가 진출하려는 제품에 대하여 수입을 억제하거나 금지하는 경우, 아무리 좋은 제품을 가지고 그 시장에 진출하려고 해도 진출을 할 수 없다. 대신에 현지에 직접투자를 하는 방안 등 다른 방법을 찾아야 한다.

우선 우리 제품의 수입에 대하여 관세, 각종 세제 및 세율 등을 조사하고, 만약에 동 제품에 대하여 관세 감면 등이 있는지, 있다면 어떻게 활용할 수 있는지를 조사한다. 그리고 수입을 하는데 수입허가가 필요한지도 확인해야 한다. 수입허가가 필요하다면 그 절차와 비용 조사도 이루어져야 한다. 특히 인증 과정은 어떻게 이루어지며 그 인증이 쉽게 이루어지는지도 조사한다. 수입허가를 받기 위해서는 현지 전문업체들은 어떤 업체인지를 조사한다.

표 4-12   예시 : 중국 방직기계의 세번과 관세

- HS CODE : 844590(Other machinery for producing textile yarns)
- 수입관세 정보

HsCode	품목	관세	증치세	종합세율
8445.9010	정경기	10%	17%	28.7%
8445.9020	사이징기	10%	17%	28.7%
8445.9090	기타	10%	17%	28.7%

출처 : 중국해관수출입세칙

(2) 수입 관련 제도

수입 관련 제도는 다양하다. 수입 관련 제도에는 허가제 여부, 관세 및 비관세 장벽 등이 있다. 주변국 또는 특정국 우회진출 가능성도 조사한다.

표 4-13 비관세 장벽 유형의 예시

유형	주요 비관세 장벽 예시
수입규제	관세쿼터 수입허가제 수입사전신고제 수입감시와 감독 중고제품 수입금지제 등
기술장벽	강제인증제도 허가심사제도의 자체 규정 강제 제품의 과다한 표기 부착 사전 검측 요구 형식검증 제도 기술통제관리 포장표기
통관절차	과도한 수입절차 통관지 제한 관세부과 기준가격 비공계 관세분류의 자의적 적용 수입신고 기한 제한 및 지체금 부과 이중세관검사 및 가도한 통관심사 통관절차의 복잡 및 불투명
환경규제	폐기물 수입규제 유해물질 사용 제한 환경 영향평가
경쟁정책	특정분야의 국영기업 독점 각종 자국업체의 면세
투자장벽	자국 부품 및 소재 사용 강제 인증제도 영업제한 엄격한 노동규제
정부조달	외국인 참여 제한 및 자국산 우선 구매
지식재산권	모방 및 해적판 특허 및 라이센스 규제
투명성	제도 및 법규의 운영 및 적용 제도운영의 투명성 사법기관의 중립성 여부 부패 부정확한 규정 적용 및 해석

(3) 해당 정부의 수출정책

해당 정부는 우리가 진출하려는 분야의 수출에 대한 지원정책이 있는지를 파악한다.
수출에 대한 지원에는 보조금, 수출세 등이 있다.

2 해외 구매자 조사

1) 바이어 정보 조사

해외 구매자 조사는 수출 또는 해외에 제품을 판매하려는 기업이 해외에 있는 바이어를 발굴하고, 그 바이어에 대한 정보를 조사하는 것을 의미한다. 따라서 해외 구매자 조사에서 가장 중요한 것은 우선 우리 제품을 구매할 의사가 있는 또는 구매 잠재성을 갖고 있는 바이어들의 리스트(list) 발굴이다. 우선 진출하려는 해당 제품을 취급하는 업체들을 발굴하고, 그 업체가 단순 취급업체인지, 상담을 희망하고 향후 구매할 의사가 있는 업체인지를 구분하여 조사해야 한다. 구매자 기초 조사는 업체명을 포함한 업체 개요 및 연락처 등을 포함한다.

해외 구매자 정보를 조사할 경우 유의해야 할 점은 다음과 같다.

- 판매하려는 제품의 해당 국가의 직간접적인 수입제한 품목인지 확인
- 해당 국가의 시장성 및 취급 바이어의 수준
- 최근에 동일한 제품에 대한 조사가 이루어졌는지에 대한 여부 확인

해외 구매자 정보 조사에서 우선 구매 가능성이 있는 업체 리스트를 개발하고 최대한 확보하고, 이를 바탕으로 접촉하거나 현지에서 인터뷰를 해야 한다. 이러한 업체들은 인터뷰에 의하여 구매 가능성에 따라 단순 취급업체, 회신가능 업체, 구매가능 업체 등으로 구분한다.

■ **바이어 업체 개요**

- 구분 : 단순 취급업체, 회신가능 업체, 구매가능 업체 등
- 연락담당자(전화, 팩스, 이메일 등)
- 홈페이지
- 주소
- 사업 분야
- 사업 구성
- 취급 품목
- 설립연도/종업원 수
- 주요 거래 및 수입국가
- 한국업체 거래 여부
- 사용가능 언어

　여기에서 중요한 것은 사업 분야 및 사업부서에 관한 정확한 정보를 조사해야 한다는 것이다. 현지시장 판매액 및 추이, 공급선의 추이, 연간 수입 규모 및 추이, 한국과의 거래 실적 등이 중요 조사 대상이다.

2) 바이어 인터뷰 조사

(1) 발굴 및 연락

바이어를 발굴하는 것은 다음 장에 자세하게 설명하고 있으나 인터넷, 무역협회, KOTRA, 전시회 등 다양한 방법으로 발굴이 가능하다. 바이어가 발굴되면 바이어 접촉일 또는 인터뷰 일자, 인터뷰 방법, 즉 담당자 면담, 유선 인터뷰 등을 결정한다.

표 4-14　예시 : 바이어 리스트

업체명	구 분
WF Company. Ltd	취급업체
AAA Company. Ltd	취급업체
BBB Company. Ltd	취급업체
CCC Company. Ltd	회신가능 업체
DDD Company. Ltd	회신가능 업체
EEE Company. Ltd	회신가능 업체

(2) 바이어의 현지 영업 동향 조사

주력시장 공급 제품, 새로운 제품 공급 시도 여부, 홍보의 적극성 등을 조사한다. 유통망 확보에 대한 정보, 제품의 유형 및 부가가치 정도 등도 조사한다.

(3) 바이어 반응 및 거래

바이어가 기존의 제품에서 우리 제품으로 구매를 전환할 가능성을 조사한다. 특히 현재 시장에서 가장 잘 판매되고 있는 주력 제품의 수입을 우리의 제품으로 전환할 가능성이 있는지에 대한 조사가 이루어져야 한다. 이러한 조사와 더불어 향후 바이어 접촉 및 지속 접촉 여부 그리고 그 방법은 무엇인지를 강구할 필요가 있다. 만약에 바이어

가 좋은 반응을 보이고, 거래를 원한다면 어떤 방식이 좋은지도 사전에 조사가 이루어
져 있어야 한다.

3 해외 공급자 조사

해외공급자 조사는 국내에서 최종적으로 필요한 소비재, 사치품은 물론 수출용, 내수
용 제품을 생산하기 위해 필요한 원자재, 부품 및 소재의 해외 공급업체에 관한 것이
다. 우선 해외시장에서 필요한 공급업체의 리스트를 조사하고, 이를 바탕으로 공급 가
능성 여부를 조사한다. 다양한 업체 조사를 바탕으로 최종적으로 우리에게 필요한 제
품을 공급할 수 있는 업체를 선정하는 조사가 해외 공급자 조사이다.

주요 조사 내용은 다음과 같다.

● 공급선 리스트

공급선 리스트는 다양한 내용을 담는 것이 좋으며, 이에 대해서는 다음 장에서 자세
하게 설명하고자 한다.

■ **공급선 리스트 작성**

  – 주소
  – 홈페이지
  – 설립연도
  – 종업원 수
  – 등록자본금
  – 업종
  – 취급품목
  – 대(對)한국 수출 여부
  – 주요 수출국가
  – 담당자
  – 관심도
  – 연락 과정
  – 상세 정보
  – 관심사항
  – 연락 방법 등을 일목요연하게 작성

공급선 정보 조사 시 일반적인 공급업체에 대한 조사와 더불어 각 업체의 수출입 정보, 관세 정보, 관련 전시회 및 행사 정보 등도 같이 조사하는 것이 바람직하다. 특히 현지 업체 접촉 시 주의해야 할 사항도 같이 조사한다. 이를 위해서는 정확한 담당자 파악이 중요하며, 철저한 회사 및 제품 소개 자료를 수집하고 구축해야 한다.

기업이 클수록 판매, 마케팅, 구매 부문의 담당자가 별도로 있는 경우가 많고, 경우에 따라 품목 또는 지역 담당자가 다를 수가 있다. 담당자가 매우 세분화될수록 해당 품목에 대한 권한은 해당 담당자에게만 있을 수 있기 때문에 정확한 담당자를 파악하는 것은 매우 중요하다.

새로운 해외업체를 만날 때는 정확한 정보가 생명이다. 가능한 영문 자료를 준비해서 해외업체에게 정보가 명확하게 전달될 수 있도록 해야 한다.

4 해외신용 조사

수출을 할 때, 수출한 물품에 대한 대금을 지급받을 수 있는지가 매우 중요하다. 이에 수출하기 전에 수입업체가 수출대금에 대한 지불능력이 있는지를 파악해야 한다.

■**주요 조사 내용**
- 수입자의 영업현황 및 재정상태 파악
- 수출입자 간 거래 행위 및 거래 실적
- 수출입자 간 클레임 존재 여부 및 클레임 타당성 조사
- 이면 계약 여부
- 수출화물 인수 여부 및 현재 상태(인수일, 판매 및 재고현황)
- 수입자의 대금 미결제 사유(구체적인 송금 지연 사유 등)
- 향후 수출대금 결제계획(대금지급의사 유무, 지급 방법 등)

---

5 해외 거래처 발굴

1) 인터넷 활용과 거래처 발굴

특정 품목 취급업체의 해외 포털 사이트를 이용하여 검색하는 방법이 있다. 예를 들어 구글, 야후 등을 이용하여 우리가 찾는 품목을 우선 검색하고, 그다음으로 그 품목을 생산하는 업체를 찾는 방법이다. 이 방법은 누구나 쉽게 활용할 수 있지만, 전문적인

업체를 일관적으로 검색하는 데는 한계가 있다. 이에 해외 거래처와 필요한 제품을 찾는 데는 해외의 무역거래를 알선하는 사이트를 활용하는 방법이 많이 사용된다. 해외 무역거래를 알선하는 사이트는 다음과 같다.

표 4-15 해외 무역거래 주요 알선 사이트

구분	사이트	비 고
Alibaba	www.alibaba.com	세계 최대의 거래 알선 사이트
E21	www.ec21.com	
Tpage	www.tpage.com	다양한 언어로 서비스
Ecplaza	www.ecplaza.com	
BuyKorea	www.buykorea.com	EC21, Ecplaza, Tpag 연계
Global Sources	www.globalsources.com	
Surplus Global	www.surplusglobal.com	

이러한 포털 사이트들은 기업 디렉터리, 재고, 품목별 검색 등 다양한 서비스를 제공하고 있다. BuyKorea의 경우 Kotra에서 운영하는 것으로 무역 정보는 물론 수출입 절차, 무역 서식 등에 대한 정보도 제공하고 있다.

2) 무역 디렉터리 활용

무역 디렉터리는 세계 각국의 제조업체 및 수출입업체들의 주소와 연락처 등의 정보를 수록한 책자이다. 일반적으로 무역 디렉터리는 국가별, 아이템별, 거래 유행별 등의 정보를 제공한다. 문제는 이러한 업체들은 대부분 이미 한국의 기업들과 거래할 가능성이 크다는 것이다. 따라서 새롭게 찾은 해외 업체들이 국내의 기업들과 거래를 하고 있는지를 꼭 확인해볼 필요가 있다.

한 두 기업체들만 발굴하는 것이 아니라 다양하게 많은 업체들을 확보하는 것이 바람직하다. 주로 무역 디렉터리는 한국무역협회, KOTRA, 한국수입업협회 등을 직접 방문하여 열람이 가능하며, 일부는 인터넷을 통하여 자료를 입수할 수도 있다. 이러한 인터넷 디렉터리는 전 세계의 주요 제조업체 및 수출업체의 리스트를 수록하고 있으며, 제품별·산업별 정보도 제공하고 있다.

표 4-16 세계 주요 무역 디렉터리

구 분	사이트
KOMPASS	www.kompass.com
Thomas Net	www.thomasnet.com
Ward's Business Directory	www.gale.cengage.com
ABC Europe Production	www.abc-europex.de
Kelly's International Directory	www.kellysearch.com

3) 무역 관련 기관 활용

해외 업체를 발굴하는 방법 중에 하나는 무역 관련 기관을 방문하여 필요한 자료를 제공받는 것이다. 무역 관련 기관은 국내에만 있는 것이 아니라 해외에도 다양한 기관들이 있다.

(1) 국내 무역 관련 기관

- 한국무역협회(www.kita.net)
- 대한상공회의소(www.korcham.net)
- KOTRA(www.kotra.or.kr)
- 한국수입업협회(www.koim.or.kr)
- 중소기업진흥공단(www.sbc.or.kr)

(2) 해외 무역 관련 기관

- 세계 : World Trade Centers Association(www.wtca.org)
- 미국 : ITA(international Trade Administration; www.ita.doc.gov)
- 중남미 : Latin Trade(www.latintrade.com)
- 브라질 : BrazilBiz(www.brazilbiz.com.br)
- 유럽 : European Chamber of International Business(www.ecib.com)
- 영국 : DT(Department of Trade of Industry; www.dti.gov.uk)
- 일본 : JETRO(Japan External Trade Organization; www.jetro.go.jp)
- 중국 : CCPIT(China Council for the Promotion of International Trade; www.

ccpit.org)

- 인도 : Department of Commerce & Industry(www.nic.in/eximpol)

4) 전시회의 활용

해외 업체를 전시회에 참여하여 발굴할 수도 있다. 세계 유명 전시회에는 세계의 주요 업체들은 모두 참여하기 때문에, 한 장소에서 모두 만날 수 있는 기회가 제공되고 시간이 절약되며 정보 입수의 기회가 풍부해진다. 더욱이 새로운 상품 및 기술의 흐름을 알 수 있고, 다양한 사람들을 만나면서 인맥도 자연스럽게 형성시킬 수 있다. 전시회에 참가하면 단순히 새로운 업체를 발굴하는 것도 좋지만 제품들의 변화 추이, 신기술의 적용, 경쟁자의 제품 추세 파악, 수입상의 취향 분석도 같이 조사한다. 이러한 조사를 위해서는 철저한 사전준비가 필요하며 참가업체의 디렉터리를 잘 확인하고 활용해야 한다.

세계적인 박람회로는 하노버박람회(Hannover Messe)와 프랑크푸르트박람회(Ambient Internationale Frankfurt Messe, www.messefranfurt.com) 등이 있다. 하노버박람회는 매년 4월에 개최되는 대규모 산업박람회로 기계류, 설비산업, 엔지니어링, 자동화기기 등이 주로 전시된다. 프랑크푸르트박람회는 소비재박람회, 문구 및 선물용품 박람회, 국제악기박람회, 모피 및 의류박람회 등이 있다.

그 외 하노버국제정보통신박람회, 뮌헨하계동계운동용품박람회, 밀라노가구박람회, 밀라노광학박람회, 라스가베스가전박람회, 광동박람회 등이 있다.

■ 전시회 예시

- Electronic Americas
  - International Trade Fair for Components, Assemblies and Electronic Production, Laser Technology and Technical Optics(www.electronic-americas.com.br)
  - Date : November, 11, 2005
  - Venue : Anhembi Exhibition Hall
  - Organizer : Alcantara Machado Feiras de Neg cios(www.alcantara.com.br)

6　시장 동향 조사 사례

특정 산업에 관한 해외시장의 수요와 공급 현황, 수출입 동향, 유통 및 가격 동향, 경쟁사 동향 등과 같은 해외 시장 동향 정보를 얻는 방법은 크게 세 가지로 구분해볼 수 있다.

첫째, KOTRA나 JETRO와 같은 수출지원기관의 무역 정보 포털을 이용하는 방법이다. 1장에서 살펴본 바와 같이 이러한 포털 사이트들은 현지 사무소에서 입수한 시장 동향들을 국가별, 산업별 페이지에 매일 업로드하고 있어 가장 최신의 동향을 무료로 열람할 수 있다는 장점이 있다. 특히 국제전시회 일정이나 수출입 오퍼 정보도 수시로 업데이트되고 있어 해외 공급선과 바이어 발굴에 도움을 주고 있다.

둘째, 관련 업계 협회나 국제기관에서 발간하는 전문잡지(Trade magazines), 백서(White papers), 보고서(Reports), 통계자료(Statistics) 등을 이용하는 방법이다. 이러한 협회 발간물들은 회원사 기업의 서베이 결과나 관련 기관 취재 등을 바탕으로 작성된 것이므로 업계 동향을 가장 정확하게 담고 있는 신뢰성 있는 정보라고 할 수 있다. 일반적으로 이러한 협회 정보들은 회원 가입(연회비 지불) 후 이용이 가능한 경우가 많으며, 경우에 따라서는 해당 업계 기업회원에게만 열람이 허용되는 제한이 따르기도 한다.

셋째, 글로벌 시장 조사업체의 마켓리포트를 구입해보는 방법이다. 미국과 영국에서는 오래 전부터 글로벌 시장을 지역별·국별·산업별로 세분화하고 체계적인 조사 방법론을 갖춘 민간 조사업체들이 발달해왔다. 이러한 글로벌 시장 조사업체에서 발간하는 마켓리포트들은 해외 마케팅 업무에 종사하는 기업 담당자들이 자체적으로 파악하기 힘든 시장 전망 데이터와 경쟁 정보들을 수록하고 있어 수천 내지 수만 달러에 이르는 높은 판매가격에도 불구하고 꾸준히 이용되고 있다.

해외시장 동향을 입수할 수 있는 이상의 방법들 중 첫 번째 수출지원기관 정보를 활용하는 방법은 1장에서 소개하였으므로 이 절에서는 관련 단체 발간물과 글로벌 시장보고서를 중심으로 설명하기로 한다.

표 4-17 시장 동향 정보원별 주요 내용 비교

구분	정보원	입수 내용	이용료
수출지원기관	KOTRA, JETRO, Export.gov	업종별 보고서 및 국별 현지 뉴스, 국제전시회, 수출입오퍼 정보	저렴 (무료)
관련 단체 발간물	협회 홈페이지 또는 정기간행물 사이트	전세계 산업현황과 전망, 표준/인증, 정부 규제동향, 업계동향, 제품동향	회원구독 (유료)
시장 조사업체 마켓리포트	Reportlinker.com Marketresearch.com	지역별, 제품별 시장규모와 전망, 가격 및 유통경로, 경쟁사, 시장점유율	구매 (고가)

1) 관련 단체 발간물의 활용

관련 단체 발간물의 활용에 대해 살펴보면, 우선 조사 대상 업종과 관련되는 국내외 단체에는 어떤 것들이 있는지 식별해야 한다. 업종 관련단체에는 국제기구(organizations), 협회(associations), 학회(institutes, societies), 진흥기관(agencies) 등 다양한 단체 및 기관들이 존재한다. 예를 들어 '전자집적회로(electronic Integrated Circuits)'의 국가별 시장 규모와 전망 관련 자료를 찾는다고 하자. 이와 같이 공산품의 재료나 부품으로 사용되는 제품을 만드는 업종이나 제품명만으로는 관련 단체를 찾기가 힘들다. 따라서 표준산업분류표[2]를 이용하여 해당 제품이 속해 있는 상위 분류의 산업을 먼저 확인해야 한다. 한국표준산업분류(제9차 개정판) 데이터베이스를 검색한 결과, 전자집적회로(2611)의 상위 분류는 반도체(261)와 전자부품(26)임을 알 수 있다.

이러한 상위 분류 업종 키워드인 '반도체'와 '전자부품'을 사업 내용으로 하는 국내외 관련 단체를 검색한 결과 다음과 같은 국내외 기관들을 찾을 수 있으며, 해당 사이트를 통해 전자집적회로에 관한 시장 통계자료를 열람할 수 있다.

표 4-18 한국표준산업분류표에서 전자부품제조업(26)의 분류

26. 전자부품, 컴퓨터, 영상, 음향 및 통신장비 제조업(Manufacture of Electronic Components, Computer, Radio, Television and Communication Equipment and Apparatuses)
   261. 반도체 제조업(Manufacture of Semiconductor)
      2611. 전자집적회로 제조업(Manufacture of Electronic Integrated Circuits)

---

2) 국제표준산업분류(International Standard Industrial Classification, ISIC), 북미표준산업분류(North American Industry Classification System, NAICS), 한국표준산업분류(Korea Standard Industrial Classification, KSIC)

표 4-19 예시 : 산업 분야별 관련 전문 단체 및 산업정보 발간물 현황

분야	단체명	주요 보고서
정보통신	Telecommunications Industry Association http://www.tiaonline.org/	ICT Market Review & Forecast(US$1,800)
철강	World Steel Association http://www.worldsteel.org/	World Steel in Figures(annual report)
자동차	Global Automakers http://www.globalautomakers.org/	Redefining the American Auto Industry Report 2014
반도체	Semiconductor Industry Association http://www.semiconductors.org/	Global Sales Reports(GSR)
가전제품	Consumer Electronics Association http://www.ce.org/	Global Consumer Technology Trends(무료)
반도체장비	Semiconductor Equipment and Materials International http://www.semi.org/	Semiconductor Market Research and Market Reports
단조산업	Forging Industry Association https://www.forging.org/	FIA Marketing Forecasting Service
포장기계	Association for Packaging and Processing Technologies http://www.pmmi.org/	PMMI Industry Reports (member only)
국방산업	National Defense Industrial Association http://www.nationaldefensemagazine.org/	National Defense(월간지)
풍력에너지	Global Wind Energy Council http://www.gwec.net/	Market Forecast for 2014-2018
태양에너지	International Solar Energy Society http://www.ises.org/	Renewable Energy World Report Summaries
해수담수화	International Desalination Association http://idadesal.org/	IDA Desalination Yearbook (US$550)
철도	UNIFE (Association of the European Rail Industry) http://www.unife.org/	World Rail Market Executive Summary
건설	Construction Industry Institute https://www.construction-institute.org/	Late Deliverable Risk Catalog(US$256)
항공운송	International Air Transport Association http://www.iata.org	World Air Transport Statistics(WATS)
화학	Society of Chemical Manufacturers and Affiliates http://www.socma.com/	SOCMA e-Newsletter
건강산업	Health Industry Distributors Association http://www.hida.org/	HIDA Business Intelligence
섬유/의류	International Textile and Apparel Association http://itaaonline.org/	Clothing and Textiles Research Journal
면	The International Cotton Association http://www.ica-ltd.org/	ICA Newsreel
비료	International Fertilizer Industry Association http://www.fertilizer.org/	Fertilizer Outlook(무료) Market Reports(회원)
커피	International Coffee Organization http://www.ico.org/	Trade Statistics(무료) Country datasheets(무료)
생수	International Bottled Water Association http://www.bottledwater.org/	IBWA Homepage - Economics
저작권중개	International Licensing Industry Merchandisers' Association https://www.licensing.org/	LIMA Licensing Survey

2) 시장 조사업체의 마켓보고서 검색

특정 산업이나 제품의 전 세계 시장 현황이나 전망 등을 알고자 할 때 가장 유용한 정보원은 글로벌 시장 조사업체들이 발간하는 마켓리포트들이다. 미국이나 영국 등 영어권 국가의 많은 글로벌 시장조사업체들이 각국의 통계 데이터와 관련 문헌, 다양한 조사기법, 현지 협력 네트워크 등을 활용하여 특정 산업별 · 지역별 시장 현황을 조사하고 시장 규모와 향후 전망을 발표하고 있다. 찾고자 하는 특정 분야의 마켓리포트를 손쉽게 검색하는 방법은 이들 시장보고서 만을 전문적으로 다루는 포털사이트를 이용하는 것이다. 대표적인 사이트로서 Marketresearch.com와 Reportlinker.com을 들 수 있다.

Marketresearch.com은 전 세계 주요 시장보고서 발행사들과 제휴하여 이들의 유료 보고서를 판매 대행하는 사이트이다. 전 세계 700여 개 시장 보고서 발행업체들의 보

그림 4-10 Marketresearch.com의 검색 결과 목록 화면

출처 : Marketresearch.com

그림 4-11 Reportlinker.com의 검색화면

출처 : Reportlinker.com

고서의 제목 검색과 목차 열람은 무료로 제공되나 전문 내용을 열람하기 위해서는 구매해야 한다. 대부분 보고서 전문 가격이 수천 달러에 이르고 있으나, 이 사이트의 'Profound' 서비스를 이용하면 보고서의 특정 페이지나 표, 그림 등 필요한 부분만 분할 구매가 가능한 경우도 있다.

반면 Reportlinker.com은 전 세계 정부통계기관이나 산업협회 등 관련 사이트로부터 신규 발간되는 시장조사 보고서를 매일 웹 크롤러(crawler)로 자동 수집하여 회원제 방식으로 통합검색 서비스를 제공하는 검색엔진 사이트이다. 100만 건 이상의 산업보고서를 색인하고 있는데 이를 검색하기 위해서는 이용료(월 89달러, 2014년 기준)를 지불해야 한다. 이 사이트의 특징은 무료 다운로드가 가능한 최근 발간된 산업

보고서나 시장보고서를 검색할 수 있다는 점이다. 검색결과에 글로벌 시장 조사업체
들이 발간하는 유료 보고서 제목도 포함되어 있지만 전문을 다운로드받기 위해서는
Marketresearch.com과 마찬가지로 별도로 보고서 비용을 지불해야 한다.

표 4-20 주요 글로벌 시장조사업체 목록

국가	업체명	URL	전문분야
미국	ABI Research	http://www.abiresearch.com/	ICT
미국	BCC Research	http://www.bccresearch.com/	바이오, 화학, IT, 소재, 의약품, 환경, 식음료
미국	Current Analysis	http://www.currentanalysis.com/	IT
미국	Forrester Research	https://www.forrester.com/home/	IT, 정보관리, 마케팅, 전자통신
미국	Frost & Sullivan	http://ww2.frost.com/	화학, 교육, 소재, 의료, ICT
미국	Gartner Group	http://www.gartner.com/technology/home.jsp	교육, 보험, 언론매체, 제조
미국	International Data Corporation	http://www.idc.com/	의료, 제조, 에너지, 금융
미국	IMS Health	http://www.imshealth.com/portal/site/imshealth	의료
미국	IRI	http://www.iri.org/	정책
미국	J.D. Power and Associates	http://www.jdpower.com/	보험, 의료, 금융, 자동차, 여행
미국	Medimix International	http://www.medimix.net/	마케팅, 의료
미국	NPD Group	https://www.npd.com	자동차, 미용, 패션, 음식, 과학기술
미국	Nielsen	http://www.nielsen.com/us/en.html	언론매체, 소비자
미국	Off Madison Ave	http://www.offmadisonave.com/	온라인 마케팅
미국	Rockbridge Associates, Inc.	http://rockresearch.com/	금융, 언론매체, 과학기술, 전자상거래
미국	SIS International Research	http://www.sisinternational.com/	의료, B2B, 자동차, 소비자
미국	StrategyOne	http://www.strategy1hr.com.au/	고용
미국	Survata	http://www.survata.com/	서베이 리서치
미국	Espicom	http://www.espicom.com/	의료
영국	Business Monitor International	http://www.businessmonitor.com/	안보, 정보기술, 보험, 의료, 광업, 부동산, 의약품
영국	Datamonitor	http://www.datamonitor.com/	에너지, 소비자, 금융, 의료
영국	Euromonitor International	http://www.euromonitor.com/	미용, 여행, 금융, 가전제품, 식료품
영국	Kantar Group	http://www.kantar.com/	의료, 미디어
영국	Ipsos MORI	http://www.ipsos-mori.com/	금융, 소매, 기술, 과학기술
영국	Mintel	http://www.mintel.com/	미용, 가전제품, 식료품, 금융, 스포츠
영국	Research International	http://www.resrchintl.com/	기계장비, 화학
영국	YouGov	https://today.yougov.com/opi/	인터넷 사용자 대상 조사
독일	GfK	http://www.gfk.com/	자동차, 패션, 금융, 여행, 언론매체
독일	Roland Berger	http://www.rolandberger.de/	IT, 의약품, 의료, B2B, 자동차, 화학, 건설
독일	Psyma Group	http://www.psyma.com/	자동차, 금융, IT, 언론매체, 의료
프랑스	Ipsos	http://www.ipsos.com/	소비자, 언론매체
프랑스	MKG Group	http://www.mkg-group.com/mkg-group-expert-hotelier/	여행
호주	IBISWorld	http://www.ibisworld.com/	건설, 교육, 금융, 정보, 의료, 광업, 부동산
캐나다	Abacus Data	http://abacusdata.ca/	정치, 여론조사

제5장

해외시장 진출 전략의 수립과 선택

1 해외시장 진출 전략 수립의 일반적 단계

해외시장 진출 전략의 수립은 해외진출을 수행하고 있거나 수행 예정에 있는 기업이 자신을 둘러싸고 있는 환경의 변화를 분석하여 사업구조를 조정하고 경쟁 전략을 수립한다. 그리고 자신이 경쟁할 해외시장 지역을 선정하고 해외시장 진입방식을 수립하는 일련의 전략적 선택 과정을 의미한다.

그러나 해외시장 진출 전략의 수립은 기업이 경영환경 변화에 소극적으로 적응한다는 측면만 존재하는 것이 아니라 변화에 직면한 기업이 전략적 선택을 통하여 경영환경을 변경해나간다는 적극적인 측면도 포함하고 있다는 사실을 명심해야 한다. 일례로 우리나라의 소규모 MP3 제조기업들은 제품 출시 초기에 소극적인 국내시장 소비자와 국내시장 확대에 부정적인 주력 경쟁기업들에 대응하여 과감하게 해외시장 진출을 수행하여 성공시켰다. 이로써 CD 플레이어 위주의 국내시장을 이후 급속도로 대체시킨 사례를 살펴볼 수 있다.

해외시장 진출 전략 수립은 일반적으로 ① 해외시장 진출 여부에 대한 결정 → ② 해외진출 대상 시장의 선택 → ③ 해외시장 진출방식의 선택 등의 단계로 이어진다. 새롭게 해외시장에 진출하고자 하는 기업은 우선 해외시장 진출 여부를 먼저 결정한 이후에 진출시장과 진출방식을 선택해야 한다. 이미 해외시장에 진출한 경험이 있는 기업의 경우에는 추가적인 진출 대상 시장 선택과 진출방식 선택이 이루어질 수 있고, 기존 진출시장에 대한 진출방식의 변경도 검토될 수 있다.

1) 해외시장 진출 여부에 대한 결정

해외시장 진출과 관련된 최초의 의사결정 문제는 해외시장에 진출할 것인지를 결정하는 것이다. 이미 해외시장에 진출한 경험이 있는 기업의 경우라면 이 문제를 다시 검토할 필요성이 없겠지만, 해당 기업들도 이전에 이와 같은 의사결정 문제를 검토했을 것이다. 또한 이미 해외시장에 진출해 있는 기업의 경우라도 다른 제품이나 서비스 등 사업 분야의 해외진출을 시도하는 경우라면 의사결정 문제는 이전과는 다른 전혀 새로운 의사결정 문제가 될 수 있다.

기업은 기본 속성상 끊임없이 확장을 시도하며 이는 기업의 성장과 맞물려 발생하는 자연스러운 현상이다. 해외시장 진출은 기업 확장의 한 축인 지리적인 확장을 의미하는데 기업이 지속적인 성장 과정에 있다고 하더라도 모두 지리적인 확장을 무차별적으로 시도하는 것은 아니다. 기업에 있어 해외진출 동기가 작용하여야 비로소 그동안 기업 성장으로 축적한 여유 경영자원을 해외시장에 투입할 기회를 고려해보는 것이다.

일반적으로 기업이 해외시장에 관심을 가지게 되는 동기는 ① 최고경영자의 의지, ② 국내시장의 성장 한계, ③ 국내시장에서의 과도한 경쟁이나 법적 규제, ④ 국내

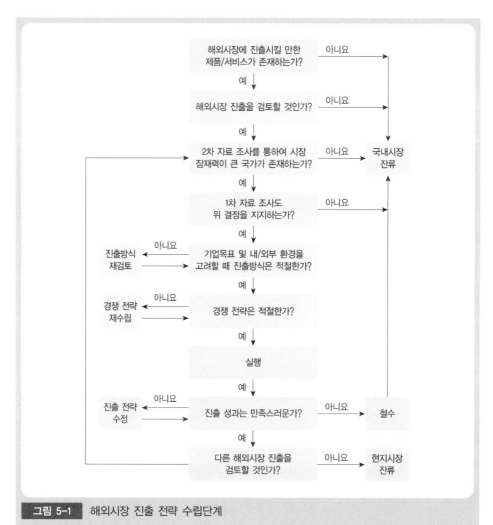

그림 5-1 해외시장 진출 전략 수립단계

출처 : F. R. Root(1994), Entry Strategies for International Markets; 전용욱 · 김주헌 · 윤동진(2008), 국제경영(개정판), p. 64에서 재인용하여 수정 보완함

시장 성공에 따른 해외시장에서의 새로운 사업 가능성 검토, ⑤ 악대차 효과(Band Wagon effect), ⑥ 우연한 제안, ⑦ 매력적인 신수요 발굴 등 다양하다. 특히 국내시장이 작아 수출을 통해 경제성장을 이룩해온 우리나라의 경우 해외시장으로의 진출은 매우 중요한 의미를 가진다. 또한 이에 대한 기업의 관심 역시 매우 자연스러운 현상이라 할 수 있다.

대부분의 기업들은 국내시장을 대상으로 경영 활동을 수행하다가 각종 사업 경험을 축적한 이후 해외시장 진출 가능성을 검토하게 된다. 그러나 최근 들어 다양한 사례 연구 및 실증 연구들에서 창업한 지 3년 미만인 신생 벤처기업의 일부가 부족한 각종 자원상황과 미숙한 경영관리 능력에도 불구하고 창업 초기부터 다양한 해외시장 지역에서 거대하고 성숙된 기존 기업들과 직접 경쟁하고 있다. 그들은 이를 통해 전체 매출액에서 차지하는 해외 판매액 비중도 대단히 높은 경향(전체 매출액에서 해외 판매비중 75% 이상)이 있음을 지적하고 있다. 이러한 신생 벤처기업들의 해외진출 특성은 국내시장에 기반을 두고 있는 신생 벤처기업이나 일반적인 중소기업들이 보이는 해외진출 특성과는 확연한 차이가 있다. 따라서 이들의 해외진출 과정과 해외진출 진입방식도 전통적인 기업의 국제화 이론들의 설명과 부합되지 않는 특성을 보이고 있음을 지적하고 있다. 이러한 기업들은 일명 'Born-Global' 또는 'International New Ventures (이하 국제 신생 벤처기업)'라 불린다. 이러한 국제 신생 벤처기업들은 대부분 첨단기술 및 지식집약형 산업에 속해 있고 창업자들의 해외 활동에 대한 몰입도가 대단히 높은 특성을 보이는 경향이 있다.

참고 ## 국제 신생 벤처기업의 발생 원인

국제 신생 벤처기업이 최근 들어 급속히 증가하는 원인으로 다음과 같은 5가지를 들 수 있다.

1 생산, 수송, 통신 기술 등의 급격한 발전 : 국제 신생 벤처기업의 발생 요인 중 가장 중요한 요인으로 생산, 수송, 통신 등에 있어서의 기술적 진보를 의미한다. 특히 생산공정 관련기술의 발전은 소량 생산의 경제적 약점을 극복하게 하였다. 이를 통해 세분화(specialization), 고객화(customization) 그리고 소규모 특수시장만을 위한 생산을 가능하게 하였다. 또한 지역 간 물동량의 증가로 인력이나 재화의 국제 간 이동비용을 현저히 감소시켰으며, 이 또한 지속적으로 낮아지고 있는 추세이다. 이는 그동안 기업의 국제 경영에 있어서 중요한 장애 중의 하나였던 지역 간 물류비용 문제의 중요성이 그만큼 감소하고 있다는 반증이기도 하다. 더 나아가 인터넷의 등장으로 인한 정보통신

기술의 비약적인 발전은 국제 기업 경영관리의 주요 장애 중 하나인 정보의 흐름 및 분석비용을 현저히 감소시켰으며, 물리적인 거리의 장애를 극복할 수 있게 하였다.

② 기업 경영을 담당하는 인력(창업자, 벤처기업의 주요 경영진)들의 역량 증가 : 글로벌화(globalization)로 대변되는 세계의 해외진출은 다양한 국가와 문화를 체험하고, 이를 이해할 수 있는 인력들을 다수 배출하게 되었다. 특히 교통수단의 발달로 인한 여행의 증가는 언어와 문화의 장벽을 제거하는 중요한 도구가 되었던 것이다. 이로 인해 다양한 언어와 문화를 이해하게 된 많은 기업가들이 모국 뿐 아니라 다른 국가에서의 사업에 대해 더 이상 두려워하지 않게 되었으며, 이로 인해 기업의 해외진출이 가속되어지는 결과를 낳게 된 것이다. 예를 들어 EU에서는 회원국가 간의 상호 이해 증진을 위하여 매년 5만 명이 넘는 학생들을 6개월에서 1년 정도 타국에 가서 공부할 수 있는 프로그램을 마련하고 있다. 이러한 프로그램을 통해 배출된 인력들은 다른 나라의 언어, 문화, 관습 등을 이해할 수 있고, 또한 이들이 기업의 국제 간 경영을 담당할 수 있는 든든한 자원이 되고 있는 것이다.

③ 시장 관련 요인으로 새로운 시장 환경의 출현 : 국제 신생 벤처기업 등장의 원인으로 기존 연구들은 시장 세분화로 인한 니치마켓의 등장을 들고 있다. 정보통신기술을 비롯한 각종 기술혁신과 소비자들의 개별적인 욕구 충족을 위한 시장 전문화(specialization) 혹은 세분화(specification)의 증가로 인해 다양한 세부시장들이 생겨나게 되었다. 이로 인해 기존의 대기업이 이러한 세분화된 시장 요구를 모두 충족시키지 못하게 되었다. 이로 인해 중소기업에게도 새로운 시장 기회가 생기게 되었으며, 이와 관련된 국제적인 시장 기회가 발생하게 된 것이다. 또한 절대적인 국내 시장 규모가 협소함으로 인해 해외 시장에 대한 개척을 사업 초기부터 감당해야 하는 경우도 있다. 이러한 경우는 시장 규모가 큰 기업에서도 마찬가지로 일어날 수 있다. 예를 들어 제품이나 기술이 혁신적이어서 나라마다 수요가 그렇게 크지 않은 경우에는 최신 기술을 보유한 기업은 각 나라마다 발생하는 소수의 제품 수요를 충족시키기 위해 국제적인 사업을 적극적으로 추진할 것이다. 또한 새로운 혁신적 제품을 개발한 기업가는 여전히 자신의 상품을 세계 어느 곳이라도 제품 구매를 희망하는 고객에게 제품을 판매하려 할 것이기 때문이다. 최근에는 기업의 각종 기초 활동들이 글로벌 아웃소싱(global outsourcing)을 통

해 서로 밀접하게 연관되어 발전하게 되었다. 따라서 이러한 산업과 기업 간의 국제적 밀접성은 신제품의 세계적 확산 속도를 배가시켰으며, 이로 인해 소비자들의 구매 또한 세계화되는 경향을 보이게 되었다. 이러한 신제품에 대한 세계적 수요의 동질화는 관련 제품을 생산하는 신생 기술 기업에게 있어 세계적인 사업을 시작하게 만드는 중요한 동기를 제공해주고 있다.

④ 범세계적인 기술 및 시장지식 필요성의 증대 : 범세계적인 경쟁에서 유리한 입지를 구축하고 세계시장에서 주도적 위치를 달성하는 데 가장 중요한 요인의 하나는 기술이다. 헤르만 지몬(H. Zimmon)이 저술한 **숨은 강자들**(*Hidden Champions*)에 따르면, 범세계적으로 성공한 소규모 기업들의 4분의 3은 자신들이 선망의 지위를 유지하는 것이 기술 노하우와 혁신에 기반을 두고 있다고 응답하고 있다. 또한 기술의 고급과 저급의 정도를 평가하는 7단계의 기준에서 볼 때 70.6%의 혁신적 소기업들은 자신들의 제품이 평균 이상이라고 응답했으며, 기술 노하우와 혁신성을 각각 5.9와 5.6으로 비교적 높게 평가하고 있는 것으로 나타났다. 이상과 같은 기술혁신의 우위와 이의 성취는 바로 연구개발과 기술변화에 도움이 되는 주위환경에 크게 의존하며, 범세계적으로 빠르게 진입하여 성공하고 있는 기술 혁신적 소기업들의 활동도 바로 이러한 성장을 가능케 해주는 보다 다양한 국내외 환경을 사업초기부터 염두에 두고 있어야 한다.

⑤ 고객과의 긴밀한 상호작용 필요성 : 소규모 신생 창업 기술기업들의 고객과의 관계는 매우 밀접하다. 이 관계의 중요한 특성은 상호의존성이라는 것이다. 좁은 시장지역에 전문화해야 하는 기업들은 자신들이 만든 유일무이한 제품의 대체품을 찾는 데 어려움이 있는 소수의 고객들에게 크게 의존하게 된다. 이러한 관계는 쌍방을 서로 책임과 의무를 지닌 긴밀한 관계로 만들어주어 신뢰와 존경으로부터 형성된 장기간의 거래 관계를 유지하게 만들어준다. 따라서 이러한 소규모 기업들은 고객이 존재하는 곳이라면 세계 어느 곳이든 달려가며, 고객을 위한 최신의 정보와 최선의 서비스를 위해 빠르게 움직이게 된다. 그러나 이러한 관계가 반드시 우호적인 것만은 아니다. 성공적인 해외진출 벤처기업들은 기존의 마케팅 전문가적 업무만을 수행하지는 않는다. 기존 기업들과는 달리 고객이 요구에 말뿐인 호의를 보이지 않으며, 오로지 실천을 통해 가장 중요한 정보원이 될 수 있는 고객과 함께하고자 한다.

출처 : 한국 국제신생벤처기업의 결정요인에 관한 연구(2003), 김정포

표 5-1 국제 신생 벤처기업 발생 원인

요 인	구체적 내용
기술(지식) 관련 요인	통신, 정보기술, 운송수단의 발전
	범세계적 경쟁격화에 따른 다양한 지적자산의 중요성 증대
	혁신적이고 유연한 생산기술의 등장
	신기술의 급속한 진부화
시장 및 소비자 관련 요인	세계시장의 소비자 기호 동질화
	산업 특성에 따른 틈새시장 소비자의 중요성 증가
	범세계적 경쟁에 따른 국내시장범위 협소
창업자 관련 요인	해외유학, 해외근무 등 다양한 국제경험을 보유한 인력증가
재무 관련 요인	국제적인 자본조달 기회의 증가
무역 관련 요인	WTO 등 무역장벽의 감소

출처 : 한국 국제신생벤처기업의 결정요인에 관한 연구(2003), 김정포

2) 해외진출 대상 시장의 선택

해외시장 진출 여부에 대한 가능성 검토가 끝난 후 기업들이 해외시장에 진출할 것을 결정하고 나면 다음의 의사결정 사항은 어떤 시장으로 진출해야 하느냐이다. 즉 진출 대상 시장의 선택과 관련된 문제로 넘어간다. 다른 제품이나 서비스 분야에서 해외시장에 이미 진출해 있는 기업이라면 해당 국가시장이 일차적 후보지로 자연스럽게 부각될 것이다. 하지만 최초로 해외시장 진출을 수행하는 기업이라면 진출 대상 시장을 선택하는 것은 해외시장 개척의 성패를 좌우할 수 있기 때문에 매우 중요한 문제이다.

해외진출 대상 시장을 선택하기 위하여 전 세계 모든 국가를 대상으로 검토·분석 작업을 진행한다는 것은 현실적으로 불가능한 일이다. 따라서 개별 기업이 중요하게 고려하고 있는 대상 시장 선정기준, 예를 들어 잠재적 시장 성장 가능성, 시장경쟁 상황, 원료 및 부품 획득 용이성, 시장 규제 등의 기준 중에서 중요도가 높다고 판단한 몇 가지 사항을 이용하여 복수로 국가를 선정한다. 그리고 이후 선택된 복수의 국가들을 대상으로 심층 조사 및 분석을 수행하고 평가하여 진출 국가를 선택하는 것이 일반적이다. 이와 관련하여 고려할 수 있는 선택 모형 등에 관해서는 다음 2절에서 보다 자세히 언급하도록 할 것이다.

기본적으로 해외진출 대상 시장 선정 과정에서는 기회(opportunity)와 위험(risk)이 라는 2가지 차원의 속성과 관련된 자료를 분석하게 된다. 기회란 현재 혹은 잠재적인 시장의 크기를 말한다. 위험이란 정치, 경제, 사회, 문화적 환경 등의 이질성이나 불안 정성 등을 의미한다. 추가적으로 시장경쟁 상황은 이상의 두 가지 측면을 모두 포함하 고 있다고 할 수 있다. 최종적으로는 기업이 고려하는 다양한 요소들을 종합적으로 고려하여 개별 국가시장의 매력도를 평가하고 해당 순위에 따라 해외진출 대상 시장 의 우선순위를 고려하여 진출을 수행하게 된다.

3) 해외시장 진출방식의 선택

특정 국가시장으로 진출이 결정되고 나면 다음으로는 어떠한 진출방식으로 해당 시장 에 진출할 것인지를 결정해야 한다. 즉 해외시장에 대한 진입방식(entry mode)을 결정 해야 하는 것으로 수출(export), 계약 형태(contractual mode), 직접투자(foreign direct investment) 등 세 가지 형태가 기본적이다. 수출방식으로는 다시 간접수출과 직접수 출로 구분할 수 있다. 계약 형태에는 라이선싱(licensing), 프랜차이징(franchising), 계 약생산(OEM), 턴키(turn-key)계약, BOT(Build-Operate-Transfer) 등이 포함된다. 직 접투자는 소유권 방식에 따라 단독투자(wholly owned subsidiary)와 합작투자(joint venture)로 나눌 수 있다. 설립방식에 따라 신규설립(green field), 인수·합병(M&A), 브라운필드(brown field) 방식 등으로 구분된다.

해외시장 진출방식을 결정하려면 해당 시장의 규모와 성장 가능성, 정치적 위험, 무 역장벽이나 외환 송금 규제와 같은 각종 법적 규제와 정부정책, 전기/도로/항만 등과 같은 사회기반구조(infrastructure), 노동력의 질 등 다양한 기업 외적 요인들에 대한 정보 획득과 이에 대한 평가가 필요하다. 이와 동시에 기업 내적 요인들로 기업의 목 표와 전략, 가용한 경영자원 및 기타 경영자원의 크기 등도 같이 고려되어야 한다.

이러한 진출방식의 선택은 앞선 진출시장의 선택 이후에 이루어지는 것이 일반적이 다. 하지만 항상 그런 것만은 아니다. 왜냐하면 특정 기업이 현실적으로 선택할 수 있는 진출방식이 한정되어 있거나 최고경영자의 의지 또는 기업의 전략상 특정 진출 방식을 선호 또는 고집한다면 이러한 요인들에 의해 진출방식의 선택이 진출시장의 선택보다 먼저 결정될 수도 있기 때문이다. 예를 들어 특정기업의 가장 중요한 경쟁우 위 요인이 기술적 우위(차별화)인 경우 이러한 기술에 대한 유출 위험을 최소화하기 위하여 라이선싱 등 계약 형태의 진출방식보다는 직접투자방식을 더 선호하게 될 것이다. 이 경우 이미 진출하기로 결정된 해외 목표시장이 있다 하더라도 해당 국가에서 정부정책상 직접투자를 허용하지 않거나 많은 제약을 가하고 있는 국가라면 해당 국가는 직접투자 진출 대상에서 제외시켜야 하기 때문이다. 해외시장 진출방식의 선택과 관련된 보다 세부적인 사항은 이후의 3절에서 살펴보도록 할 것이다.

2 해외진출 대상 시장 선정과 결정

해외진출 시장 지역을 선정하는 것은 적절한 선정기준에 따른 평가를 통하여 기업에게 가장 좋은 시장 기회를 제공해줄 것으로 기대되는 단일 혹은 다수의 국가(시장 지역)를 결정하는 것이다. 해외시장 진출을 검토하는 기업은 자사의 제품이나 서비스의 매출 가능성이 높은 국가들에 우선적인 관심을 갖게 마련이다. 이에 매출 목표를 단기적 관점에서 고려하느냐 아니면 장기적 관점에서 고려하느냐의 차이 정도는 있을 것이다. 그러나 자사의 제품이나 서비스의 판매 가능성이 가장 높은 해외시장을 일차적인 진출 목표시장으로 선택하는 것이 일반적이다.

특정 기업이 본국 이외에 다른 해외시장 지역으로 진출할 것을 의사결정하였다면 진출 대상이 되는 표적시장은 기업의 보유하고 있는 경쟁역량 및 경영자원, 진출 동기, 전략 계획 등 제반 여건에 부합되어야 한다. 하지만 기업마다 이러한 제반 여건들은 모두 상이할 것이다. 그렇기 때문에 특정 산업의 특정 기업에게 매력적인 시장 지역이라고 해서 해당 산업의 다른 기업들에게도 매력적인 시장 지역이 될 수는 없음을 명심해야 한다.

따라서 해외진출 대상 시장 선정은 경제, 정치, 사회, 문화, 지리적 조건 등 기업외적 요인에 대한 고려와 더불어 기업의 경쟁역량 및 전략 계획을 가장 잘 유지시키고 개선 및 확대시킬 수 있는 지역이 어디인지를 면밀히 비교·검토한 후 신중히 결정되어야 한다.

1) 해외진출 대상 시장 선정 과정

(1) 1단계 : 예비 선정

해외진출 대상 시장 선정을 위해서는 먼저 진출 대상 국가를 선정하기 위한 평가기준과 방법을 결정하는 데 유의해야 한다. 즉 가능성 있는 시장임에도 불구하고 선정 대상에서 제외시키거나 성공 가능성이 매우 낮은 국가임에도 불구하고 너무 많은 관심을 기울이는 오류를 범하지 않도록 효과적이고 효율적인 기준과 평가방법을 선택해야 한다.

따라서 진출 대상 목표시장 선정 과정에서의 일차적인 과제는 진출해야 할 시장과 그렇지 않은 시장을 구별하기 위하여 실질적으로 심도 있는 비교·평가를 수행할 일차적인 국가군을 제대로 파악하는 것이다. 전 세계에는 200여 개가 넘는 다양한 국가가 존재하기 때문에 이에 대한 심층조사를 모두 수행한다는 것은 불가능하며 의미가 없다. 따라서 비용이나 시간 측면에서 효율적이며 효과적인 방법을 선택하기 위해서는 다수의 국가들 중에서 실질적인 관심의 대상이 될 수 있는 몇 개의 국가를 일차적으로 선발하는 과정을 거쳐야 한다.

이러한 예비 선정 단계에서는 해외진출 수행 여부와 관련 있는 장기적인 기업 여건 및 환경요인이나 기업의 최고경영층이 해외진출로 이루고자 하는 가장 중요한 목적이 무엇인지 등과 같은 일반적인 기준에 근거하여 복잡한 검토 과정 없이 일차적으로 고려 대상이 될 수 없는 국가들을 제외시킨다.

이러한 일반적인 기준을 바탕으로 진출 시장을 결정하는 방법에는 다음과 같이 크게 두 가지 유형이 있다.

첫째, 진출 대상 제품/서비스와 관련하여 진출 대상 지역의 기후조건이나 종교 등 문화적 배경, 사회간접시설 수준, 정치·군사적인 이유 및 시장잠재력 등 객관적으로 볼 때 현재는 물론 향후 잠재적으로도 기업이 제공하는 제품이나 서비스에 대한 수요가 현지시장에 존재할지 여부를 판단해보는 것이다. 예를 들어 종교상의 이유로 술(알코올)의 판매가 엄격히 통제되는 국가의 경우 진출 가능성을 검토하는 자체가 무의미할 것이다. 또한 정치적인 이유로 특정 국가와의 교역이 금지되어 있다면 해당 국가는 당연히 검토대상에서 제외시켜야 할 것이다.

둘째, 기업 자체적으로 진출하지 않아야 할 국가를 선별하기 위한 간단한 지침을 설정하여 판단해보는 것이다. 이러한 지침들은 기업이념이나 설립 목적 또는 본사가 위치한 국가의 정책 등을 고려해볼 수 있을 것이다. 이러한 지침들은 다분히 주관적일 수 있다. 따라서 이러한 지침을 설정하여 평가하는 것은 경영자의 판단에 맡기는 것이 일반적이다.

　기업은 예비 선정 단계에서 시간과 비용상의 이유 때문에 가능한 많은 국가를 심도 있는 비교 · 평가 대상에서 제외시키려 할 것이다. 그러나 이러한 방법은 시장 기회와 잠재력이 큰 시장을 섣불리 제외시키는 오류를 발생시킬 가능성도 크다는 점을 인식해야 한다. 따라서 예비 선정 단계에서는 기준이나 지침의 수를 가급적 적게 할 뿐만 아니라 기업에게 매우 확실한 중요한 기준이나 지침에 한정하는 것이 바람직하다.

(2) 2단계 : 중간평가

중간평가 단계에서는 예비 선정에서 선택된 국가들을 대상으로 세부적인 기준과 평가 방법을 이용하여 심도 있는 분석과 평가를 시행한다. 다양한 기준들이 제시될 수 있으며 적절한 평가기준을 선택하는 것은 개별 기업의 몫이다. 일반적으로 시장 매력도 및 진출 장벽과 관련된 요인들이 평가 대상으로 거론될 수 있다. 그리고 개별 기업 및 제품의 특성이나 추구하는 경쟁 전략 및 목표 그리고 선택 가능한 시장 진출방식 등도 사용될 수 있다. 산업 특성에 따라 혹은 기업특성이나 제반 환경여건에 따라 이러한 평가기준과 방법은 달라질 것이다. 특히 동일한 산업에 속한다고 해서 또는 특정 기업이 여러 번의 해외진출을 수행한다고 해서 이러한 평가기준과 방법이 동일하게 적용되는 것은 아니라는 점을 명심해야 한다.

　앞서 살펴본 바와 같이 시장 진출방식은 진출 대상 시장의 선정 이후에 결정하는 것이 일반적이나 특정 기업이 해외진출 경험이나 지식, 보유자원의 질과 양 등의 여건에 따라 선택 가능한 방식이 제한될 경우 진출 대상 시장 선정에 중요한 평가기준이 될 수 있다. 해외시장 진출방식으로 수출방식 등 제한적인 방식만을 선택 가능한 기업의 경우와 계약방식과 직접투자 등 모든 진출방식의 선택이 가능한 기업과는 표적국가 선정기준이 결코 같을 수 없을 것이다. 설사 같은 기준이라 하더라도 중요도에서 차이가 있을 수밖에 없다.

　이상과 같은 중간평가 단계에서 유의해야 할 점은 본 단계에서 진출 대상 국가를 결정하는 것이 아니다. 중간평가 단계의 주요 목적은 개략적이나마 일정 평가기준에

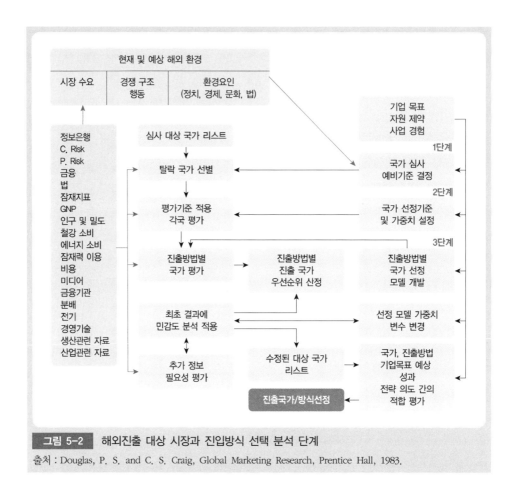

> 그림 5-2 해외진출 대상 시장과 진입방식 선택 분석 단계

출처 : Douglas, P. S. and C. S. Craig, Global Marketing Research, Prentice Hall, 1983.

따라 대상 국가별 평가를 수행하여 최종적인 정밀분석을 수행할 대상국 수를 더욱 축소시키는 데 있다는 점을 명심해야 한다. 따라서 이 단계에서 특정국가 진출에 따른 예상 수익이나 경제적 효과 등을 세밀하게 비교·분석하는 것은 큰 의미가 없다.

(3) 3단계 : 최종평가와 선택

최종평가와 선택 단계에서는 중간평가 단계에서 선정된 국가들을 대상으로 더욱 심층적인 평가를 수행하여 최종 진출 대상 목표시장을 선택하게 된다. 따라서 이 단계에서는 대상 국가별로 진출에 따른 예상 수익이나 경제적 효과 등에 대한 예측도 포함시켜 수행해야 한다. 또 필요한 경우 정밀 시장조사 등 추가적인 분석 자료도 투입하게 된다. 따라서 이 단계는 시간과 비용이 가장 많이 소요되는 단계라 할 수 있다.

최종평가와 선택 단계를 통하여 분석된 결과를 바탕으로 진출 대상국의 우선순위가 결정된다. 이러한 우선순위는 최고경영층의 최종 의사결정에 중요한 판단자료로 사용된다. 따라서 단순히 우선순위가 높다고 해서 최종적인 진출 대상국으로 결정되는 것은 아니다. 즉 최고경영층의 최종 의사결정에 비합리적인 다른 동기가 작용될 가능성도 배제할 수 없다는 것이다. 그러나 이상에서 보여준 일련의 과정을 거침으로써 진출 대상 국가를 선정하는 대단히 중요한 의사결정 과정이 보다 합리적이고 객관적으로 이루어질 수 있는 최소한의 근거는 마련되었다고 할 수 있다.

2) 해외진출 대상 시장 선정방법

해외진출 대상 시장 선정방법은 크게 ① 느낌이나 직관, 경험에 의한 방법, ② 계량적 방법, ③ 휴리스틱 접근방법 등으로 구분할 수 있다.

첫째, 느낌이나 직관, 경험에 의한 방법은 과학적인 방법이라기보다는 일종의 주먹구구식 방법이라 할 수 있다. 그러나 실질적으로 빈번히 사용되고 있는 방법으로 시간과 비용 투입 측면에서 가장 저렴하며 의사결정 속도도 매우 빠르다는 장점이 있다. 그러나 의사결정 과정에 대한 명쾌한 논리가 부족하고 결과에 대한 객관성이 대단히 떨어진다. 또한 최종 의사결정자 또는 주요 조언자 집단의 편향된 사고나 지식, 가치관 등에 따라 왜곡된 의사결정을 내릴 가능성이 높다는 단점이 있다.

둘째, 계량적 방법은 선택 가능한 대안과 제반 환경요인 및 분석 결과에 대해 계량화가 가능하다는 가정을 가지고 최적 대안을 수치화된 결과 값으로 나타낼 수 있다는 장점이 있어 가장 과학적인 방법으로 부를 수 있다. 따라서 이 방법은 특정 국가에 대한 정밀 분석에 상대적으로 적합한 방법이라 할 수 있다. 그러나 이러한 방법은 필요 자료를 계량적으로 처리할 수 있는 높은 수준의 능력을 보유하고 있어야 한다. 그리고 필요 정보의 대부분을 계량적으로 조사·산출해야 하는 등 시간과 노력, 비용 측면에서 대단히 고비용 구조가 요구된다. 더욱이 이러한 방법은 계량화할 수 없지만 특정 기업에게는 대단히 중요한 비합리적인 동기 등을 진출 대상 평가에 투입할 수 없다는 등 단점이 존재한다. 대표적인 방법으로 투자수익률 평가를 통한 투자회수기간법, 내부수익률법, 순현가법 등 대체투자 방안을 평가할 수 있는 방법이 있으며 의사결정나무(decision tree) 방법 등도 이용될 수 있다.

마지막으로 휴리스틱 방법은 계량적 방법에 비해 계량화된 정보에 대한 요구 수준이 상대적으로 낮고 각 대안과 관련된 결과들을 계량화해야 할 필요성도 상대적으로 낮다. 이런 이유로 비교적 작은 노력과 비용으로 진출 대상국을 선정할 수 있는 방법으로 알려져 널리 사용되고 있다. 이 중 대표적인 몇 가지 방법을 살펴보면 다음과 같다.

(1) 체크리스트 방법

체크리스트 방법은 진출 대상국 의사결정에 필요하다고 판단되는 선정기준 목록을 작성하여 이에 따라 진출 대상국을 분석해보는 방법이다. 일반적으로 진출 대상국과 관련되는 기업 외부환경과 관련된 요인들 중 해당 기업에게 중요하다고 판단되는 요인들을 선정기준으로 선택하게 된다.

체크리스트 평가방법에는 두 가지 입장이 있는데 하나는 모든 선정기준을 만족시키는 국가들을 선택하는 방법이며, 다른 하나는 복수의 선정기준들 중에서 하나라도 일정 수준에 미달되는 진출 대상 국가는 탈락시키는 방법이 있다.

이 방법의 장점은 비교적 단순하면서도 빠른 평가를 수행할 수 있다는 점과 비용이 상대적으로 매우 저렴하다는 것이다. 그러나 진출 대상 비교국가의 수가 많거나 평가기준인 체크리스트 항목이 너무 많을 경우 그리고 비전문가가 평가기준을 선정할 때 평가의 객관성이 떨어져 효율적인 평가를 얻기 어렵다는 단점이 있다. 따라서 이 방법은 보다 정밀하고 세부적인 비교·평가를 위해 진출 대상국 수를 일정 수준 이상으로 줄일 필요가 있을 때 보조수단으로 사용되는 것이 바람직하다.

(2) 가중평균방법

가중평균방법은 진출 대상 시장 선정을 위하여 기업이 검토해야 할 평가기준이 많고 비교해야 할 대상 국가가 다수일 때 유용하게 사용될 수 있다. 또한 다양한 평가기준별로 상이한 가중치를 주어 개별 기업이 평가기준별로 다를 수 있는 중요도 차이를 고려할 수 있도록 하는 장점도 있다. 또한 시간과 비용이 상대적으로 적게 소요되며 손쉽게 활용할 수 있다는 장점이 있다. 그러나 단점으로는 평가에 필요한 모든 기준을 포함시킬 수 없으며 각 평가기준에 가중치를 적절하게 부여하기 어렵다는 단점이 존재한다. 왜냐하면 가중치 결정은 다분히 주관적으로 이루어질 가능성이 높으며, 모든 가중치의 합이 1(또는 100%)이 되어야 하기 때문에 평가기준이 많아질수록 개별평가

기준들에 대한 가중치 선정에 한계를 가지기 때문이다.

이러한 가중평균방법의 활용 사례를 들어보면 다음과 같다. 다음의 표는 특정 기업이 3개의 진출 대상 국가를 비교하기 위하여 A부터 F까지 총 6개의 평가 항목을 대상으로 평가 항목별 가중치를 아래 셀(cell)과 같이 각각 부여하고 3개의 진출 대상 국가를 평가하는 방법을 보여주고 있다. 이때 주의해야 할 것은 모든 가중치의 합은 항상 1(100%)이 되도록 해야 한다는 것이다.

또한 평가 항목별 점수 부여는 일반적으로 5점 척도(Likert 5 point style)로 평가하거나 0점에서 100점까지 평가점수를 부여하도록 하는 방법을 활용한다. 다음 사례가 만약 5점 척도로 평가하도록 한 경우라면 만점은 당연히 5점이 되며, 평가결과 국가 1은 3.7점, 국가 2는 2.2점, 국가 3은 3.9점으로 나타난 것을 볼 수 있다. 이 평가결과에 따르면 국가 3이 진출 대상 시장으로 가장 적합하며, 국가 2가 가정 적합하지 않은 것으로 평가할 수 있다.

그러나 평가결과를 분석할 때 가장 염두에 두어야 할 것은 평가결과가 절대적으로 신뢰할 수 있는 수학적 정확성과 확실성을 보장하는 것이 아니라는 것이다. 따라서 이 평가결과를 의사결정 과정에 활용할 수는 있으나, 절대적으로 신뢰하여 의사결정을 수행해서는 안 된다.

표 5-2 가중평균법 활용 사례

평가항목	가중치	국가 1	국가 2	국가 3
A	0.2	4	2	3
B	0.1	5	3	3
C	0.2	3	3	4
D	0.3	4	2	5
E	0.1	3	2	4
F	0.1	3	1	3
총점	1	3.7	2.2	3.9

* 각 평가 항목에 대한 척도 : 1(매우 낮음)-3(보통)-5(매우 높음)

(3) 포트폴리오 방법

포트폴리오(Portfolio) 방법은 2~3개의 평가기준(차원)을 몇 개의 집단(고-저 또는 고-중-저 등)으로 분류하고 이들을 매트릭스 형태로 조합하여 각 셀 단위로 진출 대상 국가를 분류하여 평가하는 방법을 의미한다. 포트폴리오 방법은 다양한 평가기준을 종합적으로 고려하여 진출 대상 국가를 평가할 수 있기 때문에 상당히 포괄적으로 대상 국가의 환경을 종합평가할 수 있다는 장점이 있다. 그러나 기업 내·외부 환경에 대한 방대한 자료를 수집해야 한다는 단점이 있다.

일반적으로 포트폴리오 방법은 BCG(Boston Consulting Group) 매트릭스(성장률과 상대적 시장점유율)나 McKinsey의 GE 매트릭스(산업매력도-경쟁위치)의 개본 개념을 활용하여 구성되며, 이 중 몇 가지를 살펴보면 다음과 같다.

하렐과 키퍼(Harrell and Kiefer)[3]는 국가 매력도(country attractiveness)와 기업 경쟁력(company strength)이라는 두 가지 기준으로 진출 대상 국가를 구분하고자 하였다. 국가 매력도는 시장잠재력과 위험요인을 동시에 고려한 것이다. 시장잠재력은 인구 규모, 경제 성장률, 실질 GNP, 1인당 국민소득, 인구분포, 생산 및 소비패턴 등으로

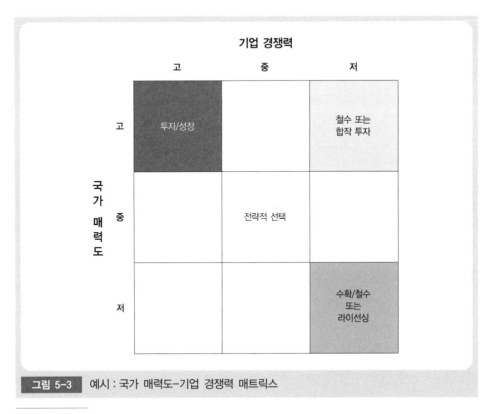

그림 5-3 예시 : 국가 매력도-기업 경쟁력 매트릭스

3) Harrell. G. D. and R. O. Kiefer(1993), "Multinational Market Portfolio in Global Strategy Development", International Marketing Review, Vol.10 No.1

구성되며 위험은 정치적 위험, 재무적 위험, 사업 위험 등으로 구성된다. 또한 기업 경쟁력은 해당 국가시장에서 기업의 상대적 시장점유율, 해당 국가에 대한 지식 및 경험 정도, 기업의 시장 대응능력, 경쟁기업의 경쟁력, 산업구조 등으로 구성된다.

실질적인 평가에 있어서는 이상의 구성요인들을 보다 구체화시킨 평가기준들을 선정하여 활용한다. 그리고 이들 각 평가기준에 대해 개별적으로 가중치를 부여하고 평가하여 점수화시킨다. 이후에 구성요인별로 가중평균하는 방법으로 국가 매력도와 기업 경쟁력을 각각 고-중-저의 세 가지 집단으로 구분하여 매트릭스를 구성하고 있다.

이와 유사하게 펠리츠(Perlitz)[4]는 이윤 기회와 위험이라는 두 가지 기준을 이용한

		이윤 기회		
	1	2	3	4
위험 1	스위스 미국 일본 싱가포르			
위험 2	독일 네덜란드 영국 캐나다 대만	벨기에 덴마크 스웨덴 호주 말레이시아 사우디아라비아	남아프리카공화국	
위험 3		한국	프랑스 그리스 아일랜드 이탈리아 포르투갈 스페인 콜롬비아 태국	브라질 칠레 베네수엘라 홍콩 필리핀 이집트 인도
위험 4				아르헨티나 볼리비아 멕시코 페루 이란 모로코 파키스탄 케냐

그림 5-4 예시 : 국가 포트폴리오 매트릭스

* 기준(이윤 기회/위험) : 1(매우 유리/낮음)-2(유리/낮음)-3(불리/높음)-4(매우 불리/높음)
* 각 셀의 국가명은 1985년 기준임

국가 포트폴리오 매트릭스(country-portfolio matrix)로 진출 대상 국가를 평가하는 모형을 제시하였다. 이윤 기회와 위험의 평가지표는 앞서 살펴본 시장잠재력 및 위험과 유사하다. 개별 기업이 평가한 각 국가 정보에 대한 분석결과를 매트릭스에 표시하면 진출 대상으로 고려하고 있는 국가 간 차이를 볼 수 있다. 여기서는 BCG 매트릭스의 설명 개념을 차용하여 진출 대상 국가별 위치를 파악하고자 하였다. 여기서 Star 국가는 이윤기회지수(1, 2), 위험지수(1, 2)에 해당하는 국가이며, Cash Cow 국가는 이윤기회지수(1, 2), 위험지수(3, 4), Question Mark 국가는 이윤기회지수(3, 4), 위험지수(1, 2), Dog 국가는 이윤기회지수(3, 4), 위험지수(3, 4)에 해당되는 국가를 의미한다. 따라서 해외진출 의사결정자는 이 매트릭스에 표시된 국가들의 위치를 비교해봄으로써 해외진출 대상 시장의 우선순위를 비교·분석할 수 있다.

3 해외시장 진출방식의 선택과 결정

해외시장으로 진출하려는 기업에게 어떠한 형태로 해외진출을 수행할 것인지를 결정해야 하는 것은 대단히 중요한 문제라고 할 수 있다. 해외시장 진출방식이 한 번 결정되고 나면 단기간에 변경하는 것이 쉽지 않으며 대규모 경영자원이 투입될 가능성도 매우 크기 때문에 충분한 사전검토와 신중한 전략적 선택을 수행해야 한다. 전략적으로 잘못된 진출방식을 선택하게 되면 진출방식 선택의 잘못으로만 끝나는 것이 아니라 해외진출 자체가 실패로 끝날 수 있다. 이에 따라 해당 시장에서 기대할 수 있는 추가적인 이익 기회를 장기적으로 상실할 수 있다. 그리고 향후 다른 진출방식으로 재진출을 시도한다 하더라도 해당 해외시장에 형성된 부정적인 이미지를 극복하기 힘들게 된다.

1) 해외시장 진출방식의 종류

기업이 해외진출을 수행하는 데 있어 선택할 수 있는 가장 보편적인 형태는 기본적으로 수출(export), 계약 형태(contractual mode), 직접투자(foreign direct investment) 등 세 가지 형태라 할 수 있다.

---

4) Perlitz, M.(1985), "Country-Portfolio Analysis : Assessing Country Risk and Opportunity", *Long Range Planning*, Vol. 18 No. 4.

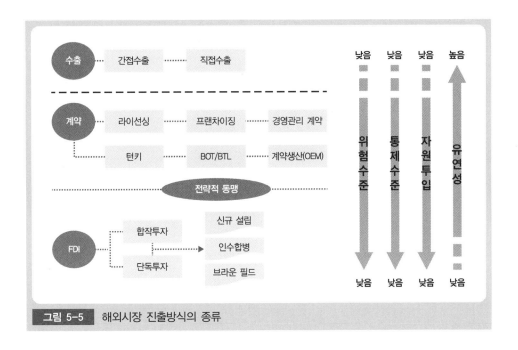

그림 5-5 해외시장 진출방식의 종류

수출방식에는 간접수출과 직접수출로 다시 구분할 수 있으며, 계약형태에는 라이선싱(licensing), 프랜차이징(franchising), 계약생산(OEM), 턴키(turn-key)계약 등 각종 계약방식 등이 포함된다. 마지막으로 직접투자는 현지시장에서 직접 생산 활동을 수행하는 것으로 소유권 방식에 따라 단독투자(wholly owned subsidiary)와 합작투자(joint venture)로 나눌 수 있다. 또 설립방식에 따라 신규설립(green field), 인수·합병(M&A), 브라운필드(brown field) 방식으로 나눌 수 있다.

(1) 수출

수출방식은 기업의 해외진출 방법으로 가장 오래되고 기본적인 방법으로 국내 수요의 한계(유효 과잉생산), 상대적으로 우수한 해외시장 경쟁조건 등이 수행 동기가 된다. 수출방식의 선택은 기업 목표, 여유자원, 위험 정도, 해외시장 규모, 제품 특성 등 기업의 내·외적 요인을 고려해야 한다. 해외시장 탐색 기회를 제공하여 해외시장 정보 및 경험 축적에 유용한 전략적 중요성을 제공해준다.

간접수출방식은 수출업자, 수출대리상, 수출조합 등 제3자를 통해 수출하는 방식이며 해외진출 방식에서 가장 간편하고 기본적인 방식이라 할 수 있다. 장점으로는 수출에 대한 전문적 지식이나 경험이 부족하여도 무방하며, 수출시장 관리에 대한 부담이 없으며, 기업 규모나 시장 규모, 수출액, 수출 횟수에 관계없이 선택이 가능하다는 점이다. 반면에 단점으로는 수출 활동에 대한 직접통제가 불가능하여 창의적·능동적 수출행위에 제약이 있으며, 해외시장 기반구축과 정보 습득 및 경험 축적에 어려움이 있다. 또한 수출 위탁업체와의 이해와 상충될 위험이 존재하며, 수출 이후 사후 서비스와 해외 활동에 필요한 인력개발에 어려움이 있다.

이에 반해 직접수출방식은 수출 관련 업무(해외시장조사, 해외고객 접촉, 가격, 유통경로, 촉진방법 등)를 기업 스스로 수행하는 방식으로 기업 자체적으로 수출전담부서 및 인원 확충이 필요하다. 간접수출방식이 가질 수 없는 단점을 극복할 수 있다는 장점이 있으나, 간접수출방식에 비해 비용 및 자금 부담이 커진다는 단점이 있다.

(2) 계약 형태

계약 형태의 해외시장 진출방식은 해외시장에 기업의 기술이나 무형자산, 인력 등을 이전해주는 계약관계를 통하여 목표시장에 진출하는 방식이다. 기본적으로 기술이나 특허 등 기업의 노하우를 이전해주고 이에 따른 대가를 획득하는 거래이므로 부수적으로 수출 활동 등이 포함될 수도 있다. 계약 형태 진출방식의 대표적 유형에 대해 간단히 살펴보면 〈표 5-3〉과 같다.

(3) 직접투자

직접투자방법은 해외진출방법으로 해외시장 개입 및 몰입 정도가 가장 높으며, 위험 정도도 가장 높은 방법이다. 직접투자의 동기로는 시장 추구, 생산 효율성 추구, 자원 추구, 지식 추구, 선도기업/고객 추종, 규제 회피 등을 살펴볼 수 있다. 그리고 소유방식에 따라 단독투자와 합작투자 분류할 수 있고 설립방식에 따라 신규설립(green field), 인수·합병(M&A), 브라운 필드(brown field) 방식으로 나눌 수 있다.

합작투자방식은 각종 경영자원을 다른 국가기업(현지기업)과 공통 투자하는 방식을 의미하며 일반적으로 소유권 비율에 따라 소수지분(Minority, <50%), 동등지분(Equal, 50% : 50%), 다수지분(Majority, >50%) 등으로 나눌 수 있다. 경영 통제권 행사는 자사가 제공하는 각종 역량 또는 소유권 비율에 의존하는 것이 일반적이나 다수 지분소유가 보다 많은 통제권 행사를 항상 보장하지는 않는다. 일본 기업들의 경우 합작투자

표 5-3 계약형태의 해외진출방식

	정 의	내 용
라이선싱	특정 기업이 소유한 특허권, 상표권 등의 지식재산권이나 노하우를 타 기업이 특정 지역 내에서 일정 조건하에 활용할 수 있도록 권리를 부여하고 반대급부로 로열티 등 각종 대가 지불을 약정	• 라이선싱을 이용하여 별도의 투자 없이 수익 창출이 가능 • 라이선시에 원료, 중간재 등의 확보로 추가 이익 창출가능 • 라이선시가 사용 중 개발한 관련기술의 흡수도 가능 • FDI에 비해 적은 위험으로 빠른 해외진출 가능 • 라이선시를 통한 해외시장지식 및 자사 제품 잠재력 평가가능 • 공여 기술 및 노하우 보호 어려움 / 잠재적 경쟁자 육성 가능성 • 현지시장 규모가 적거나 FDI 여력이 부족한 소규모 기업에게 유리
프랜차이징	사업 가능한 상표나 상호의 사용권을 타 기업에게 부여하고 반대급부로 원료, 부품, 서비스 등 최종 제품의 중요 성분을 지속적으로 일괄 공급하고 판매 권리를 인정해주는 계약방식	• 프랜차이징은 기본적으로 마케팅 관련 계약 • 계약을 통해 수직결합조직과 유사한 형태 : 상호의존과 협력 • 성공을 위해 제품/서비스 표준화와 브랜드 인지도가 높아야 함
계약 생산 (OEM)	기존 제조업체에게 계약조건에 따라 제품을 생산하도록 허용하는 반면, 현지의 마케팅 활동은 기업이 직접 수행	• 해외 생산에 필요한 시설투자 없이 해외투자의 이점을 가짐 • 계약생산에 따른 적정 기업을 찾기 어려움 : 제조 능력, 품질기준, 규모 등 • 생산보다는 마케팅에 강점을 두는 기업의 해외진출에 적합
BOT (Build-Operate-Transfer)	공장이나 설비를 건설하여 일정 기간 동안 투자기업이 직접 운영함으로써 투자비 및 이익을 회수한 이후 현지정부나 기업에게 운영권 및 시설 전체를 이전하는 사업방식	• 개발도상국의 사회간접시설에 주로 적용됨 • 실제 운영기간 동안에 수요 증가에 따라 추가적인 이익 기회 제공 • 투자회수 기간이 장기로 각종 사업 위험에 노출될 가능성 큼
턴키	특정 기업이 외국 고객으로부터 공장, 시설물에 대한 설계 및 건설을 발주받아 시행하고 시운전이 성공리에 끝나 단계에서 운영권을 인계하는 방식	• 턴키 계약으로 추가 수출기회 가능 • 대규모 산업시설, 첨단산업시설 등의 수출

기업들에 비해 상대적으로 높은 기술력을 보유하고 이를 제공하는 조건으로 소수지분 방식으로 합작투자를 수행한다. 그러면서 합작투자기업에 상대적으로 높은 통제권을 발휘하는 경우를 살펴볼 수 있다.

합작투자방식의 장점으로는 합작 파트너와의 사업 위험을 소유 지분율만큼 분담할 수 있으며, 부족한 기술이나 지식, 자원 등을 공유하여 시너지 효과를 창출할 수 있다는 것이다. 반면에 단점으로는 공동 경영방식에 따른 경영 통제권의 혼란(책임과 권한)으로 신속한 의사결정이 필요할 때 어려움이 따를 수 있으며, 합작 파트너의 기회주의 위협에 노출될 수 있고 현지 자회사의 조직통합에 의한 어려움이 있을 수 있다.

단독투자방식은 현지투자 및 생산을 진출 기업 100% 스스로 수행하는 방식을 의미한다. 신규설립(green field)은 진출 대상 국가에 완전히 새로운 기업을 신규로 설립하는 것이며, 인수·합병(M&A)은 진출 대상 국가의 기존 기업을 매입하여 진출하는 방식을 의미한다. 그리고 브라운 필드 방식은 신규설립과 인수·합병방식의 절충적인 방식을 의미한다. 즉 최초 인수합병방식으로 진출 대상 국가의 기존 기업을 매입한 이후 해당 기업을 자신의 진출 목표에 적합하도록 신규로 기업을 설립하듯이 변형시키는 과정을 거친다.

단독투자방식의 장점으로는 경영 통제권 완전 확보로 해외 활동의 이익 독점이 가능하며 신속한 의사결정과 광범위한 해외경험과 지식 축적이 가능하다는 점을 들 수 있다. 단점으로는 단독투자에 따른 경제적·환경적·법적 등 제반 위험을 진출 기업 단독으로 감당해야 한다는 점을 들 수 있다.

표 5-4 신규설립과 인수·합병방식의 장단점 비교

	신규설립	M&A
장 점	• 모기업과의 융화 수월 • 투자금액 결정 자유 • 기업 통제의 용이	• 신속한 사업 수행 • 인력, 기술, 노하우 흡수 • 유통망 및 현지 신뢰 확보
단 점	• 브랜드, 영업기반 • 구축에 장시간 소요 • 인재 확보의 어려움 • 현지기업과의 마찰	• 거액의 인수자금 확보 • 기존의 문제점 해결 필요 • 이질적 문화적응 • 매입가격 산정의 어려움

2) 해외시장 진출방식 결정요인

일반적으로 해외시장 진출 초기에 큰 위험부담 없이 선택할 수 있는 진입방식은 수출방식이라 할 수 있다. 처음부터 대규모 경영자원의 투입이 필요한 직접투자방식을 무리하게 선택할 경우 예상보다 시장 기회가 작거나 낯선 경영환경에 신속히 적응하지 못한다면 커다란 실패와 함께 엄청난 위험 부담을 떠안아야 한다. 그러나 경우에 따라 수출은 시장입지의 조기 구축이나 보다 큰 이익 기회를 살리지 못하는 결과를 초래할 수 있다. 마찬가지로 라이선싱 역시 자본 투입이나 정치적 위험에 대한 노출이 적어 직접투자에 비해 선호할 수 있다. 하지만 기술 유출문제나 직접 사업경영에 따른 보다 큰 향후 이익 기회의 상실이라는 기회비용을 고려한다면 현명한 선택이 아닐 수도 있다.

기업이 어떠한 형태로 해외진출을 수행할 것인가를 결정하기 위해서는 해외진출에

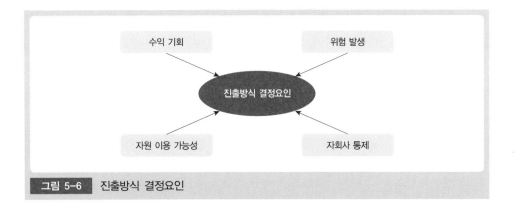

그림 5-6 진출방식 결정요인

따르는 위험과 수익에 대한 상쇄관계(trade-off)를 먼저 따져보아야 할 것이다. 합리적 기업이라는 가정에 의하면 기업의 목적은 일반적으로 일정한 수익이 주어질 때 위험을 최소화해야 하며, 일정한 위험이 주어진다면 수익을 극대화해야 한다고 설명하고 있다. 또한 기업의 해외진출에 있어 어떠한 진출방식을 선택하는가는 기업의 경영자원 이용 가능성과 해외경영 활동에 따른 통제 요구에 의해서도 영향을 받게 된다. 기업의 경영자원 이용 가능성이란 특정한 해외시장에 제품이나 서비스를 공급하는 데 필요한 재무적 자원과 기술지식, 경영인력 등을 의미한다.

해외경영 활동에 대한 통제는 기업이 특정 해외시장에 본사의 의사결정 영향력을 미치려고 하는 정도를 의미한다. 통제는 일반적으로 소유권 비율에 비례하는 경향이 있다. 소유권 비율이 높아지면 자원의 투입이 증가됨을 의미하므로 의사결정에 대한 책임도 그만큼 커진다는 위험도 더 많이 부담하게 된다.

따라서 기업이 선택하는 해외시장 진출방식은 위험과 수익 및 경영자원의 이용 가능성과 통제라는 네 가지 요소 간의 상쇄관계에서 결정된다고 볼 수 있다.

4 해외시장 진출의 4단계

국내경영에 머물고 있던 기업이 해외진출을 수행하는 것은 어떻게 보면 대단한 모험을 감행하는 것이라 할 수 있다. 그 이유는 해외진출에 나서는 기업은 소위 외국비용(costs of foreignness)을 부담해야 하기 때문이다. 외국비용이란 기업이 익숙한 국내시장 환경이 아닌 전혀 새로운 해외시장 환경에서 기업을 새롭게 경영하게 됨으로써,

현지국가의 기업은 부담하지 않아도 되지만 외국 기업이기 때문에 부담해야 하는 추가적인 비용을 의미한다.

실제로 우리나라 기업이 중국에 새롭게 진출하여 경영 활동을 수행하는 경우에 중국 현지기업과는 달리 중국시장의 수요 패턴이나 법제도, 상거래 관행 등을 파악하기 위해서는 추가적인 비용을 지출해야 한다. 따라서 이러한 외국비용의 존재 때문에 기업의 해외진출에는 일반적으로 일정한 단계가 있는 것으로 인식되고 있다. 이에 본 절에서는 이러한 기업의 해외진출 단계들을 고도화시키는 자극요인들과 각 단계별로 중요한 의사결정 사항들이 무엇인지에 대해 살펴보고자 한다.

1) 해외시장 진출 1단계 : 기업 해외진출의 시작

(1) 자극요인

기업의 해외진출은 외국비용의 존재 때문에 이를 충분히 상쇄시킬 수 있을 만한 자극요인이 존재할 때 해외진출 의사결정이 이루어지게 된다. 기업의 해외진출을 자극하는 이러한 요인들로는 국내시장에서의 공급 과잉, 기업 내부자원의 과잉 보유, 고객의 해외진출, 지역 다각화 전략을 통한 위험의 분산 필요, 보다 유리한 조건의 원재료 및 부품 조달 기회 인식, 해외 경쟁기업의 국내시장 진출, 급격한 기술 변화, 정부의 지원 등을 들 수 있다.

그러나 이러한 요인들에 의해 해외진출을 처음 시도하게 되는 기업들이라 할지라도 해외로 진출할 때에 부담해야 하는 외국비용을 조금이라도 줄이는 데 많은 관심을 갖게 마련이다. 해외진출 경험이 많은 기업은 축적된 해외진출 경험을 이용하여 다른 새로운 국가에 진출할 때 외국비용을 줄일 수 있는 다양한 방법을 검토할 수 있겠다. 하지만 해외진출 경험이 전혀 없는 기업의 경우에는 고려할 수 있는 방법이 제한적이거나 전혀 없을 경우가 있다.

처음으로 해외시장에 진출하는 기업들은 외국비용을 줄이기 위하여 기존에 취급하던 제품이나 서비스에 큰 변화 없이 원형대로 판매할 수 있는 해외시장을 우선적으로 검토할 수 있다. 즉 기업은 해외시장들 중에서 현재 자신이 취급하고 있는 제품이나 서비스와 동일하거나 유사한 유형을 수요할 수 있는 시장을 선택하여 진출하는 것이 유리하며 시장의 특성도 가급적이면 국내시장과 유사한 시장을 선택하는 것이 좋다.

왜냐하면 추가적인 비용이나 노력 없이 진출할 수 있는 시장이 어쩔 수 없이 발생하게 되는 외국비용을 조금이라도 줄여줄 수 있기 때문에 최초의 해외진출 대상 시장으로 적합하기 때문이다.

(2) 주요 의사결정 사항

해외진출 1단계에서 기업이 결정해야 할 중요 의사결정 사항들은 진출시장의 선택, 해외진출 타이밍과 속도 그리고 진출방식의 결정 등이다. 이 중 진출시장의 선택과 진출방식의 결정 등 두 가지 문제에 대해서는 다음 절들에서 보다 상세히 다룰 것이므로 본 부분에서는 생략하고 여기서는 해외진출 타이밍과 속도에 대해 살펴보기로 한다.

기업은 단기간에 여러 나라의 시장으로 동시에 진출할 수도 있고 한 시장씩 시간 차이를 두고 점진적으로 진출할 수도 있다. 이러한 해외진출 타이밍과 속도에 영향을 미치는 요인들로는 기업이 공급하는 제품과 서비스의 판매 성장 형태, 각 시장에서의 수요 성장률, 판매의 안정성, 경쟁기업의 반응, 파급 효과, 제품 및 서비스의 변화가 필요한 정도, 해외경영 활동에 대한 통제 욕구, 기타 제약조건들을 들 수 있다.

기업에서 공급하는 제품 또는 서비스가 해외진출 초기에는 약간의 시장 개척비용만 투입하여도 판매를 대폭적으로 신장시킬 수 있다. 하지만 일정기간이 경과하여 일정 수준 이상의 판매가 이루어지고 나면 동일한 시장 개척비를 투입하여도 판매 성장률이 현격히 떨어지는 경우에는 단기간에 여러 나라의 시장으로 동시에 진출하는 것이 유리할 수 있다. 이는 제한된 시장 개척비용을 다양한 시장에 투입하여 보다 큰 효과를 볼 수 있기 때문이다.

반면에 기업이 공급하는 제품의 판매가 진출 시장에서 일정 수준 이상으로 성장하기 위해서 장기간에 걸쳐 많은 자원을 투입해야 하는 경우에는 제한된 자원을 소수의 시장에 집중해야 큰 효과를 볼 수 있다. 그러므로 주요 목표시장에 대한 우선순위를 두고 한 시장씩 시간 차이를 두고 점진적으로 진출하는 것이 보다 유리할 수 있다.

또한 기업이 공급하는 제품이나 서비스에 대한 수요가 해외 각 시장에서 빠른 속도로 증가하고 있다면 해당 기업은 해외진출 속도를 조금 느리게 수행해도 된다. 그러나 해외 각 시장에서의 수요 성장률이 늦다면 해외진출 속도를 빠르게 하여 동시에 많은 시장지역에 진출하는 것이 유리할 것이다. 이는 개별 시장에서의 수요 성장률은 낮지만 동시에 진입한 시장 지역에서의 전체 수요 합계는 빠르게 증가할 수 있기 때문이다.

이 밖에도 기업의 해외진출 속도에 영향을 미치는 요인들로 기업의 투입 가능한 국제 경영자의 수, 재무적 자원의 제약과 진출 대상국의 법이나 제도 등도 생각해볼 수 있다. 가령 기업 내부에 국제 경영자의 수가 적다면 해외진출 속도를 늦추어야 할 것이며, 재무적 자원의 제약이 강할수록, 진출 대상국의 법과 제도가 본국과 상이할수록 해외진출 속도를 늦추어야 한다.

2) 해외시장 진출 2단계 : 현지시장의 적응

(1) 자극요인

기업의 첫 단계 해외진출이 완료되면 기업의 해외진출을 보다 가속화시키는 자극 요인들이 발생하게 된다. 우선 새로운 시장에 보다 깊숙이 침투하기 위한 제품/서비스의 현지 적응과 현지시장에 적합한 신제품 개발 문제가 발생한다. 1단계에서는 외국비용의 최소화를 위하여 기존 제품/서비스를 큰 변화 없이 적용하려고 시도했지만 이 단계에서는 새로운 시장에서 기존의 현지 경쟁기업들과의 경쟁에 보다 효율적으로 대처하기 위하여 현지 적응이 불가피해지기 때문이다.

또한 첫 단계 해외진출이 완료되면 현지 경영층의 동기부여를 위한 다양한 인센티브 제도를 고려해야 한다는 문제도 발생한다. 이 또한 현지 경쟁기업들과의 효율적인 경쟁을 위하여 현지 수요를 잘 이해하고 현지 경영에서 우수한 측면을 이끌어내기 위하여 현지 경영층을 보다 효과적으로 이용해야 하기 때문이다. 이때 주의해야 할 것은 본사에서 파견한 직원과 현지 경영층과의 조화 문제를 세밀히 고려해야 한다는 것이다.

마지막으로 현지시장에 이미 투입한 제반 경영자원을 보다 효과적으로 이용하는 문제도 검토해보아야 한다. 이는 현지시장에서의 효율적인 경쟁은 추가적인 경영자원의 투입 없이 기업이 이미 투자한 제반 경영자원들을 보다 효과적으로 활용하여 수행되어야 하기 때문이다.

(2) 주요 의사결정 사항

해외진출 2단계에서 기업이 수행해야 할 주요 의사결정 사항들로는 이미 진출한 시장에서 지속적인 성장을 모색하기 위하여 새로이 도입할 제품이나 제품라인을 결정하거나 이미 도입된 제품을 현지 수요에 적합하게 변경하는 문제들을 검토해보아야 한다.

먼저 해외 직접투자를 통하여 현지에서 제품이나 서비스를 생산하는 경우에는 현지 시장에 적합한 새로운 제품이나 서비스를 완전히 새롭게 개발하는 것보다는 범위의 경제(economies of scope)를 이용하기 위하여 기존에 다른 해외시장에서 이미 생산 중에 있는 제품을 현지에서 생산하여 판매하는 문제를 우선적으로 검토해야 할 것이다. 예를 들어 현대자동차는 엑셀의 수출로 미국시장에 진출하였다. 엑셀의 미국시장 진출은 현대자동차의 미국시장 개척에 커다란 성공을 가져다주었으며 미국의 수입차 중에서 진출 첫 해에 가장 많이 팔린 수입차로 기록되기도 하였다. 이후 현대 자동차는 엑셀의 성공을 발판으로 소나타, 엘란트라 등을 순차적으로 미국시장에 수출하였다.

결론적으로 이러한 현대자동차의 미국시장 진출 전략은 큰 성공을 거두었다고 볼 수는 없지만 제품라인의 확대를 통해 범위의 경제를 활용하려는 시도는 긍정적으로 평가할 수 있다. 만약 현대자동차가 엑셀 다음에 소나타가 아니라 엘란트라급의 자동차로 미국시장을 공략하였다면 해외진출 2단계 전략이 성공하였을 가능성이 크다.

이렇듯 범위의 경제를 이용하기 위한 제품라인의 확대가 지나치게 비약되어 실패한 사례는 애플 컴퓨터에서도 살펴볼 수 있다. 애플 컴퓨터는 애플 PC의 도입 성공을 바탕으로 가격이 월등히 비싼 리사 기종을 시장에 출시하였다. 그러나 시장은 이러한 비약적인 제품라인 확대를 받아들일 준비가 되어 있지 않아 결과적으로 리사 기종은 시장에서 실패하게 되었다. 이후 애플 컴퓨터는 리사 기종보다 저렴한 매킨토시 기종을 시장에 내놓음으로써 실패를 만회할 수 있었다.

반면에 제품라인의 점진적인 확대를 통하여 시장에 안착한 경우로 혼다를 살펴볼 수 있다. 혼다는 미국시장에 오토바이로 진출한 이후 혼다 시빅이라는 소형 자동차를 도입했다. 이후 시빅의 성공을 바탕으로 한 단계 위인 혼다 어코드를 미국시장에 출시하여 성공하였다.

이미 도입된 제품을 현지 수요에 적합하게 변경하기 위한 방법으로 제품 자체는 그대로 두되 유통경로나 목표 소비층 등을 보다 현지 수요에 적합하게 변경하는 방법이 있다. 또 유통경로나 목표 소비층 등은 그대로 유지하는 대신에 제품을 현지 수요에 보다 적합하게 적용하는 방안을 검토해볼 수 있다. 그러나 이러한 두 가지 방법이 모두 불가능하다면 현지시장에 적합한 신제품 개발을 모색해야 한다.

3) 해외시장 진출 3단계 : 글로벌 네트워크의 조정과 통합

해외진출 3단계는 기업이 범세계적인 차원에서 경영활동을 통합·조정함으로써 시너지를 극대화하고 글로벌 시장차원에서 학습된 시장지식을 자신의 해외조직 전체에 확산시키는 것을 의미한다. 이는 해외진출 2단계에서 현지에 적용하고 경쟁을 효율적으로 수행하기 위해 각각의 해외시장에서 현지적응과 범위의 경제를 이용하려던 노력이 일정 기간 경과 이후에는 여러 가지 부작용을 발생시킬 수 있기 때문이다.

(1) 자극요인

기업이 범세계적 차원에서 시너지를 감안하지 않고 개별 해외시장에 적합하게 자회사를 배치하여 독립적으로 운영하다 보면 경영 노력의 중복과 비용 증가가 발생하게 된다. 예를 들어 멕시코에 투자하여 북미대륙 전체를 수용할 수 있음에도 불구하고 멕시코와 미국에 별도의 자회사를 설립하여 운영한다면 경영 노력의 중복과 규모의 불경제(비경제적 규모) 때문에 경쟁자에 비해 원가 등 경쟁우위 측면에서 불리한 위치에 놓일 수밖에 없게 된다. 특히 WTO나 지역 공동체, FTA 등 자유무역을 확대시키는 요인들의 영향으로 인해 글로벌 차원에서 경영 전략을 추진하는 글로벌 기업들이 늘어남에 따라 글로벌 시장에서의 조정과 통합 노력은 해외진출을 수행하는 기업들에게 매우 중요한 사항이 되고 있다.

또한 범세계적으로 동일한 요구를 가진 소비자의 등장으로 인해 글로벌 차원에서 표준적인 가격, 품질, 규격을 갖춘 제품과 서비스를 운영해야 할 필요성이 높아지는 것도 글로벌 시장 차원에서의 조정과 통합 노력에 주의를 기울여야 하는 또 하나의 요인이 되고 있다.

(2) 주요 의사결정 사항

생산을 비롯한 경영 활동 전반의 글로벌 조정과 통합에 성공하려면 본사에 의한 중앙집권적 통제구조를 확립해야 한다. 본사는 자회사에 관한 정보와 환경변화에 관한 상세한 정보를 보유하고 있어야 한다. 또한 환경변화에 따라 본사, 자회사, 지사 등으로 구성된 자신의 글로벌 네트워크를 효율적으로 조정·통합해야 한다. 규모의 경제와 범위의 경제를 범세계적 차원에서 이용하기 위해서도 중앙집권적 통제가 불가피하다. 범세계적 차원에서 최적의 경영 활동 시스템을 구축하기 위해서는 본사가 각 자회사들에게 수행할 임무를 부여해야 하며 각 자회사는 글로벌 네트워크 전체의 효율성 제고를 위하여 주어진 임무를 성실히 수행해야 한다.

이때 본사가 내려야 할 주요한 의사결정 사항으로는 조사개발, 생산, 마케팅 등 경영 활동의 조정과 통합, 제품별 경영 활동의 단계별 통합, 제품 등 경영 활동의 범세계적 표준화 등이다. 이러한 활동의 좋은 예로 미국 제록스 사의 조사개발 활동을 들 수 있다. 제록스는 범세계적 차원에서 조사개발 활동을 최적화하기 위하여 대형 복사기의 조사개발은 대형 복사기에 대한 수요가 많은 미국 본사가 담당하고, 중형 복사기에 대한 조사개발은 중형 복사기에 대한 수요가 많은 유럽 자회사에게 맡겼다. 소형 복사기에 대한 조사개발은 소형 복사기에 대한 수요가 많은 일본 자회사에 일임하였다.

이와 같이 조사개발 활동을 범세계적으로 조정·통합시킴으로써 제록스는 범세계적 차원에서 규모의 경제와 범위의 경제를 이용할 수 있는 발판을 마련하였다. 또한 생산 역시도 소형 저가 제품은 동남아 자회사에서, 대형 고가 제품은 북미 본사에서 맡는 식으로 조정과 통합 전략을 구사하였다.

4) 해외시장 진출 4단계 : 글로벌 네트워크 학습체제 구축

(1) 자극요인

해외진출 3단계에 성공한 기업들은 범세계적인 규모의 경제와 범위의 경제를 이용할 수 있다는 장점에도 불구하고 중앙집권적 통제에 따르는 글로벌 네트워크 자회사들의 사기 저하와 혁신의욕 상실이라는 문제에 직면하게 된다. 이러한 문제에 대한 해결을 위하여 3단계 해외진출에 성공한 기업들은 어떻게 하면 해외 자회사와 계열회사들(affiliate companies)로 이루어진 자신의 글로벌 네트워크 내에서 역량을 찾아내고 이를 활용할 수 있느냐에 관심을 집중시켜야 한다. 기업들이 글로벌 네트워크 내에 있는 일련의 역량을 찾아내고 활용하기 위한 방안으로서 본사의 글로벌 역량을 강화시키는 데 필수적이며 전략적으로 중요한 역할을 수행할 수 있는 해외 자회사를 발굴하여 이

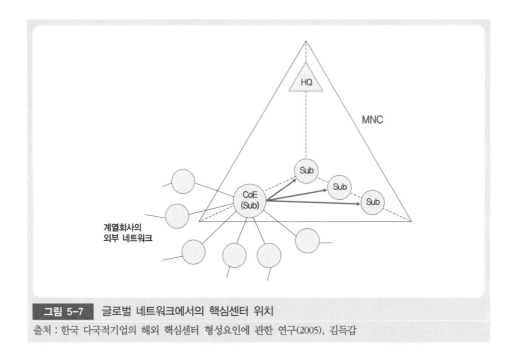

그림 5-7   글로벌 네트워크에서의 핵심센터 위치

출처 : 한국 다국적기업의 해외 핵심센터 형성요인에 관한 연구(2005), 김득갑

를 핵심센터(Center of Excellence, CoE)라는 새로운 메커니즘으로 활용하도록 노력해야 한다는 것이다.

핵심센터란 기업의 글로벌 네트워크 내에서 폭넓게 사용되는 특별한 역량(특유 우위)을 보유하면서 본사의 전략적 파트너 역할을 수행할 수 있는 해외 자회사를 지칭한다. 이러한 핵심센터의 요건은 ① 해당 자회사가 특정 사업 분야나 지역에서 독특한 경쟁우위(역량)를 갖추고 있고, ② 기업 내 타 조직들(본사, 사업부, 자매 자회사)이 자회사의 역량을 우월하다고 인정하며, ③ 다른 조직들이 해당 자회사의 우월한 역량을 학습하여 활용해야 한다는 세 가지가 필요하다. 여기서 우월한 역량과 본사의 인정은 필요조건이지 충분조건은 아니다. 글로벌 네트워크 내에서 다른 자회사들이 핵심센터 역할을 수행하는 자회사의 우월한 역량을 학습하여 실제로 활용할 수 있어야 한다는 것이 핵심센터의 결정적인 요건이다.

이러한 핵심센터의 역할을 강조하는 관점은 기존의 다국적기업 글로벌 네트워크를 설명하던 본사 중심의 글로벌 네트워크 관점과는 다른 이질적 위계 조직의 글로벌 네트워크 관점이라 할 수 있다.

표 5-5 글로벌 네트워크 관리에 대한 두 가지 관점

	본사 중심의 글로벌 네트워크 (Home-based Global Network)	이질적 위계조직의 글로벌 네트워크 (Heterarchical Global Network)
관점	'중심-주변부' 관점 ('central-periphery' view)	'복수센터 구조' 관점 ('multi-center structure' view)
해외 자회사에 대한 인식	• 본사가 가장 잘 안다는 본사 중심적 시각 • 모든 해외 자회사는 본사에 종속된 위계조직(hierarchy) • 본사에 의사결정권한 집중 • 해외 자회사는 본사의 대리인 • 통제 관심은 본사가 해외 자회사를 어떻게 관리하느냐에 집중	• 이질적 위계조직 또는 차별화된 네트워크 조직 • 여러 개의 본사가 존재 가능 • 해외 자회사가 다양한 핵심적인 역할 수행 • 해외 자회사는 글로벌 네트워크의 공헌자 역할 • 해외 자회사 경영자의 적극적인 주도권 행사

출처 : 한국 다국적기업의 해외 핵심센터 형성요인에 관한 연구(2005), 김득갑

(2) 주요 의사결정 사항

세계 경제의 글로벌화가 진전되면서 다수의 기업들이 해외로 활발히 진출한 결과 해외 자회사 수가 크게 증가하고 있다. 기업 글로벌 네트워크의 경쟁우위는 전 세계에 흩어져 있는 자산과 지식을 얼마나 잘 습득하고 활용할 수 있느냐 하는 능력에 좌우된다. 해외 자회사가 특화된 우위를 갖고 있지만 본사나 다른 조직들이 해외 자회사 역량을 활용하는 못하거나 그대로 방치할 경우 기업의 글로벌 네트워크는 외국비용을 상쇄할 수 있는 경쟁우위를 확보하기 어렵다.

이에 따라 해외진출을 활발히 수행하고 있는 기업들로서도 해외 자회사 수의 증가에 따라 해외 자회사 역할의 효율적인 활용의 중요성이 날로 증대되고 있다. 기업의 글로벌 네트워크에 핵심센터 역할을 하는 해외 기업 사례들을 발견할 수 있는데, P&G(캐나다 온타리오), 에릭슨(캐나다), HP(싱가포르), 네슬레(영국), GE 조명기기(헝가리), GE 파워시스템(캐나다), 볼보자동차(벨기에), 머크(캐나다), 노키아(한국), 포드자동차(벨기에), 소니(영국) 등이다. 우리나라 기업들도 1990년대 이후 해외진출이 크게 증가하면서 태평양 프랑스법인, 한라공조 캐나다법인, 현대자동차 미주법인, 삼성전자 유럽법인 등이 핵심센터 역할을 수행하고 있다.

핵심센터는 기업의 글로벌 네트워크에서 지식 흐름의 허브(hub) 역할을 하는데, 이는 외부 네트워크를 통해 현지에서 획득하고 개발한 지식(역량)을 회사 내부 네트워크를 통해 본사와 다른 조직들에게 전달하는 창구 역할을 한다는 뜻이다. 핵심센터 역할

을 하는 자회사는 경영 성과가 우수할 뿐만 아니라 기업의 글로벌 네트워크의 경영 성과는 물론, 역량 개발에도 직간접적으로 기여하는 존재로 인식되고 있다.

그런데 해외 자회사 중에는 핵심센터 역할을 하는 자회사도 있고 그렇지 못한 자회사도 있는데, 그 이유는 무엇인가? 해외 자회사는 어떤 여건에 따라 기업 전체를 위해 가치를 창조하는 중요한 원천으로 인정받을 수 있는가? 이러한 의문을 풀려면 기업의 글로벌 네트워크에서 핵심센터가 형성될 수 있는 요인을 파악할 필요가 있다. 이는 어떻게 하면 자회사가 기업의 글로벌 네트워크 안에서 자신의 영역을 넘어 다른 조직에 가치를 제공하는 첨단역량을 개발하고 인정받을 수 있느냐를 파악하는 것을 의미한다. 핵심센터의 역할은 현지 사업 환경, 자회사, 본사라는 세 가지 요인이 자회사 특유 우위와 자회사 역량 활용에 영향을 주어 만들어지는 복잡한 상호작용의 결과로 알려지고 있다. 그렇기 때문에 최고 경영자는 이러한 세 가지 요인의 상호작용에 대해 면밀히 검토해볼 필요가 있다.

5   해외시장 진출 전략 수립을 위한 정보 수집

앞에서 살펴본 바와 같이 해외시장 진출 전략의 수립은 일반적으로 진출 여부의 결정 → 진출 대상국의 결정 → 진출방식의 선택의 과정을 거치게 된다. 이 과정에서 많은 요인과 방법을 고려하게 되며 의사결정에 필요한 정보를 여러 경로를 통하여 수집하게 된다.

우선 국내 자료원(source)으로는 국내기업의 해외진출 업무를 돕는 각 정부부처와 지원기관, 국책 및 민간연구소와 민간단체들이 제공하는 다양한 정보와 지원 서비스(그림 5-8 참조)를 적극 활용할 필요가 있다. 특히 산업통상자원부가 운영하고 있는 해외투자 정보 포털(OIS)은 국내 30개 유관기관에서 제공하는 해외진출 관련 정보를 통합하여 원스톱 제공하는 유용한 서비스이다. 이 사이트에서는 해외투자 체크리스트, 국가별 투자 실무 가이드 및 관련 법령·통계 등 해외진출 업무에 참고할 만한 정보들을 손쉽게 이용할 수 있다.

그림 5-8　산업통상자원부의 해외투자 진출 정보 포털(OIS)

출처 : http://www.ois.go.kr/

표 5-6 해외진출 업무에 자주 활용되는 국내 정보원 현황

구분	기관명	서비스명	URL	제공내용
정부기관	외교부	재외공관 홈페이지	http://www.mofa.go.kr/introduce/abroad/list/	해외입찰 정보, 경제 관련 법령
	산업통상자원부	해외투자진출정보포털(OIS)	http://www.ois.go.kr/	해외시장 정보, 해외투자 뉴스
	법제처	세계법제정보센터	http://newworld.moleg.go.kr/	세계법제 정보, 해외진출기업 관련 자료 및 업체정보
	관세청	해외통관지원센터	http://www.customs.go.kr/	해외통관 정보, 해외 관세정책 동향
	중소기업청	중소기업 수출지원포털	http://www.exportcenter.go.kr/	무역뉴스, 수출통계, 해외 조달 시장 정보
지원기관	KOTRA	글로벌윈도우 글로벌전시포탈(GEP)	http://www.globalwindow.org/ http://www.gep.or.kr/	해외경제 동향, 통상속보 해외전시 정보
	중소기업진흥공단	해외마케팅 지원사업	http://www.sbc.or.kr/	해외시장 동향, 업체 조사 등 대행
	한국무역보험공사	국외기업신용정보서비스	https://www.ksure.or.kr/	해외소재 기업의 기본 정보, 재무 정보
	한국수출입은행	해외경제연구소	http://keri.koreaexim.go.kr/	해외 시장, 산업 분석 보고서
싱크탱크	국제금융센터	세계경제동향	http://www.kcif.or.kr/	국제금융 정보, 세계경제 분석 및 전망
	산업연구원	해외산업정보	http://www.kiet.go.kr/servlet/isearch	해외산업에 대한 최신 국내외 자료
	대외경제정책연구원	Issue Papers 중국전문가포럼(CSF) EMERiCs	http://www.kiep.go.kr/	지역경제 포커스 중국권역별 기초 자료 신흥국 동향
	한국조세재정연구원	세법연구센터	http://ctla.kipf.re.kr/	주요 국조세제도, 해외조세 입법 동향
	한국노동연구원	국제노동브리프, 해외노동동향	http://www.kli.re.kr/	해외 노동시장 뉴스 및 심층 분석
민간단체	대한상공회의소	국제통상정보서비스	http://global.korcham.net/	해외시장 동향, 해외입찰 정보
	전국경제인연합회	이슈별자료-국제동향	http://www.fki.or.kr/	아시아, 신흥시장 자료 및 행사정보
	한국무역협회	해외무역정보센터	http://www.tradenavi.or.kr/	국가별 시장 정보, 해외시장보고서

표 5-7　전 세계 국가 보고서 발간 현황

발행국	기관명	자료명	국가수	발행주기	발간형태	중점 수록내용
한국	KOTRA	글로벌윈도 국가 정보	93	연간	국별 보고서	투자 무역 환경
한국	수출입은행 해외경제연구소	해외경제 투자 정보(OEIS)	197	연간	국별 보고서	국가신용도 등 투자 환경
일본	일 JETRO	국가 · 지역별 정보(J-File)	75	연간	국별 보고서	투자 무역 환경
미국	미 CIA	CIA World Factbook	200＋	연간	국별 보고서	정부조직, 경제사회지표
미국	미 상무부	Country Commercial Guides	122	연간	국별 보고서	국가 개요, 투자 무역 환경
미국	미 국무부	Background Notes	200＋	수시	국별 보고서	정치 상황, 여행주의보
국제 기구	OECD	OECD Economic Surveys	200＋	격년	국별 보고서	경제 상황 평가, 국가 이슈
국제 기구	IMF	Country Info(main page menu)	188	수시	국별 사이트	경제 전망, 금융 현황
국제 기구	World Bank	Countries(main page menu)	187	수시	국별 사이트	국가 개황, 개발지표, 프로젝트, 연구 보고서
국제 기구	World Bank	Doing Business	187	연간	국별 보고서	비즈니스 환경
국제 기구	EU	Country Profile(main page menu)	28	수시	국별 사이트	EU 회원국별 통계지표
언론사, 민간 컨설팅	BBC	Country Profile	200＋	일간	국별 사이트	국가 프로필, 뉴스, 미디어
언론사, 민간 컨설팅	EIU	Country Report	189	월간	보고서(유료)	월간 단위 국별 경제 · 정치현안 진단과 전망
언론사, 민간 컨설팅	IHS	Integrated Country Intelligence	200＋	일간	보고서(유료)	정치 · 경제 · 규제 및 국가 위험 심층 분석
언론사, 민간 컨설팅	IMD	World Competitiveness Yearbook	60	연간	보고서(유료)	국가 경쟁력, 국가위험 비교 분석
언론사, 민간 컨설팅	WEF	Global Competitiveness Report	144	연간	보고서(유료)	국가 경쟁력, 국가위험 비교분석

　그다음으로 해외시장 진출이 결정되고 진출 대상국을 선정하는 단계에 이르면 대상 후보군 국가들의 비즈니스 환경을 분석하고 비교하는 등 심층적인 검토를 하게 된다. 이 과정에서 가장 흔히 찾게 되는 정보는 대상국들에 대한 각종 국가 보고서(country report)들이다. 국가 보고서는 대부분 기업의 해외진출 업무에 참고가 될 만한 내용들이 많이 수록되어 있고 주기적으로 업데이트되고 있어 최신의 정보를 얻을 수 있기 때문에 많이 사용한다. 국가 보고서는 KOTRA나 수출입은행 이외에도 국제기구나 선진국 주요기관에 의해서도 여러 가지 명칭으로 발표되고 있으며 서로 보완적인 정보들을 얻을 수 있으므로 이를 적절히 활용할 필요가 있다.

제6장

해외시장과 직접투자

1 해외직접투자의 목적

해외직접투자를 하는 이유로는 기업의 효율성 또는 이익 극대화의 목적을 추구하는 내부적 동기와 해외의 시장 개척을 하기 위한 외부적 동기로 구분되어 설명할 수 있다. 기업의 내부적 요인에 의한 목적으로는 독점적 우위이론, 과점적 경쟁이론, 내부화 이론, 절충 이론 등이 있다. 이러한 동기는 기업 내부의 우위 요소의 존재, 과점적 균형유지를 위한 시장점유율 유지, 시장의 불완전성의 내부 흡수 등에 의해 설명되며, 이러한 내용을 모두 포함하는 절충적 관점에서 설명된다.

이에 반해 외부적 요인에 의해 해외직접투자의 동기를 설명할 수 있다. 이러한 동기는 해외시장에 생산요소를 추구하거나 활용하기 위해 해외에 직접투자를 한다. 이러한 해외직접투자의 동기로는 다음과 같이 정의되고 이 책에서는 이러한 동기를 중심으로 설명할 것이다.

- 자원 추구형(resource-seeking)
- 시장 추구형(market-seeking)
- 효율 추구형(efficiency-seeking)
- 전략적 자산 추구형(strategic asset or capability-seeking)

1) 자원 추구형 투자

다국적기업들이 해외에 투자하는 이유는 국내에서보다 더 싼 가격으로 특정 자원을 확보하여 더 많은 이득을 내거나 아니면 그 시장에서 경쟁력을 선점 또는 확대하기 위한 것이다.

다국적기업들이 자원을 추구하는 데는 다음과 같은 세 가지 이유가 있다.

① 기업 내부의 하류 부문의 제련 및 제조에 필요한 수요의 충족
② 자원을 확보하여 자국 또는 해외에 판매
③ 자국의 에너지 및 다른 자원에 대한 전략적 요구에 대응

기업 자체 수요에 의해 자원을 추구하는 형태는 예전에는 중요했지만 최근에는 석유 및 가스 등이 국유화되면서 기업 측면에서는 그 중요성이 점차 감소되고 있다. 이에 기업들은 기업 자체의 수요보다는 자원을 확보하여 다른 제품 또는 상품으로 교환

하는 형태로 전환하고 있다. 그럼에도 불구하고 금속 및 철강 부문에서 자원 추구적 투자는 여전히 매우 중요한 기업 활동으로 여겨지고 있다. 자원 추구적 투자에 대한 좋은 예로서는 최근 러시아가 가스를 증산하면서 한국의 석유 및 가스공사가 러시아에 진출한 것을 들 수 있다.

2) 시장 추구형 투자

시장 추구형 투자는 기업이 해외에 투자하여 생산한 재화나 서비스를 그 시장 또는 인근의 제3국으로 수출하기 위한 투자를 의미한다. 이에 시장 추구형 투자는 생산 활동의 상류 부문보다는 하류 부문에 집중적 투자가 이루어지는 것이 일반적이다. 이러한 투자를 선호하는 기업은 대부분 상류 분야에서 경쟁력을 가진 기업들로, 해외투자에 의한 시장지배력을 확대해나가는 데 목적을 두는 경우가 많다. 예를 들면 러시아의 석유회사가 해외에 석유 정유 및 가공회사를 설립하여 그 나라의 소비자들에게 판매하는 형태가 있다. 시장 추구형 투자에 의한 생산 활동이 늘어나면 수직적 경영 활동이 확대되고 이에 제품 생산의 다각화 현상이 나타나게 된다.

대부분의 경우 시장 추구형 해외투자는 다국적기업들이 특정 국가로 수출을 하다가 관세 또는 비관세 장벽이 너무 높아 직접투자로 대체하는 것을 의미한다. 실제로 1939년 영국의 다국적기업의 94%가 수출을 하던 지역 또는 국가에 직접투자로 대체했다.

시장 추구형 투자는 기존의 시장을 유지·보호하거나 새로운 시장을 개척하려는 유인이 강하다. 즉 시장 추구형 투자를 하기 위해서는 우선 투자하려는 나라에 강한 소비수요가 있어야 한다. 가령 최근 중국의 내수시장이 커지면서 내수시장에 대한 판매가 증가함에 따라 내수소비가 급증하였다. 중국 내수소비의 급증은 많은 다국적기업들로 하여금 중국 시장으로 진출을 유인하였다.

시장 추구형 투자를 할 경우 다국적기업은 그 지역이나 나라의 소비자 취향과 필요에 부합하는 제품을 생산해야 한다. 이와 더불어 언어, 상관습 등 모든 부문의 경영 현지화를 이루어야 한다. 무엇보다도 시장 추구형 투자를 하기 위해서는 모국에서 생산하여 목적지 국가에 수출하는 것보다는 현지에 직접투자하는 것이 비용 면에서 유리해야 한다.

마지막으로 시장 추구형 투자를 하기 위해서는 해당 분야에서 글로벌 생산 네트워크를 갖고 있어야 하며, 마케팅 전략도 필요하다. 또한 이러한 것을 통해 주요 경쟁자들보다 시장에서 선도적 역할을 할 수 있어야 한다.

3) 효율성 추구 투자

효율성 추구 투자는 제조업의 초기 단계에서 많이 나타나는 투자 형태로, 기업이 모국에서 생산하는 것보다는 현지에서 생산하는 것이 비용 면에서 더 절감될 경우에 이루어진다. 즉 모국과 현지의 생산비용 격차가 발생해야만 다국적기업들은 모국에서 생산·수출하기보다 현지에서 생산하여 현지, 제3세계 또는 모국으로 역수출하여 비용 대비 이윤을 극대화한다. 이러한 경우 대부분 특정 분야에서 특화되어 있을 때 가능하다. 또한 생산제품을 수송하는 수송비용이 너무 다르거나 비용 격차가 심한 경우도 효율성 추구 투자가 일어난다.

효율성 추구 투자는 다른 생산요소 부존(production factor endowment), 문화, 제도, 경제제도 및 정책, 시장구조 등을 적극 이용하여 현지 생산에 집중함으로써 특정 국가나 다양한 시장에 공급하기 위한 것이다.

따라서 이러한 다국적기업이 생산하는 제품을 표준화하고 국제적으로 공용화되어 있는 제품을 생산하는 것이 일반적이다. 또한 현지에서 생산한 제품을 다양한 국가에 판매하기 위해서는 그 제품에 대한 시장이 잘 발달되고, 형성되어 있어야 하며 국외에도 개방되어 있어야 한다.

그러므로 효율성 추구 투자가 발생하기 위해서는 우선적으로 다른 국가에서 노동과 같은 전통적인 요소 부존(factor endowment)의 이용 가능성이 크고 비용 면에서 유리해야 한다. 또한 유사한 경제구조, 소비수준, 규모 및 범위의 경제 등이 존재할 때 더욱 효율성 추구 투자가 이루어지기 쉽다.

4) 전략적 자산 추구형 투자

전략적 자산 추구형 투자는 주로 다국적기업의 국경 간 M&A와 많은 연관이 있다. 전략적 자산 추구형 투자는 다국적기업들이 해외자산 구입을 통하여 국제적인 경쟁력을 확보하는 데 목적을 두는 투자를 말한다. 따라서 노하우, 기술, 기업역량(resource), 시장지배력 등을 보유하고 있는 좋은 기업을 구매하거나 획득함으로써 일순간에 기업의 규모를 확대하여 경쟁력을 확보하는 방법이다. 경쟁업체를 통합 또는 제거하거나, 아니면 오히려 다른 기업들에 대하여 시장장벽을 더욱 높여 결과적으로는 전반적인 경쟁력을 확보하는 방법이 전략적 자산 추구형 투자라 할 수 있다.

이러한 방법으로 해외투자를 할 경우 상대적으로 잘 알려지지 않거나 전혀 진출하지 않았던 시장에 진출하는 것도 가능하다는 장점이 있다. 또한 특정 분야에 생산 및 경영 활동이 집중되지 않고 다각화할 수 있다. 이러한 투자는 상대적으로 불완전한 시장에 진출하는 데 용이하다.

2   해외직접투자의 유형

1) 합작투자(Joint Venture)

합작투자는 기업들이 새로운 시장에 진입할 때 시장에 대한 정보가 상대적으로 적고, 위험부담이 높을 때 많이 활용하는 방법이다. 합작투자에 의해 해외시장에 진출할 경우 장점은 다음과 같다.

첫째, 새로운 투자에 대한 자금을 합작투자 기업으로부터 일정 부분 조달할 수 있다. 합작 기업으로부터 투자 자금을 공급받게 되면, 그만큼 재정적 위험에 대한 노출 가능성이 낮아지게 된다.

둘째, 현지 시장에 대한 정보를 합작 기업으로부터 제공받을 수 있다. 새로운 시장에 진입할 때에는 상당한 정보가 필요하다. 진입 단계에서부터 공장입지, 인허가, 소비자 성향 등의 다양한 정보를 현지 합작투자 기업들로부터 제공받을 수 있기 때문에 상대적으로 정보 획득에 대한 비용을 절감할 수 있다.

셋째, 현지 시장에서 네트워크 형성에 유리하다. 새로운 시장에서 판매망 등 다양한 네트워크가 필요한데, 기존의 기업이 갖고 있는 네트워크를 활용할 수 있다는 점에서 현지에서 네트워크 형성을 쉽게 할 수 있다.

넷째, 현지에서 기업의 평판 또는 명성 형성에 유리하다. 현지 기업과 합작투자함으로써 지역사회에 대한 접근성이 유리하고, 이로부터 현지에 적응 및 협력관계가 쉽게 형성되어 지역사회에 기여한다는 평가를 받을 수 있다.

다섯째, 현지의 정치적 위험을 감소시킬 수 있다. 현지 기업이 이미 정치적 위험에 대해서 안정적 위치를 갖고 있기 때문에 합작투자에 의한 현지시장 진출은 상대적으로 정치적 위험에 적게 노출하게 된다.

이러한 장점에도 불구하고 합작투자는 경영 방식 및 전략 수립에서 상당한 차이를 보이기 때문에 협의 및 조정 과정에 많은 시간과 비용이 소요될 수 있다. 특히 새로운 사업에 대한 양자 간의 협의가 안 될 경우 사업 자체가 진행될 수 없는 경우도 발생할 수 있다. 또한 합작투자를 하게 되는 경우, 대부분 기술이 자연스럽게 이전될 수 있다. 기술의 이전은 장기적으로 합작 기업을 경쟁기업으로 만들 수 있다는 위험이 있다.

2) 신설투자(Greenfield Investment)

현지 기업과의 합작투자가 경영 방식의 차이, 기술이전의 문제 등에 상당한 비용이 소요될 경우, 기업들은 자신이 직접 생산설비를 짓는 방식으로 투자하게 된다. 이러한 투자를 신설투자 또는 단독투자 방식이라고 한다. 특히 생산 방식이 현지와는 전혀 다르게 이루어질 경우 새로운 생산 방식을 선택하는 것보다는 오래전부터 노하우가 쌓인 방식으로 생산하는 것이 더 유리하다고 판단될 경우 단독투자를 추진하게 된다. 이러한 투자는 우선 투자 규모에 따라 설비 규모를 조정할 수 있고, 현지 인력을 유연하게 고용이 가능하다. 또한 생산라인을 배치할 때 생산 품목에 따라 유연하게 선택할 수 있다는 장점이 있다.

하지만 새로운 신설투자는 공장부지 확보, 각종 인허가, 건설 등 투자기간이 상당하게 소요된다는 단점이 있다. 더욱이 현지의 독특한 다양한 위험에 바로 노출될 수 있으며, 투자 자금의 단독 지출이라는 어려움도 존재할 수 있다.

3) 인수합병(Acquisition)

새로운 시장에 짧은 시간 내에 진입하고, 기존의 판매망은 물론 기술을 그대로 활용하기 위해 많이 사용하는 방법이 인수합병이다. 인수합병의 경우 기존의 설비, 인력, 판매망 등을 그대로 사용하여 생산하고 판매하기 때문에 진입하는 데 크게 어려움이 없다. 더욱이 기존의 기술을 그대로 활용할 수 있기 때문에 기술이전에도 유리하다. 또한 현지 자산의 습득이라는 점에서 장기적으로 자산 이득도 발생할 수 있다.

그러나 현지 기업 인수는 직접 생산설비를 설립하는 것보다 더 많은 자금이 필요하기 때문에 투자 자금이 기대보다 더 많이 소요된다. 그리고 기업의 인수할 때 핵심인력들이 사퇴할 경우 기대했던 것보다 기술이전을 받지 못할 경우가 발생할 수 있다. 핵심인력들은 기술 부문만이 아닌 경영 노하우 분야도 중요하기 때문에 기업 인수에서 가장 중요한 것은 기존의 핵심인력을 어떻게 유지하느냐가 투자의 성패를 좌우할 수 있다. 더욱이 피인수기업의 경영성과가 악화되는 시기에 인수할 경우, 인수 후 회생시킬 수 있는지에 대한 위험도 감수해야 한다. 이에 인수기업을 통합하는 과정에서 상당한 수준의 경영관리 기술이 요구된다.

3　해외직접투자의 결정요인

기업들이 해외에 투자를 결정하는 요인들은 매우 많다. 이러한 요인들을 보면 높은 무역비용, 강한 규모의 경제, 거래비용과 소유권·지역·국제적 이득, 자본의 공급 등을 말한다. 이러한 것들을 크게 구분하면 거시경제기반, 인프라, 생산요소의 부존 및 가치, 경제정책 등이다.

1) 시장 규모

기업들이 해외시장에 진출하는 가장 중요한 동기가 내수시장 공략이라면, 현지의 시장 규모가 해외시장 진출을 결정하는 데 매우 중요한 역할을 한다. 여기에서 시장 규모라는 것은 경제 전체의 크기를 의미한다. 경제 전체의 크기는 대개 GDP, 인구, 1인당 소득, 중산층의 규모 등으로 측정할 수 있다. 시장 규모가 클수록 판매 및 수익성에 대한 잠재성이 더 크기 때문에 다국적기업들은 더 큰 시장으로 진입할 유인이 커지게 된다.

2) 경제 성장 전망

경제 성장에 대한 긍정적인 전망이 예상되는 경우 기업들은 보다 적극적으로 그 시장에 진출하게 된다. 특히 다국적기업의 경우 리스크가 많은 시장보다는 상대적으로 성장률이 높고, 경제변동이 크게 없는 안정적인 시장에 진출하는 경향이 있다.

3) 노동비용 및 인적 자원

기업들이 새로운 시장에 진출하여 투자를 할 경우 상대적으로 낮은 비용으로 이윤을 극대화하기를 원한다. 비용에서 가장 중요한 것은 인건비이다. 이에 기업들은 값싼 노동이 풍부한 지역에 진출하기를 원한다. 특히 기업들이 현지시장에서 생산하고 이를 다시 자국 또는 제3국으로 수출을 하는 경우 효율성이 매우 중요하다. 즉 기업들은 임금 대비 노동생산성이 높은 지역을 투자지역으로 선호하게 된다. 따라서 기업들은 상대적으로 저렴하면서도 숙련 인력이 풍부한 지역에 투자를 더 많이 하게 된다. 이때 노동가능 인구, 인건비 등이 주요 변수가 된다.

4) 인프라 시설

양질의 인프라, 특히 전력, 용수, 교통, 통신 등이 잘 갖추어진 지역에 기업들은 투자 지역으로 더 선호하게 된다. 양질의 인프라는 기업들의 물류비용을 줄일 수 있으며, 판매를 용이하게 해준다. 따라서 다른 조건이 다 같다면 인프라 및 제반시설이 양호한 지역을 선택하게 된다. 인프라에 대한 변수로는 전력, 용수, 통신, 도로 및 철도의 연장 등이 있다.

5) 개방정책

기업들은 현지시장에 진출하기 위해서는 외국 기업들에 대해서 친화적이고, 규제가 작은 지역을 선호하게 된다. 더욱이 현지 생산 후 수출까지 고려한다면 개방이 잘 된 지역에 진출하려는 경향이 있다. 또한 수출에 대한 지원정책이 잘된 지역으로 진출이 집중된다. 전반적으로 무역정책 개혁이 잘 수립되어 있는 지역으로 외국인 투자가 많이 이루어지는 것으로 잘 나타나고 있다. 또한 노무정책 및 규제가 낮은 지역이 상대적으로 외국인 기업들을 더 많이 유인하게 된다. 개방 환경의 변수로는 외국인직접투자와 대외무역 그리고 노무정책 및 규제 등이 있다.

4 해외직접투자 절차와 사례

해외직접투자는 투자 대상기업의 경영에 직접 참가하기 위하여 자본이나 인력뿐만 아니라 기술이나 노하우 등의 생산요소를 복합적으로 해외에 이전시키는 기업활동을 말한다. 해외직접투자의 가장 일반적인 형태는 해당 법인의 주식을 취득하거나 지분 출자를 하는 방식이다. 장기적인 수익을 목적으로 하는 투자이기 때문에 의사결정에 앞서 상품 수출을 위한 시장조사보다 복잡한 단계의 시장조사와 사업계획 수립이 필요하게 된다. 한국수출입은행에서 제시한 해외직접투자의 일반절차는 다음 〈표 6-1〉과 같다.

표 6-1 해외직접투자의 일반적 절차와 주요 내용

추진 절차	세부 추진내역
해외사업의 구상 및 관련 정보	• 사업 목적 또는 진출동기의 구체화 • 진출 대상국 및 업종 선정을 위한 기초 자료 수집 및 분석(대상국 업종 선정) • 투자 형태(단독, 합작, 합자), 투자방법(출자, 대부) 등의 결정 • 투자환경 조사 • 투자사업의 타당성 검토
사업계획서 및 관련 계약서의 입안	• 자금의 소요 및 조달 • 설비투자 • 생산 및 판매 • 인력수급 방법 • 투자자금 회수 및 차입금 상환계획 • 합작투자 계약서, 대부계약서, 현지법인의 정관 등 입안
관련 기관과의 사전협의	• 투자신고수리 관련 협의 • 해외투자금융 지원 요청, 해외투자보험 청약상담(필요시) • 현지금융 또는 제3국금융 지원 협의
투지의향서 합의, 관련 기관 지원요청	• 합작투자의향서의 작성 및 합의(합작투자의 경우) • 현지 외국인투자 허가당국의 투자허가의향서 취득(단독투자의 경우) • 해외투자자금대출상담, 해외투자보험 예비 신청(필요시) • 관련 기관의 추천서 등 취득(필요시)
본 계약체결 및 인허가 취득	• 본 계약 등 관계계약서 체결 • 해외직접투자 신고수리(주채권은행, 여신최다은행 또는 거주자 지정은행) • 현지정부의 외국인 투자허가 취득, 해외투자자금 대출승인(필요시)
현지법인 설립 및 사업 개시	• 투자자금 송금, 현지법인 설립(주식 및 대부채권 취득) • 사업개시(현지 공장건설 및 시험생산)
사업운영 및 투자과실 회수	• 사업운영, 배당 및 대출원리금 상환에 의한 투자과실 회수 • 해외직접투자 사후관리(신고수리기관앞 보고서 제출)
현지법인 청산	• 투자사업의 철수, 잔여재산의 본국 송금, 신고수리기관앞 청산보고(즉시)

출처 : 한국수출입은행 홈페이지 해외진출지원 http://www.exim.go.kr/kr/custom/consult/invest/outline.jsp

　　수출입은행의 최근 자료[1])에 따르면, 우리나라의 해외직접투자 형태는 현지법인을 신규 설립하는 그린필드(green field)형 투자 비중이 80%에 이르러 기존 법인의 지분을 인수하는 경우보다 4배나 높다. 현지 법인을 직접 설립하는 경우는 기존의 지분을 인수하는 방식보다 거쳐야 할 절차나 법적 요건이 많아 다각적인 검토가 필요하다. 이와 같이 특정 국가에 현지 법인을 설립하였거나 설립하고자 할 경우, 세계은행(World Bank)에서 제공하고 있는 Doing Business 사이트는 빼놓을 수 없는 정보 자료원이다.

---

1) 한국수출입은행 해외경제연구소(2014.03), 2013년 해외직접투자 동향분석

1) 국가별 현지법인 설립 가이드 : 세계은행의 Doing Business

세계은행의 'Doing Business'는 전 세계 189개국(2014년 기준)의 국가별 기업 환경에 관한 조사 결과를 담고 있는 보고서다. 각국의 기업 활동 용이성을 종합적으로 측정 비교하여 매년 공개함으로써 중소기업 규제 개선을 도모하기 위한 목적으로 시작된 이 조사는 2002년 133개국에서 5개 부문의 규제 항목 비교를 시작으로 2014년에는 그 조사 범위가 11개 부문으로 확대되었다.

조사 항목은 법인 설립에서 청산에 이르기까지 기업 활동에서 직면하게 되는 공통적인 규제 내용들로서 회사 설립, 건축허가 취득, 전기공급, 소유권 등기, 신용 개설, 소액투자자 보호, 납세, 무역, 계약 집행, 청산, 근로자 고용 등 11개 부문에서 50여 개로 구성된다. 이 조사는 각 국가별로 현지 공무원, 변호사, 회계사 등 전문가를 대상으로 조사 항목별 절차(단계), 소요기간(일), 비용(기준지표 대비 비율) 등 구체적인

표 6-2 세계은행의 Doing Business의 조사 항목

회사설립(Starting a business)	소액투자자 보호(Protecting investors)
• 절차(단계) • 소요기간(일) • 비용(국민소득 대비 비율) • 최저자본금(국민소득 대비 비율)	• 이해상충규제지수(0-10) • 주주권리지수(0-10)
건축허가 취득(Dealing with construction permits)	**납세(Paying taxes)**
• 절차(단계) • 소요기간(일) • 비용(창고가치 대비 비율)	• 납부(연 납부횟수) • 소요시간(연 소요시간) • 총세율(이익 대비 비율)
전기공급(Getting electricity)	**무역(Trading across border)**
• 절차(단계) • 소요기간(일) • 비용(국민소득 대비 비율)	• 수출/수입 문서수(건) • 수출/수입 소요기간(일) • 수출/수입비용(컨테이너당 US$)
재산권 등기(Registering property)	**계약 강제집행(Enforcing contracts)**
• 절차(단계) • 소요기간(일) • 비용(재산가치 대비 비율)	• 절차(단계) • 소요기간(일) • 비용(청구액 대비 비율)
신용 개설(Getting credit)	**청산(Resolving insolvency)**
• 법적권리지수(0-12) • 신용정보수준지수(0-8)	• 부도자금 회수율(달러당 센트) • 청산체계지수(0-16)

출처 : 세계은행의 Doing Business를 기준으로 저자 작성

그림 6-1　세계은행의 Doing Business 국가별 페이지

출처 : http://www.doingbusiness.org

내용을 조사한 결과를 주요국과 비교하여 상세히 기술하고 있어, 현지법인 설립을 고려하고 있는 조사자나 국별 기업환경을 비교하는 연구자들에게 많은 도움을 주고 있다. 현지 법인 설립 운영에 관해 Doing Business에서 커버하지 않는 세부 사항에 대해서는 현지 직접조사나 국내 지원기관의 조사 대행 서비스를 통해 확인할 수 있다.

　지금까지 살펴본 해외시장 조사방법과 국내외 정보원들을 해외직접투자를 위한 사업계획 작성 관점에서 종합하여 정리하면 〈표 6-3〉과 같다.

표 6-3 예시 : 해외직접투자 사업계획수립을 위한 정보원 목록-베트남

조사 항목	조사 내용	조사방법 및 정보원
일반환경	인구수, 인구구성, 상주 외국인 규모 한국기업 진출현황, 성공 및 실패 사례 상관습 및 거래시 유의사항, 비즈니스 에티켓	KOTRA 국가 정보-베트남 한국수출입은행 베트남 국가개황
투자환경	투자국의 지리적 이점, 사업여건 및 경제 동향 경제성장률 및 환율 전망 정부의 투자정책 및 외국인우대정책 세관, 세무, 노동관청의 행정 투명도	KOTRA 국가 정보-베트남 수출입은행 베트남 국가 신용도 평가 리포트 IMF, OECD 국가 보고서-베트남 IMD, WEF 경쟁력 보고서
시장환경	전체 시장 규모 및 향후 성장 전망 지역별 시장 규모, 과거 시장 변동 추이/전망 시장경쟁 정도, 동종 사업체의 사업현황 외국업체 진출 사례, 연관산업 발달 정도	Euromonitor Market Report Business Monitor Report 대한상공회의소 베트남 주간뉴스 무역협회
유통/판매	유통구조, 유통채널별 특성 및 유통마진 유통채널별 매출채권 회수(여신기한) 소비자 성향, 관습, 구매 선호도 상위권 동종업체 마케팅 전략 히트 상품 조사/분석, 제품 규제(규격, 인증 등)	현지 조사 Euromonitor Market Repor Business Monitor Report
입지/물류	주요 산업단지 현황, 산업 단지별 투자 혜택, 입주기업, 인프라 토지 구입가 및 공장건물 임차 가능성 주요 산업단지와 물류 상황	Vietnam Trade Promotion Agency : VIETRADE
공장건축	환경법, 소방법, 건축법 등 규제 인허가 사항 건축회사 및 건축기간 토지/건축 직접투자비 및 건물 임차비 현지에서 구입 가능한 고정자산 제조설비 수입규제 여부 및 관세율 일부 제조공정의 아웃소싱 가능성	World Bank Doing Business in Vientnam Vietnam Trade Promotion Agency : VIETRADE 관세청 해외통관지원센터-베트남통관정보
생산	동종업체 생산방식, 유틸리티 수급 및 비용 생산소모품 가격, 부품별 현지화 가능성 부품별 수입관세 및 수출 시 환급 여부 수입 부품의 구입처(글로벌 소싱) 소싱 국가별 운송기간, 비용, 운송회수	현지 조사 관세청 해외통관지원센터-베트남통관정보 법제처 세계법제정보센터
노무	노동법, 인력확보 용이성 및 채용방법 인력의 자질 및 노동관행 직급별 임금수준 및 복리후생기준	World Bank Doing Business in Vientnam 한국노동연구원 국제노동브리프
세무	세금 종류/세율/납세방법, 과실송금의 보장, 이중과세방지, 사회보장세면제협정 등 회계연도 및 회계기준	World Bank Doing Business 조세재정연구원세 주요국조세제도 : 베트남편
금융/자금	현지금융 이용 편의성, 은행 거래조건 현지은행-외국은행 간 차입조건 비교 매출채권 회수기간, 매입채무 지불기한	World Bank Doing Business in Vientnam 한국수출입은행 베트남 국가개황
법인설립	법인 형태, 설립 절차, 비용, 해당관청 법인 형태 결정, 법인 철수 절차	World Bank Doing Business in Vientnam

출처 : 해외투자진출정보포털(OIS)의 해외투자체크리스트 항목을 참고로 저자 작성

제7장

해외 정부 조달시장의
이해와 진출전략

1 정부 조달시장의 정의와 구매제도의 이해

1) 정부 조달시장의 정의와 주요가치

(1) 정부 조달시장의 정의

조달(procurement)은 구매(purchasing)의 정의와 비교해볼 때 개념 파악이 용이하다. 우선 구매는 재화나 서비스를 구입하는 과정(the process of buying)을 의미하며 이 과정에 수요(need)의 인식, 설계 및 시방서의 작성, 공급자 또는 시공자의 발견 및 선정, 가격과 조건의 합의, 합의의 이행 등이 포함된다.

한편 조달은 구매보다 보다 광범위한 개념으로서 여기에는 구매에서 행해지는 행위 이외에 저장, 재고관리, 운송, 감리, 인수, 검사, 분배, 공공재의 관리, 사후보증, 처분 등의 관리 기능까지 포함하는 일련의 활동을 말한다. 이와 같은 조달행위가 정부 또는 공공기관에 의해 이루어지는 경우를 정부 조달(Government Procurement 또는 Public Aquisition)이라고 한다. 즉 정부 조달은 정부(국제기구) 또는 공공기관이 공공활동의 수행을 위하여 필요로 하는 물품이나 건설공사 및 설계, 컨설팅 업무 등 다양한 유무형의 자원을 민간으로부터 구매하는 행위를 의미한다. 따라서 정부 조달은 국민이 납부하는 세금을 기본 재원으로 운영되기 때문에 효율성과 경제성을 중시하는 성과 중심의 민간 조달 부문과 많은 부분에서 차이를 보이고 있다.

(2) 정부 조달시장의 주요 가치

정부 조달은 행정의 비대화와 함께 고도로 발달된 행정의 수행을 효율적으로 지원하

표 7-1 민간 조달과 정부 조달의 비교

구분	민간 조달	정부 조달
조달 원칙	효율성, 경제성	합법성, 공정성, 투명성, 책임성, 정책지원, 효율성, 경제성
자금 원천	사적자금의 집행으로 자율성이 높고 신축적인 집행 및 운영이 가능	세금 및 공적자금 등 국민 부담금을 재원으로 하기 때문에 철저한 법규정 준수가 필수적
민간시장 영향	미미하거나 미치지 않음	신규수용 창출, 다수 기업의 영업활동에 영향
위험부담	개별주체	불특정 다수

기 위해 그 수요도 다양화 및 전문화되고 있다. 그 때문에 일상적이고 반복적인 수요에 의한 단순 물품의 조달에서부터 전문적인 기술이 요구되는 특수한 분야의 조달에 이르기까지 그 수요는 헤아릴 수 없을 정도로 광범위하게 미치고 있다.

정부 조달이 추구하는 최종적인 가치는 경제적 합리성과 효율성 및 공정성과 투명성 등의 측면에 기초하고 있다. 경제적 합리성은 민간에서도 상거래 시 우선적으로 추구하는 가치로 최소의 비용으로 양질의 조달 품질을 얻고자 함을 의미한다. 정부조달에서는 공정성 및 투명성도 동시에 고려하여야 한다. 이는 정부 조달 행위가 단순한 제품이나 서비스의 구매 행위가 아니라 국가경제 및 산업에 상당한 영향을 미칠 수 있는 정책집행 활동에 포함되기 때문에 국가 자신의 이익을 극대화시키는 방향으로만 의사결정을 내릴 수 없다. 즉 정부조달 행위는 민간기업의 구매 행위와는 달리 자금의 원천이 국민이 납부한 공적 세금에 있고 자금의 집행도 예산회계법이나 국가를 당사자로 하는 계약에 관한 법률 등 합법적인 절차가 필수적으로 요구된다. 이러한 이유 때문에 정부조달 행위는 자금집행의 결과적 측면을 강조하는 합리적 가치인 경제적 합리성 및 효율성과 자금집행 과정의 정당성을 강조하는 도덕적 가치인 공정성과 투명성도 동시에 추구하고 있다.

이를 '정부조달에서의 구매 효율성'이라 표현하고 있는데, 각국 정부는 자국 정부조달의 구매 효율성을 구성하는 다양한 가치 중 어느 가치에 우선적인 비중을 두고 자국의 조달행정을 운영하느냐에 따라 조달제도와 정책이 국가별로 차별화하게 된다.

2) 정부 조달시장 구매제도의 이해

(1) 정부 조달시장 구매제도의 종류

일반적으로 정부 조달은 크게 중앙조달 방식과 분산조달 방식으로 구분할 수 있다. 중앙조달 방식은 정부기관이 업무수행에 필요한 재화 및 서비스를 중앙조달기구가 일괄적으로 구매하여 실제 공공 수요기관에 공급하는 제도를 의미한다. 반면 분산조달 방식은 각 공공기관이 개별적으로 직접 구매하는 제도이다(조달청, 2014).

중앙집권적인 정치구조를 갖고 있거나 구매예산의 효율적 집행을 강조하고 있는 나라에서는 대체로 중앙조달 방식을 채택하고 있다. 한편 분권화의 기조가 강한 나라나 일찍부터 지방자치제도가 확고하게 자리 잡은 나라에서는 각 지방자치단체가 독자적

표 7-2 주요국 정부 조달제도의 비교

구분	우리나라	미국	EU	일본	중국
조달구매제도	집중구매	집중구매	회원국별 차이(독일 : 분산구매, 영국 : 집중구매, 프랑스 : 집중구매 등)	분산구매	집중/분산
조달기관	조달청	GSA	영국 : OGC 등	-	-
자국 제품 우선 구매제도	있음	있음	대체로 있음	없음	있음

구매결정을 하는 분산조달 방식을 채택하고 있다. 중앙조달 방식을 채택하고 있는 국가로는 미국, 캐나다, 한국, 영국, 호주, 벨기에, 필리핀, 대만 등을 들 수 있으며, 그 밖에 대부분의 나라는 분산조달 방식을 채택하고 있다. 분산조달 방식을 채택하고 있는 대표적인 나라로는 일본, 뉴질랜드, 독일, 노르웨이가 이에 해당된다.

한편 중앙조달 방식을 선택하고 있는 나라 가운데 우리나라와 같이 정부수립 당시부터 중앙조달을 택하고 있는 나라가 있는가 하면, 캐나다의 경우는 종래 분산조달 방식을 택하였으나 1993년 6월 정부 조직개편을 통해 정부 내에서 조달을 담당하는 4개 기관을 통합하여 중앙조달기관인 PWGSC(Public Works and Government Services Canada)를 설치하고 중앙조달 방식을 채택하는 국가로 전환한 경우도 있다.

그러나 중앙조달 방식을 채택하고 있는 국가라고 하여 모든 조달을 중앙조달기관에 집중시켜 조달하는 형식을 취하지 않는 경우가 대부분이다. 분산조달 방식을 채택하고 있는 국가의 경우도 특정 자금을 사용하여 집행하는 특정 조달에 대하여는 사업단을 공동으로 구성하거나 관련성이 큰 기관이 이를 통합하여 조달하기도 한다. 또한 조달정책을 관장하는 부처가 별도로 있어 통일적인 조달기준을 정하고 중요한 조달에 대하여 승인을 거치도록 하여 조달을 통제하는 형식을 취하는 경우도 있다.

(2) 정부 조달시장 구매제도의 장단점 비교

집중구매 방식과 분산구매 방식은 서로 상대적인 장단점을 지니고 있으며 어느 것이 가장 좋은 방식이라고 판단하기 어렵다. 다만 집중구매 방식은 중앙조달기구를 통해 대량 구매하는 방식으로 중앙조달기관의 축적된 조달 노하우 등 전문성을 갖추고 사전에 구매계획을 수립함으로써 적기에 최소의 비용으로 필요한 재화나 서비스를 공급

표 7-3 중앙조달 방식과 분산조달 방식의 장단점 비교

	장 점	단 점
중앙조달	• 대량 구매로 가격과 거래조건 유리 • 지속적인 노하우 축적으로 업무 전문성 제고가 용이 • 행정통제가 용이하여 투명성 제고에 유리 • 중앙구매력을 거시 경제정책에 효과적으로 활용	• 수요 목적에 맞는 특정 물품의 조달에 부적합 • 조달 프로세스가 복잡 • 긴급조달이 어려움
분산조달	• 수요 목적에 맞는 자율적 구매가 가능 • 긴급수요의 경우 유리 • 구매수속을 신속히 처리	• 일괄구매에 비하여 구입경비가 많이 들며 구입 단가도 비쌈 • 규격의 표준화와 품질확보가 곤란 • 정치적 선호주의에 따라 조달계약 배분이 이루어질 가능성 • 도덕적 해이에 대한 행정통제가 용이치 않음

받을 수 있다. 그리고 구매 프로세스가 정형화되어 있어 구매에 필요한 기간을 단축할 수 있으며 조달행정의 책임이 명확하다는 장점을 가지고 있다. 반면에 중앙구매기관의 관료화로 인한 폐해나 수요기관의 수요 목적에 맞지 않는 물품의 확보 등의 문제가 발생할 소지가 있다.

이에 비해 분산구매 방식은 개별 공공기관의 수요에 맞게 자율 구매가 가능하여 재고물품 활용 및 실정에 맞는 구매량 및 조건을 조절하여 비용을 절감할 수 있다. 또한 분산구매 방식은 긴급한 수요가 발생할 때 탄력적인 조달이 가능하여 지역기업 육성이라는 파생효과를 얻을 수 있다.

그러나 단점으로는 소량으로 자주 구매함에 따라 일괄 집중 구매방식에 비해 구매비용이 상대적으로 많이 들고 가격검증 및 물품규격의 표준화 기능 취약 등 조달 전문성이 상대적으로 부족할 수 있다. 또한 정치적 선호에 따라 조달계약의 배분이 이루어질 가능성이 클 수 있다. 이렇듯 집중구매 방식과 분산구매 방식은 서로 장단점이 맞물려 있어 어느 하나만을 좋은 구매방식이라 판단하기 어렵다. 각 국가에서는 자신의 사회, 정치, 경제적 여건에 따라 적합한 구매 방식을 채택하고 있다.

3) 정부 조달시장의 변화 동향 : 시장원리 추구 및 전략적 관리로의 전환

최근 들어서는 정부 조달제도도 점차 시장원리에 입각한 형태로 변화하고 있다. 민간 부문에 있어 조달 기능은 생산의 보조수단으로 간주되었으나, 1970년대와 1980년대를 거치면서 자원의 안정적인 확보 및 조달 부문 효율화가 기업 경쟁력의 핵심요인으로 등장하면서 점차 변화하게 되었다.

세계적인 경영 컨설팅 기업인 맥킨지(McKinsey)의 발표에 따르면, 기업은 구매(조달) 부문의 효율화를 통하여 평균 20% 이상의 비용절감 효과를 확보할 수 있어 구매(조달)비용 절감이 곧바로 기업 경쟁력과 직결된다는 연구결과를 발표하였다. 즉 특정 기업의 매출액이 100원이고 매출 이익률이 5%인 경우에 1원의 이익을 더 얻으려면 20원의 추가 매출이 필요하게 된다. 이를 위해서는 엄청난 기업자원이 투입되어야 하지만, 구매(조달) 부분에서는 구매원가를 1원만 줄이게 되면 이것이 곧바로 수익 1원으로 직결되게 되기 때문에 엄청난 비용 효율성을 가지고 있다고 할 수 있다.

전통적으로 정부 조달 행정은 국가일반 행정 활동의 보조기능 정도로 간주되어 각국 정부가 필요로 하는 물자 및 서비스의 합리적인 구매와 효율적인 관리에만 초점이 맞추어져 있었다.

그러나 오늘날에는 조달 행정에서 건설공사 및 용역 등 서비스의 구매비중이 점차 높아지고 이러한 부분에 대한 아웃소싱(outsourcing) 또한 확대되는 경향이 나타나고 있다. 그런데 이러한 변화는 각 정부 고객(수요기관)의 수요 패턴이 변화하는 데 따른 자연스러운 결과이며, 정보통신기술의 발전과 민간시장에서의 고객 지향 패러다임(customer oriented paradigm) 전환과 함께 맥락을 같이한다고 볼 수 있다.

이러한 현상을 반영하여 근래 들어 민간 및 정부 부문을 불문하고 구매의 전략적 역할은 기업 및 정부의 경쟁력을 강화하는 주요 기능으로서 지속적으로 강조되고 있다. 민간 부분의 경우 공급자와의 협력관계가 중시되고 구매의 방향이 과거 수동적인 의미(purchasing)에서 능동적인 의미(supply)로 전환되고 있으며, 기업 핵심역량 강화 및 통합구매를 위하여 B2B e-Marketplace 설립이 증가하고 있다.

민간 부문과 마찬가지로 정부 부문에 있어서도 정부가 필요로 하는 물자 및 서비스에 대한 효율적 조달은 정부 전체의 경쟁력과 직결되기 때문에 우리나라를 비롯하여 미국, 영국 등 주요 선진국들의 경우 자국 사정에 적합한 합리적인 공공조달 제도를 개발하고 있다. 그리고 각 정부는 구매에 따른 최고 가치(Best Value 또는 Value For Money)의 실현을 통해 최종 고객인 국민의 권익을 보호하는 데 주력하고 있다.

일례로 1980년대 미국과 우리나라의 전체 정부조달에서 건설 부문과 서비스(용역) 부문이 차지하는 비중이 전체의 20% 정도 수준이었으나 근래 50%를 넘어서고 있다.

다양한 조달 수요를 충족시키기 위하여 민간의 인터넷 쇼핑몰 형태와 유사한 전자조달시스템을 도입하여 운영 중에 있다. 또한 조달 목표도 최저가 낙찰에서 최고 가치를 달성하는 방향으로 전환되고 있는 것이 좋은 예라고 할 수 있다.

2 주요 정부 조달시장의 특성과 규모

각국의 정부 조달시장 규모와 특성은 정부 서비스의 공급체계가 상이하기 때문에 국가별로 많은 차이를 보이고 있다. 특히 자국의 경제적 이해관계 및 중소기업 보호와 국방산업 등 특정 전략산업 보호정책 등 정부정책의 원활한 시행과 자국 이익보호를 위하여 정확한 통계를 대내외적으로 발표하지 않고 있는 실정이다. 또한 전 세계적으로도 해외 정부조달시장의 규모를 집계하여 산출하는 공식적인 기관이 존재하지 않기 때문에 정확한 통계를 산출하기 어렵다.

  WTO/GPA(Government Procurement Agreement) 가입 국가인 미국, EU 등 선진국은 대략적인 정부 조달 규모를 공개하고 있다. 따라서 이러한 국가의 조달시장이 개방되어 있어 외국 기업의 직접 진출이 가능하다. 반면, 정부 조달시장 미개방 국가인 중국 및 동남아 국가는 정확한 조달 규모를 공개하지 않고 있으며, 외국 기업은 현지법인을 통한 간접진출만 가능하다.

  일반적으로 전 세계 정부조달 규모는 대체로 해당 국가 GDP의 약 10~20% 수준에 이르는 것으로 추산되고 있다. 우리나라 조달청이 2013년 발표한 전 세계 정부 조달시장의 총 예상 규모는 약 5조 달러[전 세계 GDP의 8% 수준, 정부 조달시장 4.8조 달러＋국제기구 조달시장 413억 달러＋원조(ODA) 시장 1,335억 달러]로 이는 각국 GDP 대비 약 15% 수준에 이르는 것을 알 수 있다. 참고로 이러한 수치는 우리나라 공공조달시장의 약 50배 규모에 달한다. 다음에서는 주요국의 정부 조달시장 특성과 규모에 대해 살펴보기로 한다.

1) 미국 정부 조달시장

(1) 미국 정부 조달시장의 특성과 규모

미국은 세계 최대의 정부 조달시장이라 할 수 있는데, 2012년 기준으로 약 2조 달러에 육박하는 규모를 가지고 있는 것으로 알려져 있다. 미국의 정부 조달시장은 중앙정부인 연방정부가 관장하는 연방정부 조달시장과 개별 주정부가 독자적으로 관장하는 주정부 조달시장으로 크게 구분할 수 있다. 이중 연방정부는 2012년 기준으로 약 5,170억 달러를 구매하며, 주요 구매품목으로는 기계, 전기·전자기기, 운송용기기, 가구 등이며, 주정부는 연방정부의 1.5~2배 수준인 약 1조 5,000억 달러 정도를 구매하고 있는 것으로 추산되고 있다.

이렇듯 주정부 조달시장의 규모가 연방정부에 비해 정확하게 집계되지 못하고 있는 가장 큰 이유는 주정부는 연방정부와 관계없이 독립적인 주 예산 및 조달 정책을 바탕으로 개별적인 정부 조달을 시행하고 있기 때문으로 연방정부는 주정부의 조달정책에 대해 직접 개입하여 통제할 권한이 거의 없다. 이러한 특성으로 인하여 개별 주정부는 각종 국제조달협약에서도 상대적으로 자유로운데 연방정부가 FTA 등 국제조달협정을 체결하였다 하더라도 개별 주정부는 이러한 조달협정을 강제적으로 이행할 책임은 없다. 따라서 미국 주정부 조달시장에 참여하고자 하는 해외기업들은 목표로 하고 있는 주정부가 연방정부가 체결한 각종 국제협정에 동의하였는지 여부를 진출 가능성 검토 단계에서 먼저 살펴보아야 한다.

연방정부 조달 금액 중 국방 부문이 전체 조달의 70%를 상회하는 것으로 알려져 있다. 근래에는 물품조달에서 각종 서비스 부문으로 조달 금액이 지속적으로 늘어나고 있는 추세(서비스 부문 조달비중이 1985년 23% → 2012년 60%로 증가)이다.

다음은 미국 연방정부의 조달정책 및 집행을 담당하는 GSA(General Service Administration)를 중심으로 미국 연방정부 조달시장의 주요 입찰 방식을 살펴보기로 한다.

(2) 미국 연방정부 조달시장의 주요 계약 방식과 정책

미국 연방정부 조달의 핵심기관인 GSA는 1949년 투르먼 대통령이 81회 국회에서 통과된 '연방재정및행정서비스법(Federal Property and Administrative Service Act)'에 서명함으로써 창설되었다. 이 법률은 앞서 후버위원회가 추천한 것과 같이 여러 기관에 나누어져 있는 물품과 사무실 관장 업무를 한 기관에서 관장하는 것이 경제적으로나 효율적인 면에서 더 유리할 것이라는 결론에서 제정된 것이다. 창설 초기(1950년대) GSA는 전쟁 관련 잉여물자의 처분, 전쟁 등 국가 유사시에 부족한 전략 물품을 비축하는 임무 및 정부의 기록을 보존하고 관장하는 업무를 맡아 처리했다. 그러나 1970~

1980년대에 들어와서 이러한 업무는 다른 정부기관으로 이전되었거나 기능 자체가 폐기되었다. 최근 들어 GSA가 가지고 있던 독점적 구매 공급체제는 1993년 이후 각 연방구매기관에게 사실상 자체 구매권을 인정하는 경쟁적 구매체제로 전환되었다.

더욱이 미국 의회는 종전 예산에서 보전하였던 GSA의 사업비 대부분(99%)을 1995년 자체 수입으로 충당하도록 조치함으로써 GSA는 사실상 상업적 기관으로 변모하게 되었다. 이에 따라 1995년 이후부터 사업 예산의 전부를 자체 수익으로 충당하도록 입법화하였으며, 2002년 현재 국가로부터 지원을 받는 예산은 총사업비의 1%에 불과하다. 1996년 전자상거래 도입 이후에는 조직운영 및 관리 측면에서도 획기적인 전기를 맞이하여 2009년 현재의 정원은 1만 4,000명으로 1995년에 비해 인원의 30%를 감축하는 등 조직의 슬림화가 가속화되고 있다.

GSA가 연방정부 조달 물품 및 서비스를 구매하기 위해 사용하는 주요 입찰 방식을 살펴보면 다음과 같다.

가. 봉합입찰계약(Contract by Sealed Bidding) 방식 : 일반 경쟁입찰 방식

봉합입찰계약 방식은 경쟁을 통하여 낮은 가격으로 계약을 체결할 수 있는 장점이 있다. 그러나 절차의 지나친 엄격성으로 말미암아 큰 제약이 있는 방법이다. 미국 연방구매의 경우 네 가지 조건을 모두 갖추었을 때에 이 방법을 사용하도록 하고 있다. 첫째, 구매 물품 및 서비스에 대하여 완벽하고 상세한 규격 설정 및 기술이 가능할 것, 둘째, 2개 이상의 적격업체의 경쟁 참여가 예상될 것, 셋째, 입찰 내용에 대하여 입찰자와 토론을 할 필요가 없고, 가격 또는 가격 관련 요소만으로 낙찰자의 선정이 가능할 것, 마지막으로 입찰 전 과정에 필요한 충분한 시간적 여유가 있을 것 등이다.

미국 연방정부의 경우 종전에는 이 방법이 많이 사용되었으나, 1970년대부터 제품의 종합적 성능이 중요시됨에 따라 현재는 가격만을 우선시하는 봉합입찰의 방법은 많이 사용되지 않고 있다. 봉합입찰계약 방식의 절차는 입찰 초청(Invitation for Bids, IFB) → 입찰서 제출 및 개찰 → 낙찰자 선정 → 통보(Notification) 및 공표(Announce-ment) 등으로 구성된다.

나. 협상에 의한 계약(Contract by Negotiation) 방식

미국 연방정부 계약 방식은 봉합입찰계약 이외에는 원칙적으로 모두 협상에 의한 계약이라고 할 수 있다. 계약 절차로서의 협상(Negotiation)이란 경쟁적 제안 또는 비경쟁적 제안에 대하여 계약관과 제안자 간에 토론을 하고 흥정을 하는 과정을 말하며, 민간 기업 또는 개인의 구매행위와 유사하다. 협상에 의한 계약에서는 최종 제안(Best and Final Offers)을 제출하기 전까지는 가격을 포함한 모든 제안 내용을 수정 보완하는 것이 허용된다.

미국 연방구매규정에서는 협상 절차를 다음과 같이 규정하고 있다. 권유 전 회의(Pre-solicitation Conferences) → 제안서 제출 요청(Request for Proposals, RFP) → 협상 대상자 선정(Competitive Range) → 토론(Discussion) 및 최종 제안(Final Proposal) 제출 → 계약 대상자 선정(Source Selection) → 제안자들에게 결과 통보 및 계약 대상자 선정 결과 공포 등이다. 유의해야 할 점은 협상에 의한 계약에서는 제안 내용을 평가하여 어느 제안이 정부에 가장 가치가 있는 제안인가를 결정하게 되는 교환(trade-off) 개념에 의한 최고 가치(Best Value) 선정 방식을 선택하고 있다는 것이다.

구매 제품 및 서비스의 내용이 명백하고 제안 경쟁기업 간에 품질의 차이가 별로 없으며 계약불이행의 위험이 작은 경우에는 가격이 가장 낮은 제안이 최고 가치 제안이 될 것이다. 그러나 경쟁기업 간에 제안 내용이 질적으로 차이가 크고 계약이행에 대한 위험이 큰 경우에는 기술적 사항 및 과거 계약의 이행 성실도 등이 최고 가치 제안을 결정하는 데 더 큰 고려사항이 된다.

가격과 가격 이외의 요소(품질, 과거 이행경험 등)들 간에는 대부분 교환관계가 성립한다. 즉 고품질 제품에 대해서는 높은 가격을 요구한다. 협상에 의한 계약의 경우에는 원칙적으로 가격과 가격 이외의 요소 간에 교환관계가 있는 것으로 파악하여 이들을 종합 평가하여 정부에 가장 유리한 가치, 즉 최고 가치 제안을 계약 대상자로 선정한다.

다. 다수공급자물품계약(이하 MAS) 방식

FSS(Federal Supply Schedules) 프로그램이란 GSA가 미국 연방정부기관의 대량 공통 수요물자나 용역을 일정한 조건과 가격으로 계약을 체결해놓고 수요기관이 필요로 할 때 직접 계약자에게 납품을 요구하는 방식의 구매 프로그램을 말한다. FSS 프로그램에는 단일 계약자에게 납품을 요청하는 SAS(Single Award Schedules) 방식과 다수의 계약자에게 납품을 요청하는 MAS(Multiple Award Schedules) 방식이 존재하는데, 현재 대부분의 연방조달구매가 MAS 방식에 의하여 공급된다. 특히 MAS 방식은 다른 입찰방식에 비해 해외기업이 미국 정부조달시장에 접근하는 데에도 가장 유용한 방법으로도 알려져 있기 때문에 이러한 MAS 방식을 중점적으로 살펴보기로 한다. 2009년 현재 MAS 방식은 50개 이상의 Schedule과 400만 개 이상의 품목/서비스를 포함하고 있다.

MAS 방식은 '각 공공기관의 다양한 수요를 충족하기 위하여 품질·성능·효율 등에서 동등하거나 유사한 종류의 물품을 수요기관이 직접 선택할 수 있도록 납품 실적, 경영상태 등이 일정한 기준에 충족되는 업체를 대상으로 가격협상을 통하여 최소 2인 이상을 계약 상대자로 하여 다수공급자물품계약을 체결한다. 이러한 계약을 통하여 이후 수요고객이 자유롭게 직접 물품을 선택하여 사용하는 계약제도로 일반경쟁 계약 방식과 제3자를 위한 단가 계약의 개념이 동시에 내포되어 있는 계약 방식'이라 정의 내릴 수 있다. MAS 방식은 기존의 일반 경쟁입찰 방식이나 협상계약 방식 등 다른 계약 방식과는 다른 다수의 특징을 가지고 있는데, 이를 정리해보면 다음과 같다.

첫째, 기존의 경쟁입찰 방식과 비교하였을 때 MAS 방식의 궁극적인 차이점은 여러 업체 중 1개 업체의 1개 물품을 선정하는 것이 아니라 적격한 자격을 갖춘 복수의 업체를 선정하고 이들 업체가 가지고 있는 물품/서비스 목록 중에서 수요기관이 자신에게 최대의 가치를 제공할 것으로 기대하는 물품/서비스를 수요기관이 직접적으로 선택하여 구매하는 형식을 가진다는 점이다.

둘째, MAS 방식의 계약을 체결한 공급자들은 정부 고객들에게 물품을 계약된 가격에 공급할 기회를 갖게 되는 것이지 일반계약 당사자들이 전형적으로 갖고 있는 일정 물량의 판매 보장을 받는 것은 아니라는 것이다. 즉 어업 면허(fishing license)나 사냥 면허(hunting license)와 같이 물품의 판매자격이 부여되는 것으로, 다수공급자물품계약 등록을 완료하게 되면 계약이 체결되었다는 표현을 사용하는데 이는 주문이 전제되지 않은 일종의 가계약 상태를 말하는 것으로 이후 주문 활동에는 이러한 계약 과정이 포함되지 않는다.

따라서 각 수요기관은 조달기관이 다수공급자물품계약자들과 체결한 계약에 따라 필요한 물품을 선택하여 공급을 받고 대금을 지불하는데, 이는 계약이 아닌 단순 주문(ordering)을 의미하는 것으로 1차 계약 체결 이후에도 개별 공급업체들은 소비자가 자신을 선택할 수 있도록 하기 위하여 지속적인 품질향상 노력, 적절한 신제품 도입

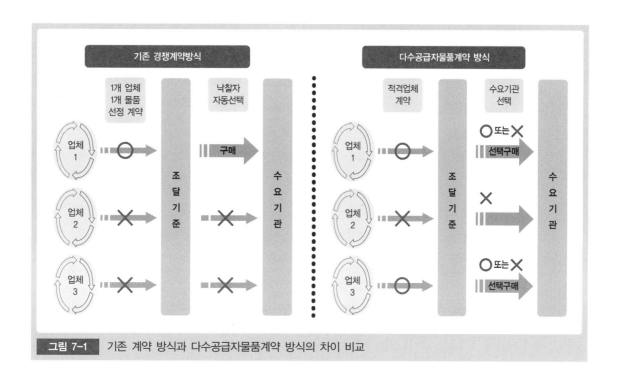

그림 7-1 기존 계약 방식과 다수공급자물품계약 방식의 차이 비교

추진, 추가적인 가격 인하, 배송 및 A/S 등 판매 이후 활동 노력 강화 등 다양한 마케팅 노력을 지속적으로 기울여야 할 필요가 있다.

셋째, MAS 방식에서는 특정 수량의 물량을 특정 가격으로 특정 기간 이내에 특정 수요기관에 공급하도록 계약하지 않고, 수요기관이 해당 물품을 필요로 할 때 필요한 만큼 공급받을 수 있도록 하는 불특정 공급 및 불특정 물량 계약(Indefinite Delivery and Indefinite Quantity, IDIQ)을 주요 특성으로 한다. 기존의 조달 방식이 특정 물품에 대해 일정기간 동안 1개 업체가 계약 대상 수요기관에 일괄적으로 물품을 공급하도록 하였던 방식에서 탈피하여 각 수요기관들이 각자의 필요와 요구 가격수준에 맞게 요구 물량을 공급받도록 하는 것이다.

넷째, MAS 방식은 Evergreen Contracts라는 특징을 갖고 있다. 이는 다수공급자물품계약자로 등록을 한 번 하게 되면 기본적으로 일정기간(일반적으로 1년 또는 그 이상)을 계약자로 보장한다. 이후 계약자가 건실한 사업운영으로 일정 수익을 유지하게 되면 이후 조건에 따라 해당 계약자 조건을 연장해주는 조건부 장기 계약의 형태를 띠고 있다.

따라서 기존 계약 방식처럼 매 계약 건마다 입찰 및 낙찰 과정을 수행하지 않아도 되기 때문에 조달기관 측면에서는 이러한 입찰 및 낙찰 과정에 소요되는 시간비용과 제반 행정비용을 상당 부분 절감할 수 있으며, 조달 참여 업체 입장에서도 매번의 입찰 과정에 소요되는 시간 및 행정비용을 대폭 절감할 수 있다.

다섯째, MAS 방식에서는 계속적으로 입찰 권유가 개방(standing solicitation)되어 있기 때문에 공급을 희망하는 모든 조달업체는 입찰 권유서의 규정에 맞추어 적격성(responsibility) 평가를 받은 이후 조달기관으로부터 적격업체 인증을 받으면 모두 공급업체로 등록될 수 있다. 이때 일정수준의 업체가 공급업체로 등록되었다고 해서 조달기관의 입찰 권유가 폐쇄되는 것은 아니다. 따라서 정부조달 참여 업체로 등록을 희망하는 모든 조달업체는 언제든지 일정수준의 자격요건만 갖춘다면 정부조달에 참여할 수 있는 균등한 기회를 보장받게 된다.

마지막으로 MAS 방식 공급자들은 계약협상에서 다른 사업자들과 경쟁을 하는 것이 아니라 조달기관의 협상 목표인 최혜고객가격(가장 유리한 혜택을 제공받는 고객에게 제시된 가격)에 대하여 협상해야 하며, 협상의 보장수단으로서 할인율(discount)이 요구된다. 여기서 최혜고객가격이란 공급업체가 가장 많은 특권을 부여한 최혜고객(most favored customer)에게 허용하는 가격할인율에 비교하여 동등하든지 더 높은 비

표 7-4 일반 경쟁입찰 방식과 MAS 방식의 비교

구분	일반 경쟁입찰 방식	MAS 방식
입찰공고	• 구매규격 검토/공통규격 작성 • 구매 예정수량 결정	• 구매규격 검토/최소 규격 작성 • 구매 예정 수량 결정(계약업체가 수량 제시)
적격성 평가	–	• 입찰에 참여하는 모든 업체를 대상으로 평가 • 납품 실적과 경영상태 등 항목을 평가
시장조사	• 2개 공급업체 이상 가격조사	• 모든 적격업체로부터 가격 자료 제출받아 조사 • 제출된 가격 자료의 진위 여부 조사 • 필요시 업체 현장방문 등 조사 실시
예정(협상) 기준가격	• 공통규격 물품에 대한 단일 예정가격 작성	• 업체별 규격별로 가격협상 기준가격 작성
입찰(가격협상)	• 최저가를 제출한 1인 낙찰자 선정	• 모든 적격업체와 각각의 가격협상을 통한 다수의 공급자 선정
계약체결	• 낙찰자로 선정된 1개 업체(낙찰자)와 계약	• 계약 대상자로 선정된 다수 공급자와 계약체결
계약사후관리	• 계약 이행 후 계약 종료로 특별한 사후관리 없음	• 지속적인 가격 조사로 최혜 고객가격 확보감시 • 이행 실적, 만족도, A/S 등 계약이행 능력 평가

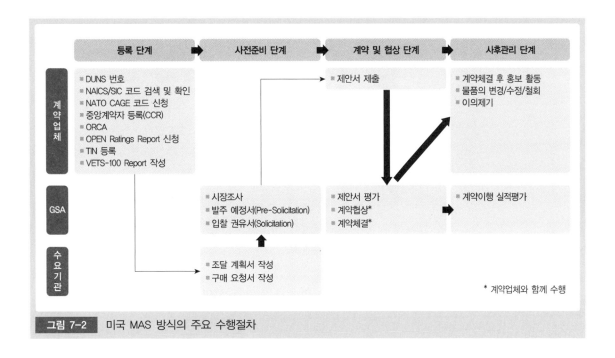

그림 7-2 미국 MAS 방식의 주요 수행절차

율의 가격할인을 적용하는 것을 의미한다. 이때 계약 과정에서 합의된 가격(최혜고객 가격 또는 다수공급자물품계약가격)은 조달기관의 계약관이 시장조사와 가격 분석을 통해 공정하고 합리적인 가격이라고 인증한 이후에 유효하다.

라. 우대구매제도

연방정부의 각 부서는 구매 계약을 체결할 때, 중소기업을 포함한 특정 집단의 기업들에게 우선권을 주어야 하는 법적 제약을 받는다. 따라서 GSA는 매년 중소기업, 불리한 입장의 중소기업, 여성 소유의 중소기업 등으로부터 구매된 액수를 중소기업청에게 통보해야 하며, 해당 결과는 대통령에게 직접 보고된다. 미국 연방정부가 조달시장에 적용하고 있는 주요 우대구매제도를 살펴보면 다음과 같다.

첫째, 중소기업 유보제도로 정부구매의 일부를 오직 중소기업과 계약을 체결하도록 유보해놓은 제도이다. 건축에 관한 계약을 제외하고 어느 구매 부분 전부를 유보하든지 또는 어느 부분의 일부분만을 유보할 수 있다. 이 제도에 의한 참가자격 여부는 중소기업법에 의거하여 미국 중소기업청(Small Business Administration, SBA)이 결정한다. 그러나 모든 정부 계약은 경쟁적 절차에 따라서 체결되도록 되어 있기 때문에

이 유보제도는 일정 수 이상의 중소기업들이 입찰에 응할 때만 적용된다.

둘째, 사회경제적으로 불리한 위치에 있는 기업(8A, Socially and Economically Disadvantaged Business)에게도 우대구매제도를 시행하고 있다. 사회경제적으로 불리한 위치에 있는 중소기업이란 미국 중소기업청으로부터 중소기업으로서 자격이 있다는 인증을 받은 기업 중에서 다음과 같은 다른 추가기준을 충족시킬 수 있는 기업을 말한다. 중소기업청은 다음에 언급된 각종의 중소기업을 대신하여 연방정부 부서들과 구매계약을 체결할 수 있다. 이렇게 체결된 계약의 실제 이행은 중소기업청이 인증한 각종의 특수 중소기업들에게 의뢰된다. 이러한 제도하에서 정부의 계약을 하청 받는 중소기업을 가리켜 8(A) 공급자라고 부른다.

- Small Disadvantaged Business(SDB) : 미국 중소기업청이 인증한 중소기업으로서 사회경제적으로 불리한 입장에 처한 신망이 있는 시민권자가 소유(최소한 51%)하고 운영하는 장래가 촉망되는 기업을 말한다. 이러한 소유주의 순재산은 75만 달러를 초과할 수 없다.

- HUBzone program(허브존 프로그램) : 허브존 프로그램은 인디언 보호구역 등 역사적으로 산업이 저개발 된 지역(Historically Under-utilized Business Zone)을 말하며, 센서스 조사결과로 정해진다. 8(a) 프로그램과는 달리 각 연방기관이 직접 허브존 프로그램의 대상 기업과 계약을 체결한다.

- 원계약자를 통한 중소기업 하청 기회 : 미국 연방정부는 연 50만 달러 이상의 정부계약을 받는 공급자 또는 원계약자(prime contractor)에게 자격이 있는 중소기업이나 사회경제적으로 불리한 중소기업에게 부여할 하청 금액의 목표와 수행계획을 제출해야 한다. 따라서 계약 체결 시 원계약자는 이 하청 목표와 수행계획안을 GSA에 제출해야 한다. 일반적으로 하청 금액은 전체 계약 금액의 비율(%)로 정해진다.

- 베트남 전쟁 참여 재향군인 : 베트남 전쟁에 참가했던 재향군인이 소유한 기업에 우선으로 계약을 주어야 한다는 법적 근거는 없다. 그러나 '베트남 재향군인의 정상적인 사회 환원을 위한 법(Veterans Readjustment Assistance Act)'에 의거 정부 각 부서들이 이들 재향군인이 소유한 기업을 중소기업 우대제도에 포함시키는 것을 권장하고 있다.

● 여성 소유 기업에 대한 조치 : 1979년 행정명령(Executive Order)으로 연방 각 기관은 여성 소유 기업을 조장하고 강화하기 위한 적절한 조치를 취할 것을 지시하였다. 연방정부 조달규정인 FAR에는 '단순 구매절차 한도 금액'을 초과하는 계약 건의 계약자는 하청 계약을 할 때에 여성 소유 기업이 최대한 참가할 수 있도록 노력한다는 조항이 계약서에 포함되었다. 또한 1994년 의회가 매 회계연도의 원계약(Prime Contract) 및 하청 계약(Subcontract)의 5%를 여성 소유 기업으로부터 수주하도록 목표를 설정하였다. 여기서 여성 소유 기업이란 미국 시민인 여성에 의하여 지분의 51% 이상을 소유하고 또한 운영되는 기업을 말한다. 이와 같이 여성 소유 기업에 대한 구매 유보제도를 두고 있지는 않지만, 다른 조건에 큰 차이가 없는 경우 여성기업 또는 여성기업을 하청업체로 하는 기업을 우선하여 계약 대상자로 선정하는 방법으로 여성 소유 기업을 우대하고 있다. 계약관의 계약자 선정에 대한 재량권이 크므로 협상 계약의 경우 이와 같은 여성 기업 우대방법으로 큰 효과를 거두고 있다.

2) EU 정부조달시장

(1) EU 정부조달시장의 특성과 규모

유럽연합(European Union, EU)의 정부 조달시장 총 규모는 2011년 기준으로 EU 전체 GDP의 16%인 2조 4,059억 유로 정도인 것으로 알려져 있다. 이 중 독일이 4,101억 유로, 영국 4,018억 유로, 프랑스 3,279억 유로, 이탈리아 2,271억 유로 순이다. 주요 구매 품목은 IT 장비 및 서비스, 전문 서비스업, 화학제품 및 합성섬유, 의료장비 및 의약품 등이다.

그러나 EU는 역내 개별 국가별로 서로 다른 조달제도(중앙조달 및 분산조달, 입찰계약 방식의 차이점 등)를 채택하고 있어 EU는 공공 조달시장 단일화(Single Market)와 경쟁성 제고를 위해 역내에서 적용하는 단일 조달 관련 법령인 유럽연합지침(EU Directive)을 운영하고 있다.

EU 회원국들은 이상과 같은 유럽연합지침(EU Directives)에 따라 공공조달을 수행하기 위해 노력하고 있는데, 유럽연합지침의 개략적인 내용을 살펴보면 다음과 같다. 유럽연합지침은 공공 부문의 해외 개방을 전제로 각국 공공 부문의 조달계약 절차를 규율하고 있는 국제규범 가운데 가장 대표적이다. 유럽연합지침은 유럽연합에 속한 각국 법령과 제도를 조화시키기 위한 법률적 수단의 기본적인 틀로써 서로 다른 유럽연합 가입국들의 법률을 일치시키고, 최소한의 공통분모에 기초한 법률체계를 형성하도록 하기 위한 기본적인 성격을 갖고 있다. 유럽연합집행위원회(European Commission)는 1993년 기존 지침들을 종합하여 다음과 같이 공공 조달과 관련된 5가지의 새로운 지침을 제시하였다.

- 공공 공사 조달지침(Public Works Directive) 93/97/EEC
- 물품 조달지침(Public Supplies Directive) 93/36/EEC
- 서비스 조달지침(Services Directive) 92/50/EEC
- 구제 지침(Remedies Directive) 89/665/EEC
- 공익사업 지침(Utilities Directive) 90/531/EEC, 93/38/EEC

(2) EU 정부조달시장의 주요 계약 방식과 정책

유럽연합지침(EU Directives) 제53조에 따르면 낙찰자 결정 방식으로 최적가치 낙찰제도와 최저가 낙찰제도를 기본적으로 제안하고 있다. 최저가 낙찰제도는 최저가를 주요 낙찰기준으로 삼고 있으며, 단순성과 신속성의 장점이 있기 때문에 입찰자 평가시 품질에 대한 고려가 별로 없을 때 적합하다. 최적가치 낙찰제도로 대표되는 '경제적으로 가장 유리한 낙찰자 선정(the most economically advantageous offer)' 기준은 가격요소와 더불어 품질, 기술성 및 기능성, 환경적 특성, 운영비, 비용효과, 사후 서비스(AS) 기술적 지원, 인도일자, 공사기간 등 다양한 평가요소를 고려하여 프로젝트에 경제적으로 가장 유리한 입찰조건을 제시한 업체와 계약을 체결하는 제도이다.

1996년 제정된 신유럽연합지침(new EU Directives)에서는 새로운 조항으로 경쟁적 교섭 방식과 기본협약방식을 제안하고 있다.

가. 경쟁적 교섭 방식(Competitive Dialogue procedure)

경쟁적 교섭 방식은 조달 당국의 요청을 충족시키기 위한 선택을 위해 입찰에 참가한 자들 중 선임된 자와 조달 당국이 협상 과정 중 다방면의 토의를 행하여 교섭을 한 후보자의 최종제안을 토대로 낙찰자를 결정하는 방식이다. 이 방식에는 일반경쟁 또는 지명경쟁 절차와는 달리 복잡한 계약조건이 사용된다. 이러한 교섭에는 최저 3인 이상의 입찰참여자가 필요하고, 계약 공고에 교섭 방식과 관련된 요구사항 및 평가기준을 공표해야 한다. 교섭 과정 중 평가기준에 필요조건을 충족시키지 못한 업체는 배제하고, 필요조건을 충족시키는 해결책이 제안되면 그 단계에서 교섭이 종료된다. 그리고 그 시점에서 남아 있는 입찰 참여자들 간의 최종입찰이 실시된다.

나. 기본협약 방식(Framework Agreement)

신유럽연합지침 제32조에 따르면, 기본협약 방식은 일정기간에 대해 특정 물품, 서비스, 공사를 일정한 조건으로 조달할 것을 1개 이상의 업체와 발주자가 사전에 합의하고, 합의된 조건에 따라 일정 기간 이내에 필요에 적합한 구체적인 계약을 각각 체결하는 조달 방식으로 본 협정의 최대 유효기간은 4년이다.

　이 제도는 프랑스의 전력, 철도 등과 관련된 대규모 국영기업들이 이와 유사한 절차를 사용하고 있으며, 영국의 도로성에서 500만 파운드 이상의 유지보수 업무에 활용해 왔던 제도이다. 그러나 이 협약방식은 권리의무를 발생시키는 계약이 아니기 때문에 지금까지 유럽연합지침상에서는 계약으로 취급되지 않고 있었다.

3) 영국 정부조달시장

(1) 영국 정부조달시장의 특성과 규모

영국 정부의 2011년 공공 조달 규모는 약 4,018억 유로로 독일, 프랑스, 이탈리아 등과 함께 EU 회원국 중 상대적으로 매우 큰 정부 조달시장을 형성하고 있다. 영국 정부조달의 가장 큰 특징은 2000년대 들어 최저가 낙찰제도를 전면 폐지하는 대신 최고 가치 낙찰 방식이 주로 활용되고 있다는 것이다. 또 유럽연합지침에 따른 경쟁적 교섭 방식이 다수 활용된다는 점이다.

　공개 경쟁입찰과 최저가 낙찰 방식을 핵심으로 하는 강제경쟁 입찰제도(CCT)가 2000년 이후 폐지되었는데, 이러한 이유는 공공 부문의 계약에서 '공정성'과 '투명성'이 중요하기 때문이다. 하지만 가장 핵심적인 것은 성과(performance), 투자 효율성(value for money), 품질 서비스 확보(quality service) 등이므로, 이전의 강제경쟁 입찰제도는 최저가 낙찰제도를 기반으로 하여 예산 절감에만 치중함으로써 오히려 비효율적이었다는 지적에 따른 결정이었다. 그러나 최저가 낙찰제도를 기반으로 하는 강제 경쟁 입찰제도는 그 나름대로 성과가 있었는데, 특히 정부의 생산성과 관리 능력의 향상에 기여하였으며 재정 압박 속에서 투자 효율성을 제고시키기 위한 적절한 방안으로 인식되었다.

최고 가치의 기본 개념은 납세자가 수용할 만한 가격(a price acceptable)으로 사업 목적에 적합한 품질의 서비스를 경제적·효율적·효과적으로 제공하는 것을 의미한다. 이러한 최고 가치 낙찰제도는 다음과 같은 점을 시사해준다.

첫째, 비용 개념의 전환이 전제되어 있다고 볼 수 있는데, 초기 투입비용의 최소화를 추구하는 것이 아니라 유지관리비용을 포함한 총생애주기비용(whole life cycle cost)의 최소화를 목표로 한다는 것이다. 이는 기초 사업비만 저렴하면 되는 것이 아니라 계약 목적물의 내구연한, 유지관리비용까지도 모두 비용으로 포함하여 전체적인 투자 효율성을 얻고자 하는 것이다. 그런데 이런 관점에서 본다면 최고 가치 낙찰제도는 총 생애주기비용의 최저가 낙찰을 추구한다고 볼 수 있다.

둘째, 최고 가치 낙찰제도 역시 입찰가격에 대한 평가는 최저 가격으로 하는 업체를 우대하고 있기 때문에 입찰가격에 대한 평가 없이 비가격 요소만으로 낙찰자를 선정하는 것은 결코 아니다.

셋째, 최고 가치 낙찰제도가 제대로 작동되기 위해서는 비가격 요소에 대한 평가 변별력이 존재해야 하는데, 이를 위해서는 발주자가 기술적 전문성에 입각하여 입찰자의 기술력이나 서비스 제공 능력에 대한 철저한 평가를 할 수 있어야 한다.

마지막으로 기술력을 포함한 비가격 요소의 정확한 평가를 위해 입찰 참가자 수를 제한하고 있기 때문에 보다 많은 업체 참가는 합리적이지 못한 것으로 평가된다.

(2) 영국 정부조달시장의 주요 계약 방식과 정책

영국의 중앙조달기관인 OGC(Office of Government Commerce)가 2006년 규정한 공공 계약규정(Public Contracts Regulations)을 살펴보면, 영국 정부는 조달 물품 및 서비스를 구매하기 위해 다음 〈그림 7-3〉과 같은 주요 입찰 방식을 활용하고 있는 것으로 나타나고 있다.

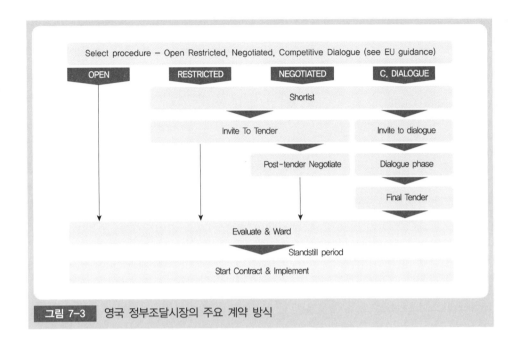

그림 7-3 영국 정부조달시장의 주요 계약 방식

가. 공개 경쟁입찰(Open Procedure)

입찰계약 이전에 입찰참가 자격 심사를 하지 않아 관심 있는 공급 기업들이 모두 입찰에 참여 가능하며, 적용에 대한 제한은 없다. 그러나 많은 입찰자 평가에 따른 어려움으로 인해 입찰자가 많지 않은 경우에는 제한적으로 사용된다.

나. 제한입찰(Restricted Procedure)

제한입찰도 관심 있는 모든 공급 기업이 입찰 참가 의사를 표명할 수 있으나 공개경쟁입찰과는 달리 PQQ(Pre-Qualification Questionnaire, 선택기준)를 통과한 최소 3개 이상의 기업에게만 입찰 초청서(Invitation to Tender, ITT)를 발송하고 입찰참여를 허용한다. 공개 경쟁입찰과는 달리 사전심사 단계가 있어 많은 입찰 참여가 예상되는 경우에 주로 사용된다.

다. 경쟁적 대화(Competitive Dialogue)

경쟁적 대화 방식은 입찰공고 이전에 기술적·법적 또는 재정적 측면에서 자신의 요구사항을 만족하는 방안을 정부가 찾지 못하는 경우 입찰 참가자들과 대화를 통해 계약 내용 등을 규정하는 방식이다. 이 방식은 발주기관가 입찰참여 기업과의 대화를 통해 대안 개발 → 대화 종료 → 최종 입찰 참여업체 선정 → 가격 및 계약이행 방안을 포함한 최종 입찰서류 제출 → 반드시 경제적으로 가장 유리한 입찰자(the Most Economically Advantageous Tender, MEAT)를 낙찰자로 선정(최저가격 낙찰기준 사용 불가)하는 방식으로 진행된다.

라. 기본협약(Framework Agreement)

기본협약 방식은 앞서 미국 정부 조달시장 제도에서 살펴본 MAS 방식과 유사한 형태로 발주기관과 공급기업 간에 미래에 이행될 계약 내용을 사전에 정하고 이를 토대로 향후에 구체적 계약을 체결하는 계약 방식을 의미한다. 따라서 MAS 방식과 같이 기본협약을 체결했다고 해서 정부기관이 반드시 구매해야 하는 것은 아니며, 최고 가치 관점에서 보다 더 유리한 조건이 있으면 따를 수 있다. 이러한 기본협약 방식은 물품, 공사, 용역 모두에 적용 가능하며, 1회의 공개경쟁을 통해 요구사항을 만족하는 여러 공급기업과 기본협약을 체결한 이후 납품계약은 협약된 공급기업 중 MEAT를 만족하는 업체와 체결하게 된다. 2009년 현재 기본협약 방식을 통하여 약 50만 개 이상 제품은 물론 서비스 등을 공급하고 있다.

마. 프라임 계약(Prime Contracting)

2000년 이후 도입된 영국의 새로운 계약 방식으로 기본적으로 공급사슬관리 원칙과 절차를 공공조달에 적용한 것이라 할 수 있다. 따라서 계약이행을 위해 전후방에 걸쳐 이해관계에 있는 개별 계약자들을 신뢰와 협력을 바탕으로 장기간 협력관계를 구축하

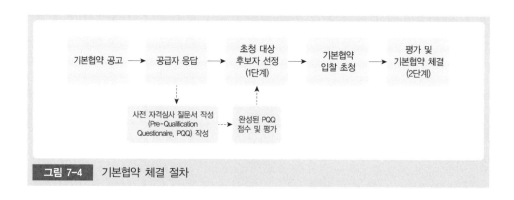

그림 7-4 기본협약 체결 절차

게 하여 발주자와 이들 공급사슬 구성원 간에 장기적인 일대 다수의 파트너링 방식으로 계약을 체결하는 것이다. 프라임 계약 방식에서 가장 주도적인 역할을 하는 주체를 프라임 계약자라 하며, 공급사슬 내부에 속한 기타 공급자들을 통합·조정하는 역할을 담당한다. 그리고 정해진 예산과 기간 이내에 사업수행이 이행될 수 있도록 하는 총체적인 책임을 지게 된다.

표 7-5 참고 : 영국 정부조달 입찰 정보 제공 사이트

구 분	사이트
중소 규모 입찰 정보 제공 (EU에 공개하지 않아도 되는 소형입찰 대상)	• www.bassetlaw.gov.uk • www.sourcenottinghamshire.co.uk • www.nottinghamshire.gov.uk • www.supply2.gov.uk • www.london2012.com/business • www.publicprocurement.co.uk • www.LocalGov.co.uk(the Municipal Year Book) • www.Constructionline.co.uk(시설공사만 취급) • www.contraxonline.com
대규모 입찰 정보 제공 (EU에 공개해야 하는 대형입찰 대상)	• www.ted.publications.eu.int • www.BiPcontracts.com • www.tenders.com • www.tendersdirect.co.uk

4) 중국 정부 조달시장

과거 중국의 계획경제 시기 정부조달은 통일 분배로 이루어졌고 정부 조달시장 자체가 존재하지 않았다. 하지만 개혁개방 이후 국유자산의 불필요한 낭비와 부패 방지를 위해 중앙정부와 지방정부에서 필요로 하는 물자를 자체적으로 조달할 필요성이 대두되면서 1998년 정부조달 시스템이 도입되었고, 2003년 1월 '정부조달법'이 제정되어 현재 이르고 있다. 그러나 이러한 '정부조달법'도 WTO의 GPA 규정과 비교해볼 때 투명성과 규범성 등에서 매우 미흡하다고 평가받고 있다.

중국의 정부 조달시장 규모는 세계 각국의 일반적인 규모보다도 작은 GDP 대비 1.3~1.8% 규모로 나타나고 있다. 이러한 이유 중 하나는 중국 정부가 정부조달 관련 통계수치를 발표함에 있어 각급 산하기관과 국유기업 및 공공사업 부문을 포함하지 않고 발표하기 때문이라고 추정된다. 만약 이들 기관들이 모두 포함된다면 중국 정부 조달시장 규모는 더욱 커질 것이다. 중국 정부는 '정부조달법'에 따른 입찰 방식을 통한 정부 물품 구매가 예산 절약에 큰 효과를 보고 있는 것으로 판단하고 있기 때문에 향후 급속도로 성장할 것으로 예상되고 있다.

　정부조달 시스템이 도입된 1998년 이후 중국 정부 조달시장의 규모를 살펴보면 1998년 31억 위안에 불과했던 정부 규모가 2006년 3,682억 위안, 2007년에는 4,000억 위안을 넘어서는 등 연평균 68% 이상 성장하고 있는 것으로 나타나고 있다. 또 2012년에는 약 1,850억 달러에 육박하고 있는 것으로 WB, ADB 등의 국제기구들이 추정하고 있다.

3 　정부 조달시장의 국제화 동향

1) 보호주의에서 개방주의로의 이행

전통적으로 정부 조달 분야는 유무형의 차별과 장벽을 통하여 외국기업의 진출을 막는 대상이 되어왔다. 이는 각국 정부가 정부조달을 통하여 국내기업, 특히 중소기업을 보호·육성하거나 일자리 창출, 특정 산업의 육성, 고용확보, 국제수지의 개선 등 경제정책의 주요수단으로 활용하여 왔으며 방위산업 육성 등 특정한 국가정책의 달성수단으로 활용되어 왔기 때문이다. GATT(General Agreement on Tariffs and Trade)협정에서도 정부조달 분야는 상업적인 일반거래와는 달리 비상업적인 특수 구매로 인정하여 내국민 대우원칙을 적용하지 않고 있다. 미국, 일본, EU 등 선진국을 비롯하여 대다수 국가들은 자국의 산업보호를 위하여 정부 조달 시장에서 외국기업에 대해 여러 가지 차별적인 조치를 취하고 있다. 대표적인 예로 조달과정에서 소요자재의 국산화 비율(Local Contents)을 제시하거나 오프셋(Offset) 조항[2]을 입찰공고조건에 설정하거나, 입찰가격 평가 시 자국제품이나 서비스를 우대하는 기준을 적용하는 등 외국기업에 대한 불리한 차별정책[3]을 운영하는 것 등을 들 수 있다.

---

[2] 낙찰자를 선정할 때 낙찰기준의 일환으로 공급자에게 경상수지 전환이나 경제개발을 위한 특별한 조건들을 요구하는 행위를 말한다. 여기에는 국산부품 사용 의무, 기술이전이나 라이선싱 조건, 투자 의무, 역수출 조건 등이 해당된다.

[3] 미국의 경우 「미국산품 우선구매제도」의 운영을 들 수 있다. 이 제도가 반영된 대표적인 법률은 「1933년 Buy American Act」이다. 동법 제2조는 "미국산품을 조달하는 것이 공공이익에 반한다고 인정된 경우, 불합리하게 가격이 높다고 판단한 경우, 미국산품으로는 수량 또는 품질이 부족한 경우 또는 당해 제품을 미국 이외의 지역에서 사용하는 경우를 제외하고는 반드시 미국 내에서 생산, 제조한 제품만을 사용해야 한다"고 규정하고 있다. 이 법률의 적용은 정부조달협정 가입 국가와 상호주의 원칙에 따라 미국 기업에 대하여 조달시장의 개방을 허용한 국가 및 미국과 FTA를 맺고 있는 국가를 제외한 모든 국가에 적용하도록 하고 있다. EU의 경우는 개별

이러한 추세에 따라 각국의 과도한 정부 조달시장 보호주의 정책 전개로 무역마찰이 발생하였으며 특정 기술 분야에 대한 국제적 기술공조 개발의 실패, 과도한 보호에 따른 자국 중소기업의 경쟁력 저하 등 문제점이 유발되기도 하였다. 이상과 같은 차별적인 조치와 관행이 지속될 경우 약 9조 달러에 이르는 방대한 세계 정부 조달시장은 국제 교역의 대상에서 제외될 수도 있을 것이다. 특히 정부조달 분야는 각국의 경제에서 차지하는 비중이 결코 작지 않기 때문에 정부 조달시장을 개방하여 전 세계 무역을 증진시킬 경우 교역 참여국의 후생이 크게 개선될 가능성이 높다. 또한 정부조달 분야가 국제화될 경우 투명성 증진과 경쟁 촉진을 통하여 조달 시스템을 효율화할 수 있고 조달가격 인하를 통한 정부예산 절감이 가능한 내부적인 이점도 작용할 수 있다.

그동안 국제사회는 이러한 국제 조달시장 개방의 이점을 활용하기 위하여 지난 1979년 GATT의 동경라운드에서 최초로 GATT 정부조달협정(Government Procurement Agreement, GATT GPA)이 복수국 간 협정으로 성립되었고, 우루과이 협상결과에 따라 보다 상세하게 규정된 WTO 정부조달협정(Government Procurement Agreement, WTO GPA)이 마련되어 1996년 1월 1일부터 발효되었다.

그러나 규범제정 이후 현재에 이르기까지 상당기간이 경과하였음에도 불구하고 조달 분야의 무역자유화가 큰 진전을 보지 못하고 있는 점이 문제점으로 지적되고 있다. 현재 WTO 정부조달위원회가 중심이 되어 WTO GPA의 개정을 본격적으로 검토하고 있다. 아울러 조달 과정에서의 투명성 증대가 무역 자유화를 위해 필요하다는 인식하에 OECD가 국제상거래에서의 해외 공무원에 대한 뇌물방지협약을 제정하였고, 동 협약은 1999년 2월 15일부터 발효되었다.

또한 미국은 정부조달의 부패 행위로 인한 무역왜곡을 방지하기 위해서 WTO에 대하여 투명성(transparency), 공개성(openness), 적법절차(due process)에 관한 잠정협정 체결을 제안함으로써 WTO 정부조달 투명성 협정에 대한 논의가 본격적으로 진행되고 있다. 이와 같이 정부 조달시장의 무역자유화와 투명성 증진 문제가 국제사회에서 중요한 이슈로 부상하고 있다.

현재 정부조달에 대하여 무역 자유화를 목적으로 제정된 국제적 통일규범은 WTO

국가별로 「국산품 우선 구매제도」와 공동체 수준의 「역내 생산품 우선 구매제도」가 있다. 「수도 · 에너지, 운송 및 통신 부문의 조달에 관한 Utilities 지침(이사회 지침90/531 및 93/38)」에서는 "역내 입찰자의 제시가격이 역외 입찰자의 가격보다 3% 범위 내에서 고가일 경우라도 역내 입찰자를 낙찰자로 정한다"고 규정하고 있다.

GPA가 유일하다. 그러나 이는 WTO 내의 각종 다자 간 무역협정(Multilateral Trade Agreement)과는 달리 WTO 협정의 부속협정이 되며, 이 협정에 가입한 28개 국가에게만 적용되는 복수국 간 무역협정(Plurilateral Trade Agreement)의 수준에 머무르고 있다. 협정 가입국을 보면 일부 중진국을 포함하여 대부분 선진국 중심으로 가입하고 있어 정부 조달시장의 획기적인 개방이나 무역 자유화를 기대하기가 매우 어려운 실정에 있다고 할 수 있다.

더구나 현재 진행 중인 WTO GPA의 개정 추진 방향[4]이 다자간 협정으로 확대 및 발전시키는 것은 불가능한 것으로 전제하고, 현재의 복수국 간 협정의 형식을 유지하면서 단지 일부라도 가입국 수를 늘리는 것을 염두에 두어 상세 절차규정을 단순화시키는 쪽으로 개정 작업을 진행 중에 있다. 한편 정부조달에 대한 투명성 협정을 다자간 협정으로 새롭게 제정하여 WTO 회원국에 일률적으로 적용하는 논의가 진행되어왔으나 2001년 11월에 개최되었던 WTO 도하 각료회의에서 개발도상국들의 반대에 부딪혀 향후 협상과제로의 채택을 일단 보류하기로 결정한 바 있다.

그밖에도 전자상거래 및 전자조달 문제가 새로운 환경변화에 따라 규범화할 필요성이 제기되고 있으며 이들 분야가 신통상의제[5]로 채택될 가능성이 매우 큰 것으로 전망된다. 이와 같이 정부조달과 관련한 제반 문제가 WTO GPA를 보완하여 통합시키는 방향으로 검토되지 않고 여러 협정으로 분산하는 것을 전제로 하고 있어, 향후 정부조달과 관련한 국제질서가 매우 복잡한 양상으로 전개될 것이 예상된다.

표 7-6 WTO GPA(정부조달협정) 가입 국가 현황

지역	국가 수	가입 국가
아시아	7	한국, 일본, 홍콩, 싱가포르, 이스라엘, 대만, 아르메니아
미주	3	미국, 캐나다, 네덜란드령 아루바
유럽	32	EU, EFTA(스위스, 노르웨이, 아이슬란드, 리히텐슈타인)

출처 : 조달청(2014), WTO 회원국(159개국) 중 42개국이 GPA(정부조달협정) 가입

---

4) WTO GPA의 개정 추진 방향은 '인터넷과 정보통신기술의 활용, 조달 형태의 재분류 및 조달 절차의 간소화, 공기업이 민영화되는 경우의 대응방안, 개발도상국 특혜 조항 개선 및 수익운영권의 포함 여부' 등이 주로 논의되고 있다.
5) 이는 UR협상의 미해결 과제와 새로운 통상 이슈들로서 무역과 관련된 경쟁정책, 투자, 환경, 정부조달 투명성, 전자상거래 등이 해당된다.

표 7-7 우리나라 FTA 체결국가의 조달시장 개방 현황

국가	발효 시점 및 개방 현황
칠레	2004.4.1 발효
싱가포르	2006.3.2 발효
EFTA	2006.9.1 발효
ASEAN	2009.9.1 발효(조달시장 미개방)
인도	2010.1.1 발효(조달시장 미개방)
EU	2011.7.1 발효
페루	2011.8.1 발효
미국	2012.3.15 발효
터키	2013.5.1 발효(조달시장 미개방)
콜롬비아	2012.6.25 타결, 미발효

출처 : 조달청(2014), 10개 FTA 체결국가 중 7개 FTA에서 정부 조달시장 상호 개방, GPA와 FTA 중복 국가를 제외하면, 총 44개국이 정부 조달시장 개방

2) 정부 조달시장 해외진출에 대한 장애요인

1994년 WTO GPA(Government Procurement Agreement, 정부조달협정)의 발효로 주요 선진국의 해외 조달시장이 외국기업에게 제도적으로 개방되고는 있지만 대부분의 국가에서는 여전히 정부조달 분야의 해외 수입 비중이 다른 민간 제품이나 서비스 분야에 비해 매우 낮은 것이 현실이다. 이는 기업 선정 방법이나 계약이행 등과 관련된 조달계약 절차 및 관행이 국가 간에 많은 차이를 보일 뿐만 아니라 자국 내 기존 판매 경험이나 자국산 부품의 일정비율 사용 등과 같은 눈에 보이지 않는 높은 시장진출 장벽들이 여전히 존재하고 있기 때문이라 할 수 있다.

또한 정부 조달시장은 일반 제품이나 서비스 시장과 비교할 때 마케팅이나 거래 계약, 대금지급, 사후관리 등에 따른 절차나 과정에 분명한 차이가 있다. 그리고 해외진출 기업이 해당 계약에 대해서 책임을 지는 범위나 시점도 다르고 외국산 제품 또는 서비스에 대한 국가 간 조달정책상의 차이 또는 구매결정을 담당하는 조달 공무원의 문화나 태도, 가치관 등에서도 차이가 발생한다. 그렇기 때문에 일반 제품이나 서비스 시장과는 다른 측면을 가지고 있음을 인식하고 있어야 한다.

WTO GPA 발효 이후에도 여전히 정부 조달시장에 대한 해외 기업의 진출에 어려움

표 7-8 미국 무역대표부의 정부 조달 협정 가입국의 조달장벽 조사결과

국가	조달장벽
캐나다	지방자치단체의 국내기업 가격 우대조치
일본	시설공사 시 일본기업 위주의 자격기준과 평가기준, JVC 구성의 제한, 담합입찰
한국	공사 및 물품에서 소액규모의 입찰참여 금지
스위스	지방정부 입찰 시 지역기업 선호, 외국기업에게는 기술보장 및 사후 A/S 요구
이스라엘	400만 세겔까지 공개경쟁 유예, 외국기업 낙찰 시 국내산업 투자
영국	국방물자의 경우 영국 국방부와 계약된 기업과 파트너십 형태로 계약
프랑스	국방물자의 경우 비유럽권 기업의 참여 실질적 제한
스페인	고액의 입찰비용 요구, 인프라 건설사업 참여에 대한 폐쇄적 정책
포르투갈	사실상 유럽 및 포르투갈 기업의 선호
이탈리아	조달업무가 2만 2,000기관에 걸쳐 분산되어 투명성 부족과 부패가 만연
오스트리아	국방물자의 경우 200%까지 절충구매 요구, EU 및 자국기업 선호 경향
그리스	복잡한 입찰참가자격(세금완납, 파산경험 無, 고용인 사회보장, 이사진의 범법사실 증명)
루마니아	국방물자 절충구매 요구
슬로베니아	통신, 의료장비, 국방물자에서 투명성 부족
아일랜드	예산결정 시스템 지연 및 낙찰기준 비공개, 계약이행 조건 불투명

출처 : 최장우(2010), "한국기업의 해외정부조달분야 수출증대방안에 관한 연구", 통상정보연구, 제12권 2호.

을 주는 장애요인[6]을 구체적으로 살펴보면 다음과 같다.

첫째, 실질적인 차별제도가 여전히 존재하고 있다는 점이다. 정부 조달시장이 WTO 와 같은 국제협정에 이해 개방되더라도 공식적인 차별만 제거되었을 뿐이지 거래관행 이나 문화, 상이한 기술규정, 산업정책, 시장개방 의지 등이 국가마다 다르기 때문에 실질적으로 차별이 완전히 제거되었다고 볼 수 없다. 2004년 영국 정부가 자국의 정부 조달시장에 납품하는 해외 기업을 대상으로 정부 조달시장 해외 기업 실태에 대한 조 사를 실시하였다. 그 결과 상당히 다양한 형태의 실질적인 차별이 상당수 존재하고 있음을 밝히고 있다. 한편 미국 무역대표부(USTR)가 해외 조달시장에 진출하고 있는 미국 기업을 대상으로 매년 실시하는 조사결과를 살펴보면, 미국 기업들은 정부조달

---

6) 최장우(2010), "한국기업의 해외정부조달분야 수출증대방안에 관한 연구" 통상정보연구, 제12권 2호

협정 가입국의 경우에도 여전히 자국 제품이나 서비스를 편향적으로 구매하는 경향이 있다. 또한 국방 등 시장개방에서 제외되는 분야에서는 광범위하게 절충구매를 활용하고 있는 것으로 응답하고 있다.

둘째, 소액조달 등 특정 조달 분야는 시장개방 범위에서 여전히 제외되고 있다는 점이다. WTO 정부조달협정에 의해 조달시장이 개방되더라도 개방 하한선 이하의 소액조달은 개방에서 제외된다. 국가기관의 경우 물품 및 서비스는 13만 DSR, 건설공사의 경우 500만 DSR 이하의 정부조달은 해외 기업에게 개방하지 않아도 된다. 또한 정부조달협정은 무기, 탄약 등 국방물자의 조달이나 국가안보 또는 국방 목적 수행을 위한 조달도 개방 의무에서 제외하고 있다. 그리고 자국의 공중도덕 및 질서와 안녕, 동식물 등 생명과 건강, 지적 소유권 등을 보호하기 위한 각종 조치에도 적용되지 않는다.

셋째, 정부 조달 협정에 의한 시장개방 성과의 미흡을 들 수 있다. 정부 조달 협정의 성과를 국제교역의 증가 측면에서만 살펴보면, 협정 가입국의 해외조달실적이 약간 증가하기 했지만 전반적으로는 기대한 만큼의 효과가 나타나지 않았다. 특히 협정 가입국 간에는 제도적인 장벽이 제거되었기 때문에 일반 민간시장에서와 같은 수준의 국제교역이 발생해야 하지만 정부 조달시장의 해외 조달비율은 민간시장에 훨씬 못 미치는 것으로 나타나고 있다.

이는 WTO 정부조달협정 자체의 한계에 기인하고 있다고 볼 수 있다. 양허하한선으로 인한 시장개방 폭의 협소, 엄격한 부문별 상호주의 적용으로 인한 핵심 품목의 시장개방 유보, 불확실한 기술규격 관련 규정, 소극적인 협정이행과 감시활동, 공기업의 포함 여부와 민영화에 대한 규정의 미비, 자국 응찰기업 간 담합 가능성에 대한 제재 수단의 미비, 다수의 개발도상국 및 저개발국가의 가입 확대를 위한 유인책 부족 등이 지적되고 있다. 또한 정부조달 특유의 속성으로 인한 통계적 부정확성이나 분석 방식의 비현실성에 기인하고 있다고 볼 수 있다.

실제로 해외기업이 특정 국가의 공공 조달시장에 진출하였더라도 직접 참가하기 보다는 현지 기업이나 현지 자회사를 통해 진입하는 것이 유리하다. 그렇기 때문에 이러한 경우는 대부분 특정 국가의 자국산 제품으로 통계 처리되는 경향이 높다. 또한 자국산 부품비율이 일정수준 이상인 경우에도 해외 조달 물품으로 취급하지 않고 국내 제품으로 통계 처리하는 경향이 있다.

4 우리나라 기업의 해외조달시장 진출 전략

2013년 기준으로 전 세계 조달시장 규모는 총 5조 달러로 추정되며 미국, EU, UN 등 주요 조달시장은 매년 확대되는 추세이다. 그러나 우리 기업의 진출은 아직 초기 단계라 할 수 있다. 다음에서는 해외 민간시장과 비교되는 조달시장의 특성을 간략히 살펴보고, 이후 우리나라 기업의 주요국 조달시장 진출에 따른 장애요인과 성공을 위한 진출 전략을 세부적으로 살펴보도록 하자.

표 7-9 우리나라 기업의 해외 정부 조달시장 주요 진출 품목

구분	진출 품목
일반 물품	철도차량, 문서 세단기, 이동식 과속단속 시스템, 조립식 텐트, 1회용 주사기, 이동식 화장실, 광케이블, 콘돔
IT 관련 물품	외장형 스토리지, 견고화 노트북, 영상감시 및 저장 시스템, 서버 및 워크스테이션, 위성단말 송수신기, 정보보안 시스템, 무인 외곽경비 시스템, 스마트카드 리더기, 무전기, 영상감시기, 인체공학 마우스, 모니터, 보안 카메라, 태블릿 PC, 이동통신 단말기
SW 및 솔루션	이사안게임 종합정보 시스템, 범죄정보 시스템, 지능형 교통정보 시스템(ITS), 금융보안 시스템, 도시정보화 시스템, 승차권 발매 자동화 시스템, 네비게이션, LBS 솔루션, BPM 솔루션, 컴퓨터 바이러스 백신 및 복구 시스템, 전자금융 자동인식 시스템, 문서보안 시스템
식품 및 생필품	포도, 김치, 만두, 닭고기, 비누

출처 : 조달청, KOTRA, 중소기업진흥공단 자료를 참고로 재정리

1) 해외 민간시장과 비교되는 조달시장의 특성

① 해외 조달시장은 정부 조달시장, 국제기구 조달시장, 원조(ODA)시장 등 세 가지로 구분된다. 국방 · 교육 · 보건 · SOC 등 공공 서비스 제공을 위해 필요로 하는 각종 상품과 서비스 및 건설 서비스 등의 전반적인 품목을 구매하는 시장이다.

② 구매기준 : 해외 조달시장의 일반적인 구매기준은 최저가 낙찰제(가격 중심)와 가격 · 규격협상 방식(품질 중심) 등이며, 사전에 공표된 객관적인 입 · 낙찰기준에 의해 구매가 진행되게 된다. 이러한 구매기준은 브랜드 인지도, 개인적 친분 등이 중시되는 민간시장에 비해 객관적이며 공정성을 강조하는 기준이라 할 수 있다.

③ 진입 방법 : 현지 바이어를 통한 간접진출(개발도상국, 저개발국)과 해외 정부시

표 7-10 2014년 조달청 선정 해외조달시장 진출 유망 국가 현황

국가	선정 사유	유망 품목
중국	정부 조달시장은 2005년부터 2010년까지 평균 증가율이 24% 수준으로 급성장 중	ITS(지능형 교통관리시스템) 제품, 오폐수 처리 시스템, 방송 기자재, 밸브, 펌프, 정수 시스템 등
베트남	우리나라의 베트남 수출이 10년간 5.6배 증가하고, 우리나라의 9위 수출 대상국	의료 기기, 태양광 발전기, 변압기, 방송장비, IT 교육 기자재 등
인도네시아	해외 차관 및 원조 사업이 활발하여 외국 기업 진출이 확대되는 추세	전력 기자재, 수배전반, 변압기, 무정전 전원장치, 발전시스템, LED 조명, 수처리 장비, 도로 건설 자재, 철도 자재 등
UAE	중동 지역에서 우리나라의 최고 수출 대상국으로 2011년부터 수출이 매년 30% 이상 증가 추세	보안 솔루션, 사막 먼지 방지 LED제품, 주차관제 시스템, 지문인식 시스템 등
러시아	석유 및 가스 수출 호조로 정부 조달 규모 급증	2018년 월드컵 개최 예정으로 건설자재, 보안 및 안전장비, 기계설비 등 유망
터키	우리나라의 수출 증가율이 30% 이상으로 주요 수출 대상국	신에너지 발전기, 정보 통신 장비 및 소프트웨어, 교육 기자재 등
미국	우리나라 최대 무역국으로 우리 기업의 직접 진출이 용이한 조달시장	IT 소프트웨어, 리튬 전지, 산업용 마스크, 사무용품, 자동차용 배터리, 전자칠판 등
UN	우리나라의 분담금 대비 수주 비율이 가장 불균형적인 국제기구로 개선 필요 * 한국의 분담금 2.26%(11위) 한국 기업의 수주 비율 0.2%(69위)	의약품, 백신, IT장비 및 소프트웨어, 구호장비(텐트 등), 소방장비, 교육용 장비 등

장에 직접 입찰하는 직접진출(선진국) 방식이 존재하는데, 이 중 간접진출은 수입상사, 정부 납품 벤더, 조달 공무원 등 여러 단계의 마케팅 과정이 필요하다. 그래서 민간 시장에 비해 진입장벽이 높고 오랜 시간이 소요되는 특징을 가지고 있다. 또한 직접진출은 해당 조달기관에서 요구하는 인증, 실적 등으로 인해 진입하는 데 장기간이 소요된다.

④ 조달시장은 민간시장에 비해 보수적이고 초기 진입이 어려우나, 일단 진입하면 후발기업 진입이 힘들어 시장 선점효과가 매우 크다고 할 수 있다. 또한 국가별 세부 조달규정 및 절차 등에 대한 정보 취득이 쉽지 않고, 국가별 관계에 따라 묵시적인 차별적 관행 등이 존재하여 초기 진입장벽은 대체로 높은 편이다.

2) 우리나라 기업의 미국 정부 조달시장 진출 전략

2008년 우리나라 기업의 미국 연방 조달시장 진출 실적은 총 27억 8,000만 달러로 연방정부 전체 납품의 약 0.44%를 차지하고 있는 것으로 나타나고 있다. 그러나 이러한 수치는 순수하게 우리나라 기업 단독으로 GSA에 납품한 비율을 의미하며, 미국 Prime Contractor(주계약자 제도)를 통해 납품된 실적은 개별 기업의 영업 기밀에 속하는 사항으로 파악이 불가능하다.

100만 달러 이상을 납품하는 상위 46개 기업이 전체 진출 실적의 98%인 27억 5,000만 달러(약 3조 3,487억 원)를 차지하며, 특히 주한 미군에 납품하는 연료 및 건설공사 유지 보수 관련 상위 5개 업체의 실적이 21억 8,000만 달러에 달하는 것으로 나타나고 있다. SK Energy(7억 6,000만 달러), S-Oil(4억 8,000만 달러), SK Chemical(4억 8,000만 달러), GS Caltex(3억 5,000만 달러), Jier Shin Korea(1억 1,000만 달러) 등의 대기업이 상위 5개사를 형성하고 있으며, 중소기업의 경우 대진코스탈(문서세단기)이 연간 70~80만 달러씩 미국 GSA에 Agent를 통해 납품하고 있고, 코아스웰(사무용 가구)이 연간 300만 달러 이상의 제품을 납품하고 있는 것으로 나타나고 있다. 2010년 현재 약 70~80개 내외의 우리나라 기업이 GSA Schedule 등록업체로 추정(대기업 40여 개, 중소기업 40여 개)되고 있다.

미국 연방정부 조달시장은 미국 기업과 비슷한 수준의 경쟁력만으로는 진출이 어렵고 월등한 경쟁력을 갖춘 상태라야 유리하다. 또한 연방정부 조달제도를 심도 있게 분석하면서 까다로운 보안 및 규격인증 요구, 높은 품질수준 요구, 자사법인 현지화의 어려움, 현지 문화에 대한 이해부족 등을 극복해야 한다.

많은 우리나라 기업이 연방 조달시장이 추구하는 가치인 최적가치를 잘 이해하지 못하고 있으며, 보다 높은 부가가치가 서비스 분야에서 발생한다는 점을 이해하지 못하고 있다. 복잡한 제도 때문에 조달 과정이 다층적이라는 점을 간과하는 것도 제약요인이 된다. 미연방조달청의 스케줄 계약의 경우 단순히 계약을 체결한 것으로 물건이 판매되는 것이 아니라 많은 마케팅 활동이 따라야 한다. 다양한 마케팅 활동을 하기 위해서는 현지 판매망과 사후관리의 적절한 확보가 요구된다. 더욱이 미국의 경우 우리나라와 상호 국방조달 MOU가 체결되어 있지 않아 선박, 섬유, 전기·전자, 철강 등 경쟁력 높은 우리제품의 진출이 사실상 제약된다. 미국의 자국산 구매규정(Buy American Act)이나 소기업 내지 소수기업 특혜 조항도 우리 기업의 진출 장애요인이 되고 있다.

사무용 가구를 생산하는 코아스웰의 경우 미국 현지 제품과 대비하여 확실한 비교우위를 갖추고 주한 미군의 중소 규모 입찰 건을 적극 공략함으로써 미국 조달시장에 성공적으로 진출한 사례이다.

미국 조달시장에 대한 진출 전략은 미국의 조달제도를 이해하는 것에서 시작한다. 미국 연방 구매의 주요 구성이 인력, 솔루션, 하드웨어, 유지보수 등으로 순으로, 단품이 아니라 기술 내지 서비스가 주를 이루며 부가가치를 창출하는 구조이기 때문에 기술 및 서비스에 집중할 필요가 있다. 또한 미연방조달청의 스케줄 계약의 예시에서 보듯 장기적 관점에서 접근해야 하며 한 차례 입찰을 통해서가 아니라 무한 경쟁을 통해 계약을 수주해야 한다.

이런 특성 때문에 미국 조달시장을 염두에 둔 우리나라 기업은 미국형 서비스로의 변환과 함께 스케줄 계약과 같은 장기 거래에 주안을 두고 초기 투자에 신경을 써야한다. 미국 중소기업과의 파트너십 형성이나 주한미군 납품을 미국 시장 진출 계기로 활용하는 전략이 바람직하다. 현지 전문가를 활용하거나 전시회 등을 활용하는 전략도 효과적이다.

3) 우리나라 기업의 EU 정부조달시장 진출 전략

EU 회원국 중 하나인 영국 기업들이 역내 다른 조달시장으로 진출하면서 겪은 어려움을 보면, 외국기업의 시장진입을 어렵게 하는 법규의 존재, 자국기업에 대한 우대 경향 내지 현지 구매 선호, 발주기관의 전문성 부족 등을 살펴볼 수 있다. EU의 공공 조달시장 규모는 약 2조 원에 이르며 이 중 해외기업의 참여가 가능한 규모는 약 16%이나 진입이 쉬운 시장은 아니다.

대부분의 유럽 국가들은 낙찰자 선정 시 단순히 가격만을 보는 것이 아니라, 대부분 품질, 기술적 장점, 미적·기능적 특징, 환경적 특징, 운영비용, 비용–효과성, 사후서비스와 기술 지원, 납품일 혹은 완성기간 등을 종합적으로 고려한다. 특히 EU의 경우 안전, 건강, 환경, 소비자보호 관련 제품에 대하여는 CE 마크가 의무적이어서 EU로 수출하는 상품들은 반드시 CE 마크를 획득하여야 한다. CE 마크란 상품의 여권으로 불리며 품질 마크의 일종이 아니라 주로 안전성에 관련되는 것이다. 장난감, 기계류, 전기제품, 가스 이용 제품 등 22개 종류로 구분되며 대부분 수입 제품에 적용된다.

EU 조달시장에서 성공하기 위해서는 또한 다양한 현지화 전략을 추구할 필요가 있다. 이는 EU 지역이 다른 지역에 비해 높은 문화적 자부심을 가지고 있는 데 기인한다. 현지화에는 다양한 형식이 가능하나 '현지 자회사' 방식이 가장 효과적이며, 현지 기업 또는 에이전트와 합작투자를 수행하거나 유통협약을 체결하는 방법 등도 검토해 볼 수 있다.

또한 현지시장에서 영향력 있는 기업과 하청계약(주계약자 방식, prime contractor)을 체결하는 방법도 검토해볼 수 있을 것이다. 현지 발주기관과 장기적이고 지속적인 유대관계를 형성하는 것도 중요하다. EU 조달시장에 진출한 경험이 있는 제조기업 관계자는 "우리는 단순히 서류를 가지고 입찰에 성공해본 기억이 없다. 서류만 가지고 성공할 수 있는 기회는 매우 작다"라고 조언하고 있다. 마지막으로 EU 지역에서 개최되는 정부 조달 전시회(Public Procurement Show, Procurex Exhibition)에 참가하여 자사의 제품 홍보 및 현지기업과의 사업 협력 등을 추진하는 방안도 검토해봐야 할 것이다.

4) 우리나라 기업의 중국 정부 조달시장 진출 전략

해외 기업이 중국에서 사업을 하려면 최근의 자국산 구매 풍조, 현지 민영기업도 마찬가지로 겪는 국영기업의 독점, 지방 보호주의, 법규 위에 군림하는 행정, 지방과 중앙의 소통 부재로 일어나는 행정 무질서, 언어소통 관리 등 무수한 어려움에 부딪히게 된다. 제품의 안전과 신뢰도를 높이기 위해 실시하는 기술 규제 또한 점점 자국산 보호수단으로 변질되어가고 있다. 입찰과 관련한 불공정하거나 불명확한 평가기준이 문제를 일으키기도 한다.

한편으로는 정부 조달 관련 법규 자체가 매우 혼란스러운 것도 한몫한다. 중국 정부도 각 주무부서로 흩어져 있는 입찰 절차를 규범하고 법령을 정비하기 위해 노력하고 있으나, 아직까지 자본주의식 경쟁체제인 국제적인 조달법률을 도입하는 데 상당한 진통을 겪고 있다.

중국의 정부 조달 규모는 2009년 7,000억 위안을 넘어섰는데 정부의 경제조정 및 사회발전 촉진을 위해 중요 정책수단으로 그 중요성이 커지고 있으나 아직까지 우리나라 기업의 독자적인 정부입찰 참여비율은 높지 않다. 언어소통이 원활하지 않아 별다른 고려 없이 재중동포(조선족)를 활용하는 경우가 있으나, 믿고 쓸 수 있는 전문

인력을 확보하는 것이 바람직하다. 실제로 제품 홍보자료에 오역이 많아 상담이 불가능한 사례가 많았다는 사례는 우리에게 시사해주는 바가 크다.

우리나라 기업이 직접 입찰에 참여하는 경우에는 이미 진출한 동종의 대기업과 공동 진출하거나 신뢰할 만한 중국 파트너와 함께 하는 것이 좋은 방법이다. 중국 정부 조달시장 진출에 성공한 우리나라 기업들은 경쟁사 제품과 차별화된 고품질 제품인 것은 물론이고 인내를 가지고 노력과 시간을 투자하였다. 또한 장기간 홍보비용을 지불하고 현지법인에 자율성을 부여하는 등 현지화 전략을 적극 구사했다는 공통점이 있다.

마지막으로 중국 정부에서 장려하고 있는 물품과 제한 및 금지 물품을 업종별로 구분하여 구체적으로 안내하고 있으므로 이에 대한 필수적인 검토가 요구된다.

5) 우리나라 기업의 UN 조달시장 진출 전략

UN 시장은 여러 단계에 걸친 서류 작업, 까다로운 업체 등록, 실제 계약까지의 과정에 오랜 시간이 걸린다는 점 등이 진입 장애요인이 된다. 의향서를 제출한 기업에게만 상세 규격을 공개하는 정책 또한 신규 진입 업체에게 규격 정보를 얻기 어려운 요인이 되고 있다. 한 번 진입하면 5년 이상 장기간 계약관계를 유지할 수 있는 장점이 있지만, 반대로 신규 업체는 기존 시장 진입자를 극복하기 위해 계약담당자와 우호적인 관계를 형성하기 위해 더욱 노력해야 한다.

콘돔을 생산하는 U사의 경우 엄격한 품질 관리를 통해 UN의 까다로운 요구를 만족시키면서 세계시장 1위를 지켜나가고 있다. 조립식 텐트를 생산하는 공급하는 K사는 구매 선례가 없던 약점을 CEO의 끈질긴 노력으로 극복한 사례이다. UN과 미니버스 납품계약을 체결한 H사의 경우 조달청 등 정부기관들의 적극적인 지원과 기업의 적극적인 입찰 참여가 빛을 발한 좋은 사례이다.

일반적인 정부 조달시장에 비해 UN 조달시장은 초기 진입이 까다로운 편이다. 따라서 UN 시장에 진출하려면 제도에 대한 이해와 함께 UN이 원하는 품목이 자기 기업이 경쟁력을 갖고 있는 품목인지를 확인해야 한다. 여기서 무엇보다 중요한 것이 UN이 원하는 A/S를 포함한 까다로운 품질 요건을 갖추고 원가절감을 통해 가격 경쟁력을 확보하는 것이다. 진출 준비가 되었다면 UN 조달시장 진출을 위한 필수 요건이라고 할 수 있는 UNGM(UN Global Market)에 업체등록을 한 후, 관심품목에 의향서

(EOI)를 제출하여야 한다. 의향서를 제출한 기업에게만 입찰 참여 기회가 제공되기 때문에 이 과정이 매우 중요하다.

5 해외 조달시장 조사 사례

1) 미국 정부 조달시장

미국은 우리나라의 최대 무역 상대국으로, 조달 관련 세부 규정이나 입찰 정보 등 필요한 정보가 투명하게 공개되어 있어 우리 기업의 직접 진출이 비교적 용이한 조달시장으로 평가되고 있다.

미국 정부 조달시장의 직접 진출에 관심이 있는 기업이라면, 먼저 입찰 자격이나 입찰 방법, 입찰 프로세스 등 정부 조달제도에 관한 기본적인 정보를 점검할 필요가 있다. 미 연방정부의 조달제도를 포괄적으로 규정하고 있는 공식 문서는 '연방조달규정(Federal Acquisition Regulation, FAR)'[7]이며 계약자의 자격, 입찰 방법과 계약 절차, 협상에 의한 계약, 계약 형태, 외국산 조달, 연방 공급목록, 계약 유형 등 53부(parts)로 구성되어 있다. 총 1,900쪽에 이르는 방대한 분량이므로, 주요 내용을 요약 번역하여 해설한 '미국연방정부조달규정해설서(중소기업청, 2011)'[8]와 '미국 MAS제도 조사연구(한국조달연구원, 2007)'[9] 보고서를 참고하기를 권한다.

정부 조달제도에 관한 기본적인 내용들을 파악하였다면, 매일 공고되는 입찰 정보를 통해 자사의 제품에 대한 정부 조달 현황을 상세히 살펴볼 필요가 있다. 미 연방정부의 입찰 정보는 조달 정보 포털사이트인 Federal Business Opportunities(FBO)[10]를 통해 제공되는데, 조건 검색 기능을 이용하여 관심 품목의 기관별, 입찰 방식별, 구매 물량, 구매 조건, 낙찰가격, 낙찰자 등 조달 정보를 상세히 분석할 수 있다.

예를 들어 2013년 한 해 동안 미 연방정부기관에서 구매한 보안장비의 낙찰 현황을 분석한다고 하자. 먼저 사이트의 고급검색 페이지(Advanced search form)에서 다음과 같이 조건 검색을 통해 입찰결과 정보를 확인한다.

7) http://www.acquisition.gov/far/index.html
8) http://b2g.exportcenter.go.kr/service/usfar/ebook/USFAR_KO.pdf
9) www.pps.go.kr/gpass/jsp/doc/mas_manual_01.hwp
10) https://www.fbo.gov/

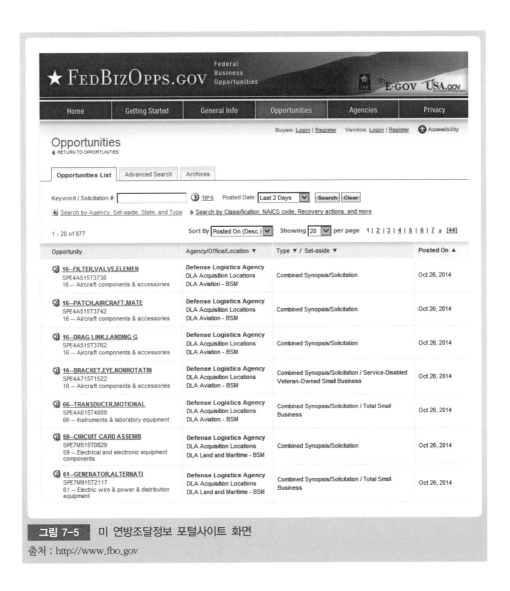

그림 7-5 | 미 연방조달정보 포털사이트 화면
출처 : http://www.fbo.gov

- 검색 대상 문서(Documents To Search) : 'Archived Documents'
- 품목 분류코드(Classification Code) : '63-Alarm, signal & security detection equipment'
- 입찰 공고 구분(Opportunity/Procurement Type) : 'Award Notice'
- 계약 선정기간(Contract Award Date) : '2013-01-01 to 2013-12-31'을 선택하면, 검색 결과 151건의 낙찰 정보를 얻을 수 있다(2014년 10월 26일 검색결과 기준).

이 검색결과의 목록화면을 통해서는 발주기관, 세부 품목, 입찰 조건 등을 확인할 수 있고, 상세화면을 통해서는 낙찰 업체, 계약 금액 등의 정보를 파악할 수 있다.

표 7-11 예시 : 미 정부 조달 품목별 낙찰 정보 분석

검색화면				http://www.fbo.gov Advanced search form				
검색 품목(예)				보안장비(63-Alarm, signal & security detection equipment)				
조달기간				2013.1.1~2013.12.31				
구매기관	육군	국방조달처	보훈부	해군	공군	국토안보부	사법부	기타	계
조달 건수	40	33	21	13	13	11	11	9	151
조달 방법				일반경쟁입찰(92건), 제한경쟁입찰-중소기업(59건)				
낙찰 정보				낙찰 업체명 및 계약 금액은 개별 상세 화면 참조				

2) 유럽 공공 조달시장

EU 회원국은 조달금액이 공사 입찰 500만 유로 이상이거나 용역 및 물품구매 입찰 20만 유로 이상인 경우 해당 입찰 공고를 'EU 관보 S시리즈(Official Journal S)'에 영어와 자국어로 게재하여야 한다. 또 온라인으로는 TED(Tender Electronics Daily) 사이트[11]를 통해 공고하도록 되어 있다. TED에는 1일 평균 500건 내외의 입찰 공고문이 게시되며, 24개 언어로 제공되고 있다. 동 사이트에서는 EU 회원국의 일일 입찰 정보뿐 아니라 과거 5년간의 입찰 정보를 모두 무료로 열람할 수 있다. 또 국가, 입찰 공고일, 계약 유형, 입찰 품목 등의 조건으로 입찰 정보를 검색할 수 있다.

우리나라와 같이 WTO 정부조달협정(GPA) 가입국은 GPA 적용 대상 계약의 경우 EU 기업과 동등한 자격을 부여받고 있어, 이들 입찰에 대해 직접 참여가 가능하다. 또한 관보에 공고된 입찰 중 공개경쟁입찰의 경우 응찰자격만 준수하면 입찰에 직접 참여할 수 있으나, 제한입찰의 경우에는 입찰자격을 갖추고 조달기관으로부터 입찰 초청을 받아야만 동 입찰에 참여할 수 있다.

EU 회원국 공공 조달에 관한 일반적인 적용기준, 절차, 표준 분류, 공고방식, 선정 및 계약체결 등에 관해서는 'EU 공공조달지침(DIRECTIVE 2004/18/EC)'[12]을 통해 미

---

11) Tender Electronics Daily Homepage http://ted.europa.eu

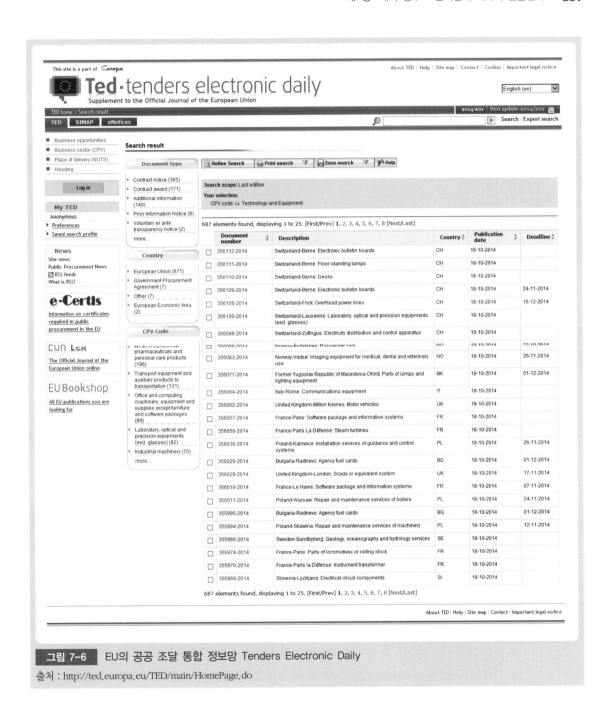

그림 7-6 EU의 공공 조달 통합 정보망 Tenders Electronic Daily

출처 : http://ted.europa.eu/TED/main/HomePage.do

---

12) Procurement-contracts for public works, public supply and public service
http://eur-lex.europa.eu/legal-content/EN/TXT/PDF/?uri=CELEX : 02004L0018-20090821&from=EN

표 7-12 2013년 UN 산하기구별 조달 규모 및 한국의 조달계약 현황

계(억 달러)	UN/PD	UNICEF	UNDP	WFP	기타 29개 기관
160.8	29.9	27.4	26.3	24.8	52.4
100%	19%	17%	16%	15%	33%

UN 33개 기관		160.8억 달러(2013년도)
한국(7,750만 달러)		PAHO(40), UN/PD(14), UNICEF(7), 기타(16)
	물품(6,010만 달러)	약품, 의료기기, 실험기기, 구호장비, 자동차
	용역(1,740만 달러)	교통, 행정, 편집도안

출처 : UN(2014), 2013 Annual Statistical Report on United Nations Procurement 참조

리 파악할 수 있다. 그러나 개별 입찰 건에 관한 세부 요건 등은 나라별, 기관별로 상이하므로, 해당 조달기관의 규정과 입찰 안내문을 참고해야 한다. 분야별 EU 회원 국의 조달기관 목록은 상기 조달지침의 부록(Annexes to Directives 2004/17/EC and 2004/18/EC)[13]에서 확인할 수 있으며, 각국의 중앙정부 조달기관 및 입찰정보 사이트 는 SIMAP의 링크 페이지[14]를 통해 접속할 수 있다.

각국 조달기관의 입찰공고는 일반적으로 자국 언어로만 제공하고 있어 영어가 아닌 입찰공고는 EU 집행위원회에서 입찰에 필요한 정보만을 발췌하여 영어로 번역한 요 약본을 관보와 TED 사이트에 게재하고 있다. 영문 요약본에는 발주기관, 조달품목, 입찰서 제출기한 및 입찰 참가 제출처 등 기본적인 사항들만 수록되어 있으므로, 제안 요청서(RFP) 등 상세 입찰 문서는 해당 조달기관 사이트에서 확인해야 한다.

3) 국제기구 조달시장

국제기구 공공 조달시장은 크게 UN 시스템, World Bank Group, 지역개발은행 등으로 구분해볼 수 있다.

UN 산하 기관의 조달 규모는 2013년 기준 물품 85억 달러, 용역 76억 달러로서 총 161억 달러이다. 우리나라는 2013년도 UN 기관 입찰에 참여하여 물품과 용역을 합하

---

13) Annexes to Directives 2004/17/EC and 2004/18/EC on public procurement procedures, as regards their lists of contracting entities and contracting authorities
http://eur-lex.europa.eu/legal-content/EN/TXT/?qid=1398246250897&uri=CELEX : 32008D0963

14) http://simap.europa.eu/supplier/national-procurement-databases/index_en.htm

여 7,750만 달러를 계약하였다. 이는 UN 전체 조달액의 0.48%에 불과한 것이며 이 가운데 상당 부분은 의료구호와 관련된 건이다. UN의 2013년 조달 내역을 분야별로 살펴보면 보건(22%), 교통(16%), 건설(11%), 식품(10%), 행정관리(10%) 등 다양한 부문에서 이뤄지고 있다.

따라서 UN 산하 기관들의 조달 규모와 내역을 면밀히 분석하여 입찰 참여 기회를 높여야 할 필요가 있다. UN 본부 프로젝트국(UNOPS)에서 매년 발표하는 UN 조달에 관한 연차 보고서[15]를 보면 산하기관별, 조달 품목별, 국가별 조달 실적 등을 파악할 수 있다. 참고로 2013년도 UN 산하 33개 기관별 조달규모는 UNDP(유엔사무국조달처), UNICEF(유니세프), UNDP(유엔개발프로그램), WFP(세계식량기구) 순으로 이들 4개 기관이 전체 조달 금액의 67%를 차지하고 있으며, 조달 국가별로는 미국, 인도, 스위스 등 10개국으로부터 전체의 44%를 구매한 것으로 나타났다.

세계은행이나 ADB(아시아개발은행)과 같은 기구들은 주로 중저소득 개발도상국을 대상으로 중장기 개발자금을 제공하는 국제금융기관이다. 이른바 UN의 밀레니엄개발계획(MDGs)이 목적으로 하는 빈곤퇴치와 보건·교육·환경 등을 개선하기 위한 개발 프로젝트 지원에 역점을 두고 있다. 개발자금을 지원받고자 하는 수원국은 국제개발은행의 자문을 받아 사업타당성 조사와 사업계획을 수립해야 하며, 차관심사 과정을 거쳐 사업승인을 받게 된다. 승인된 프로젝트의 이행과 관리는 기본적으로 수원국의 책임하에 추진하지만, 모든 조달 절차는 개발은행의 조달지침서에 따라 투명하고 공정한 방식으로 진행되어야 한다.

수원국은 사업의 특성상 별도의 차관협약 규정을 맺지 않은 이상 일정 규모 이상의 프로젝트에 대해서는 국제경쟁 입찰방식으로 진행해야 하며, 입찰공고문을 개발은행에 제출하여 일반에 공개해야 한다. 따라서 개발은행의 차관으로 추진되는 프로젝트에 관한 입찰정보는 〈표 7-13〉과 같은 각 기관 웹사이트의 조달 페이지를 통해서도 입수할 수 있다.

UN 등 국제기구의 상세 입찰 정보는 해당 조달기관 입찰사이트에서 열람해야 하지만, 이들 국제기구들과 공식 협약하여 입찰공고를 통합적으로 제공하는 조달정보 포털사이트가 있는데, Development Business(www.devbusiness.com)와 dgMarket

---

15) UN(2014), 2013 Annual Statistical Report on United Nations Procurement
   http://www.un.org/Depts/ptd/story/2013-annual-statistical-report-united-nations-procurement-now-available

표 7-13 주요 국제기구 및 개발은행 조달 정보 사이트

〈UN〉

- United Nations Procurement Division (UNPD) – Business Opportunities
  http://www.un.org/Depts/ptd/eoi
- United Nations Development Programme (UNDP) – Procurement Notices
  http://procurement-notices.undp.org/
- United Nations Industrial Development Organization (UNIDO) – Procurement Notices
  http://www.unido.org/procurement/notices.html
- World Bank – Projects & Operations
  http://www.worldbank.org/projects

〈지역개발은행〉

- 아시아 : Asian Development Bank (ADB) – Projects
  http://www.adb.org/projects
- 아프리카 : African Development Bank (AfDB) – Projects & Operations
  http://www.afdb.org/en/projects-and-operations/
- 유럽 : European Investment Bank (EIB) – Projects
  http://www.eib.org/projects/index.htm
- 유럽 : European Bank for Reconstruction and Development (EBRD) – Projects
  http://www.ebrd.com/pages/project.shtml
- 중남미 : Inter-American Development Bank (IADB) – Projects
  http://www.iadb.org/en/projects/projects,1229.html
- 중동 : Islamic Development Bank (IsDB) – Tenders Opportunities
- http://www.isdb.org/

(www.dgmarket.com.) 사이트이다.

Development Business 사이트는 UN을 비롯한 세계은행 등 국제개발은행의 연간 1만여 건에 달하는 입찰 공고와 낙찰 공고를 매일 게재하고 있으며, 월별/분기별 조달 현황 분석자료를 제공하고 있다. 또한 이 사이트를 통하여 각 조달기관별 조달매뉴얼과 지침을 얻을 수 있다.

dgMarket 사이트의 경우 국제기구뿐 아니라 전세계 170개국으로부터 연간 100만 건에 달하는 공공 조달 정보를 수집해 제공하고 있으며, 세계은행 등 국제기구 프로젝트를 수행한 컨설팅 회사들의 프로필을 열람할 수 있다.

두 사이트 모두 목록 열람은 무료이지만 입찰공고와 상세검색 기능은 유료 회원만 이용할 수 있다.

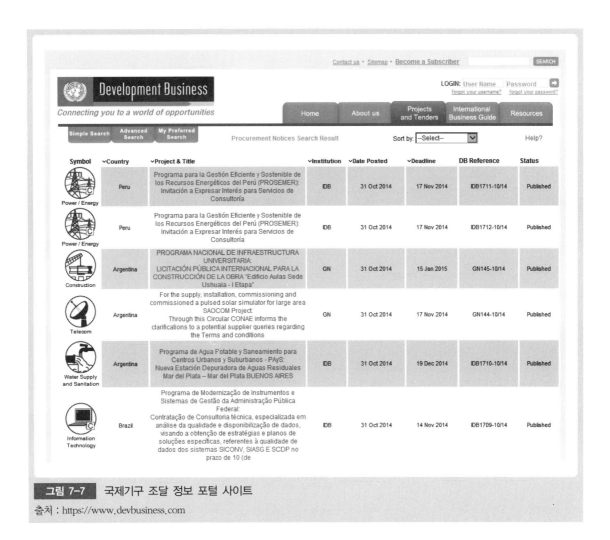

그림 7-7 국제기구 조달 정보 포털 사이트

출처 : https://www.devbusiness.com

제8장

해외시장조사의 통계 분석

1 자료의 수집 : 설문지 조사방법

앞선 2장에서 살펴보았듯이 해외시장조사는 자료의 성격에 따라 2차 자료 조사와 1차 자료 조사로 구분해볼 수 있으며, 이중 조사결과의 통계 분석을 필요로 하는 것은 거의 대부분 1차 자료 조사를 수행할 때라고 할 수 있다.

1차 자료 조사의 가장 대표적인 방법 중 하나는 설문지 조사로 설문지는 다수의 응답자들로부터 정량적 자료를 수집하기 위하여 작성되는 질문지이자 응답지로 쌍방의 대화가 불가능한 일방적인 물음의 형식이기 때문에 의사전달 방법을 선택하는 데 매우 신중해야 한다.

일반적으로 설문지 조사 방법은 회수율이 대단히 낮은 조사방법(평균적으로 40% 미만)으로 알려져 있으므로 비응답률 또는 응답되었지만 잘못 이해되어 작성된 설문 응답의 회수비율을 최대한 낮추기 위한 매우 세심한 노력이 필요하다. 특히 설문지의 발송 이후와 응답 회신 이후에는 어떠한 오류에 대한 수정도 불가능하다. 설령 설문지 발송 이후에 곧바로 별도의 필요조치가 담긴 내용(서류)이나 수정된 설문지를 재발송하였다 하더라도 당초에 기대했던 설문응답 효과를 거두기는 어렵다.

또한 설문 조사에서는 조사 실무자들의 다양한 상황에서의 경험이 매우 중요하다 할 수 있는데, 이는 조사의 성격이나 응답자들의 특성, 조사지역에 따른 차별성, 조사 기간이나 조사 시기 등 수많은 변수의 조합과 경우의 수만큼 해당 용도에 적합한 설문지와 설문 방법 등이 계획되어야 하기 때문이다. 이렇듯 조사 상황별로 적절한 설문지 작성을 기획하는 것을 설문지 디자인이라고 한다.

설문지 작성에서 고려해야 할 주요사항을 살펴보면 ① 정보의 종류 : 조사문제와 관련된 정보가 무엇인가, ② 측정 방법 : 척도의 형태를 어떻게 할 것인가, ③ 분석 방법 : 구체적인 통계 분석기법으로 어떤 것을 사용할 것인가 등 세 가지라 할 수 있으며, 설문지 작성의 주요 절차는 다음과 같다.

- 필요한 정보의 결정 : 조사 내용 및 목적에 따른 이해가 중요
- 자료수집방법의 결정 : 대인면접, 전화면접, 우편 조사, 인터넷 조사 등
- 개별 항목의 내용 결정
  - 응답자의 정보 제공 가능성(응답자는 필요한 정보를 알고 있는가?)

　　　　　− 응답자의 정보 제공 용의성

　　　　　− 질문의 필요성 정도(꼭 필요한 질문인가?)

　　　　　− 질문의 횟수(한 번의 질문으로 충분한가?)

　　● 응답 형태의 결정 : 양자택일형, 다지선다형, 자유응답형 등

　　● 개별 항목의 완성

　　　　　− 쉽고 명료한 단어의 사용

　　　　　− 다지선다형의 경우 가능한 모든 응답 유형을 모두 제시

　　　　　− 응답 내용의 중복 회피

　　　　　− 응답자에 대한 가정 회피

　　　　　− 단어 등 조작적 정의에 대한 명확한 설명

　　　　　− 민감한 항목에 대한 직접적인 질문 회피

　　　　　− 대답을 유도하는 질문의 회피

　　　　　− 응답자의 중간대답 선택성향

　　　　　− 광범위한 질문에서 구체적인 질문으로

　　　　　− 흥미를 유발하는 질문을 앞쪽으로 하고 민감하고 복잡한 문제는 뒤로

　　　　　− 인적사항에 대한 질문은 가급적 맨 뒤로

　　　　　− 가장 중요한 것은 질문 항목간에 관계를 충분히 고려

　　● 설문지에 대한 사전조사 : 신뢰성과 타당성을 평가

　　● 설문지의 완성 및 코딩 지침 준비

2　측정 방식 및 통계 방법의 선택

조사 대상이 갖고 있는 속성을 통계 분석 등의 작업에 활용하기 위해서는 조사 내용을
수량화하는 작업이 필요하다. 조사 대상의 속성을 수량화하기 위해 체계적인 단위를
가지고 해당 속성에 특정 숫자를 부여하는 것을 척도(scale)라고 한다. 측정의 수준에
따라 척도는 다음과 같은 네 가지 유형으로 구분할 수 있다. 척도를 선택할 때 유의해
야 할 것은 네 가지 개별 척도마다 활용할 수 있는 통계 방법에 제한이 있을 수 있다.
그러므로 조사 목적을 충실히 구현할 수 있는 통계 방법의 선택을 위하여 적합한 척도
를 선택하는 것은 매우 중요한 문제라는 점을 인식해야 한다는 것이다.

1) 명목척도

명목척도(nominal scale)란 단순히 특정한 속성의 내용을 갖고 있는 대상(들)을 확인하고 나머지 대상들과 구분하기 위하여 각 대상에 단순히 구분되는 숫자를 부여하는 방법이다. 예를 들어 프로야구 선수의 등번호가 명목척도이며 주민등록번호에서 남성은 '1', 여성은 '2'로 나타낸 숫자부여 방법도 명목척도이다.

대상이 갖고 있는 속성의 내용에 숫자를 부여하기 위하여 명목척도를 사용하려는 조사자는 반드시 전체 대상을 상호배타적이면서 전체를 포괄하는 범주(mutually exclusive & collectively exhaustive categories)로 나타내야 한다. 예를 들어 남성은 '1', 여성은 '2'로 나타내는 명목척도는 모든 사람이 남성 아니면 여성이므로 전체를 포괄하는 것이며, 한 사람이 남성이면서 여성일 수 없기 때문에 상호배타적인 것이다.

그러나 하나의 범주를 추가하여 학생은 '3'이라고 한다면 이러한 세 범주가 모든 사람을 포괄할 수는 있지만, 남학생과 여학생이 상호배타적인 범주로 다루어지지 않기 때문에 적절한 측정이라고 할 수 없다. 따라서 이러한 경우에는 남학생, 여학생, 학생 이외의 남성, 학생 이외의 여성 등의 네 범주로 나타내야 한다.

이러한 명목척도는 단순히 속성을 구분짓는 역할만 수행하기 때문에 특별한 연산작업을 수행하는 것은 무의미하다. 예를 들어 여성과 남성에게 부여된 수치를 가지고 연산 작업을 수행하는 것은 전혀 의미가 없으며, 프로야구 선수들의 등번호를 평균하

표 8-1 척도의 유형

척도	기능적 기능	예시	대표적인 통계분석 기법	
			집중경향치	유의성 검증
명목척도	대상이나 범주의 확인	성별, 직업, 주거 형태	최빈수	chi-square McNemar Cochran Q 등
서열척도	속성 내용의 크기/순서	석차, 선호순위, 사회계층, 등급	중위수	Mann-Whitney U Kruskal-Wallis H Rank order correlation 등
등간척도	속성 내용의 크기 차이를 비교	온도, 시험성적	평균 및 표준편차	z-test, t-test ANOVA Pearson's correlation, Regression
비율척도	속성 내용의 크기 비율을 비교	매출액, 무게, 구매확률	평균 및 표준편차	동일

여 얻은 숫자도 어떠한 의미도 갖지 못한다. 또한 명목척도에 의해 각 대상에 부여된 숫자는 대상들을 상호배타적이며 포괄적인 범주로 구분해주는 이외에 어떠한 의미를 갖지 않기 때문에 동일하지 않은 어떠한 다른 숫자로 변환시켜도 문제가 되지 않는다. 즉 앞선 예시에서 남성을 '111', 여성을 '101'로 나타내어도 의미상에는 어떠한 차이도 발생하지 않는다는 것이다.

명목척도에 따른 분석 작업은 명목척도가 단지 빈도(frequency)만을 보여줄 수 있으므로 집중화 경향치로서 최빈수를 구할 수 있으며, 비율의 도출(상대빈도), 2항 분포 검증이나 χ^2-검증 등 제한적인 통계작업을 적용할 수 있다.

2) 서열척도

서열척도(ordinal scale)란 조사 대상이 특정 속성의 내용을 상대적으로 많이 또는 적게 갖고 있음을 수치화시키는 것을 의미한다. 예를 들어 학생들을 시험성적순에 따라 1등, 2등, 3등으로 숫자를 부여하면 각 숫자를 부여받은 학생의 성적이 상대적으로 많고 적음을 쉽게 구별할 수 있게 된다. 그러나 서열척도로 부여된 숫자 간에 동등한 차이가 있다고는 볼 수 없다. 즉 3등보다 2등이, 4등보다 3등의 성적이 상대적으로 높다는 사실은 알 수 있지만, 3등과 2등 사이의 속성내용(점수)의 차이가 4등과 3등 사이의 속성 내용(점수)의 차이와 같다고는 말할 수 없다는 것이다.

이와 같이 서열척도에 의해 각 대상에 부여된 숫자는 대상 속성 간에 서열만을 나타낼 뿐이며 숫자 간의 동등한 차이를 규정할 수 없다. 그렇기 때문에 크기의 순서를 유지하는 한 어떠한 다른 숫자로 변환시켜도 문제가 되지 않는다. 즉 1등을 17등으로, 2등을 37등으로, 3등을 38등으로, 4등을 98등으로 변환시켜도 의미상에는 어떠한 차이도 발생하지 않는다는 것이다.

서열척도로 측정된 자료는 숫자 간의 차이를 비교할 수 없으므로 이 역시 연산조작이 불가능하며, 집중화 경향치로서 최빈수와 중위수를 구할 수 있다. 또한 서열자료에 적합한 통계적 분석은 Mann-Whitney U test, Kruskal-Wallis test, 스피어먼의 서열 상관 분석 등이 있다.

3) 등간척도

등간척도(interval scale)란 조사 대상의 특정 속성에 대한 구분 및 순서뿐만이 아니라 속성 간 순서가 등간격으로 구성되어 있는 척도로 해당 숫자 자체로는 절대적인 의미를 가지지 못하지만, 숫자 간의 차이는 절대적 의미를 갖게 된다. 이 척도는 임의 영점과 가상 단위를 지니고 있으며, 대표적인 등간척도로 온도와 연도 등을 들 수 있다.

등간척도는 속성의 순서와 등간격을 가정하고 있으므로 가감($+$, $-$) 등의 연산조작이 가능하다. 즉 20℃는 10℃보다 따뜻하며, 15℃와 20℃ 사이의 기온 차이는 10℃와 15℃ 사이의 기온 차이와 같고, 10℃와 20℃ 사이의 기온 차이는 10℃와 15℃ 사이의 기온 차이의 2배라는 점을 알 수 있다.

이와 같이 등간척도에 의해 각 대상에 부여된 숫자는 속성 내용의 상대적 크기는 물론 동등한 차이를 규정할 수 있기 때문에 조사자는 1, 2, 5, 6의 숫자를 3, 5, 11, 13으로 변환시킬 수 있는 등 측정의 단위(간격)와 원점을 임의로 규정할 수 있다. 그러나 명목척도에서 사용한 숫자처럼 임의로 서로 다른 숫자인 7, 5, 19, 13으로 변환시킬 수 없으며, 서열척도에서 사용한 숫자처럼 서열만을 유지하여 17, 25, 26, 46으로 변환시킬 수 없음에 유의해야 한다.

한편 온도에서와 같이 등간척도에 있어서의 기준점은 인위적인 것으로서 절대적인 의미를 가지지는 않는다. 예를 들어 섭씨와 화씨는 인위적인 0을 가지는 등간척도이나 섭씨 0℃와 화씨 0℉는 동일하다고 말할 수 없다.

등간척도로 측정된 자료는 숫자들 사이의 차이를 비교할 수 있으므로 집중화 경향치로서 중위수, 최빈수, 평균을 사용할 수 있으며, Z-test 또는 T-test, 분산분석, 피어슨의 상관계수, 회귀분석 등 다양한 통계적 분석을 적용할 수 있다.

4) 비율척도

비율척도(ratio scale)에 사용된 숫자들은 등간척도의 속성에 더하여 누구나가 절대적으로 동의할 수 있는 기준점을 가지고 있으므로 숫자 간의 동등한 차이는 물론, 동등한 비율도 추가적으로 측정할 수 있다. 예를 들어 2kg은 1kg보다 2배 무거우며 6kg보다는 3배 가볍다고 말할 수 있으며, 절대적인 기준점은 0kg으로 $-$2kg 등의 측정치는 현실적으로 존재하지 않는다.

비율척도에 의해 각 대상에 부여된 숫자는 속성내용의 상대적 차이를 나타낼 수 있을 뿐 아니라 동등한 비율을 규정하고 있기 때문에 1, 2, 5, 6의 숫자를 등간척도에서 사용한 숫자처럼 동등한 차이만을 유지하여 3, 5, 11, 13으로 변환시킬 수 없음에 유의해야 한다.

한편 비율척도로 측정된 자료는 허용할 수 있는 모든 연산조작이 가능하므로 조사자는 비율 자료를 근거로 하여 대상 사이의 차이를 비교할 수 있으며, 대상의 서열을 부여하고 대상물을 확인할 수도 있다. 즉 비율 자료에 대하여는 집중화 경향치로서 기하평균과 조화평균도 구할 수 있으며 기타의 척도로 측정된 자료에 대하여 허용되는 모든 통계적 분석이 허용된다.

3 측정오차에 대한 이해

측정이란 대상이 갖고 있는 속성의 내용과 추상적인 숫자 체계 사이에 일정한 의미를 부여하는 작업으로 만일 조사자가 속성의 내용에 정확한 숫자를 부여하지 못한다면 측정오차가 발생하게 된다.

이러한 측정오차는 크게 체계적인 오차와 무작위 오차로 구분할 수 있는데, 체계적 오차(systematic error)란 측정에 있어서 나타나는 상항적 편의(常項的 偏倚, constant bias)로서, 예를 들면 정상치보다 항상 무겁게 체중을 측정해주는 저울은 모든 측정 대상을 항상 정상보다 무겁게 측정해주므로 상항편의를 야기시킨다고 할 수 있다.

또한 무작위 오차(random error)란 변항적 편의(變項的 偏倚, nonconstant bias)로서 동일한 대상이 갖고 있는 속성의 내용을 반복하여 측정할 때 측정치가 항상 일치하지 않는 것을 의미한다. 예를 들어 동일한 사람의 체중을 체계적 오차가 없는 여러 가지 저울로 반복하여 측정할 때 각각 측정된 체중들은 그 사람의 진정한 체중에 근접하여 나타나지만 모두 정확히 일치하는 체중을 보이지는 않을 것이다. 이러한 무작위 오차(또는 우연오차)는 주로 표본조사과정에서 나타난다.

현실적으로 측정오차는 완전히 제거할 수는 없으며, 특히 사회과학 분야의 측정에서는 어느 정도의 측정오차가 나타나기 마련이므로 조사자는 이러한 측정오차의 잠재적 원인을 인식함으로써 이를 제거하기 위한 적절한 노력을 기울여야 한다.

① 응답자에 의한 측정오차 : 응답자는 조사자의 측정에 대하여 몇 가지 이유에서 오차를 발생시킬 수 있다. 즉 응답자의 관련 지식이 부족하여 응답할 능력이 없거나 단순히 추측을 근거로 하여 응답할 수 있으며, 간혹 극단적인 의견이나 감정 표

시는 회피할 수도 있다. 또한 조사받기를 귀찮아하거나 측정에 무관심함으로써 측정오차를 발생시킬 수도 있다.

② **자료 수집 방법에 의한 측정오차** : 질문의 성격이 민감한 내용을 다루고 있거나, 자료 수집 방법에서 익명이 보장되지 않을 경우와 같은 자료 수집 방법도 측정에 오차를 발생시킬 수 있다.

③ **상황적 요인에 의한 측정오차** : 조사 과정 중에 다른 사람이 갑자기 참여하거나 조사에 집중하는 것을 방해할 수 있는 요인 등 주위 환경은 측정에 오차를 발생시킬 수 있다.

④ **조사자 및 조사방법에 의한 측정오차** : 조사자의 조사 태도나 말투 등은 측정상의 오차를 발생시킬 수 있으며 조사 내용 기록 과정에서의 오류와 응답자의 반응에 대한 잘못된 해석 등에서도 오차가 발생할 수 있다. 또한 조사 방법에서 오차가 발생할 수 있는데 설문지 구조의 복잡성, 어려운 어휘로 질문, 선택 대안의 누락 등도 측정오차를 발생시킬 수 있다.

4 신뢰성 및 타당성의 확보

1) 신뢰성

신뢰성(reliability)은 넓은 의미에서 측정오류의 발생이 없는 정도를 의미하며, 조사대상에 대해 반복 측정했을 때 결과가 얼마나 일관성 있게 나타나는지를 판단하는 개념이다.

일반적으로 2개 이상의 항목으로 측정된 변수들의 신뢰성 검증에는 변수들의 내적 일관성 분석을 많이 사용한다. 내적 일관성을 측정하는 방법으로 크론바하 알파(Cronbach's α) 계수를 보편적으로 이용하는데, 크론바하 알파 계수가 0.7 이상이면 충분한 수준으로 신뢰성이 있다고 판단되고 있다. 신뢰성을 높일 수 있는 방안으로 다음을 검토할 수 있다.

① **측정도구의 모호성 제거** : 모든 조사 대상자가 동일한 의미로 해석할 수 있도록 측정 항목의 내용을 명확히 한다.

② **측정 항목 수의 증가** : 보다 많은 항목을 측정하면 측정값들이 평균에 근사해지므

로 가급적이면 하나 이상의 측정 항목을 이용하도록 한다. 그러나 측정 항목이 지나치게 많아지면 또 다른 문제가 발생할 수 있으므로 유의해야 한다.

③ 측정 방식의 일관성 유지 : 조사자와 조사환경을 통제하여 가급적 동일한 상황이 유지되도록 노력하여야 한다.

④ 응답자가 이해하지 못하는 항목의 삭제

⑤ 유사항목에 대한 반복 측정 : 응답의 신뢰성을 평가하기 위하여 동일한 속성에 대한 유사한 항목들을 반복하여 측정하여 일관성 있는 응답을 유도하도록 한다. 그러나 응답자가 짜증을 낼 수도 있으므로 이에 유의해야 한다.

⑥ 신뢰성이 입증된 측정 항목의 활용 : 선행연구나 조사에서 사용되어 신뢰성이 이미 확보된 측정 항목이나 측정 방법을 활용하도록 한다.

2) 타당성

타당성(validity)이란 측정도구가 측정하고자 하는 개념을 정확하게 반영하고 있는지를 평가하는 것으로 측정도구의 정확성 정도를 나타낸다. 따라서 신뢰성이 아무리 높다 하여도 타당성이 낮다면 측정결과를 사용할 수 없다.

타당성에는 내용 타당성, 기준 타당성, 개념 타당성 등이 있다.

① 내용 타당성(content validity)이란 측정도구의 내용이 얼마나 타당한지를 평가하는 것이다. 예를 들어 초등학교 수학시험에 미분 방정식 문제를 출제하거나 국어시험 문제를 영어로 출제한다면 내용 타당성이 낮다고 할 수 있다.

② 기준 타당성(criterion-related validity)이란 하나의 측정도구를 사용하여 측정한 결과를 다른 기준을 적용하여 측정한 결과와 비교했을 때 나타나는 관련성의 정도를 말하는 것이다. 예를 들어 특정 학생의 대학 수학능력 정도를 대입고사 성적으로 측정하여 평가한 경우 실제로 해당 학생의 입학 이후 학점과 비교해보았을 때 대입고사 성적과 입학 이후의 학점이 서로 상관관계가 낮다면 대학 수학능력 정도를 측정하는 방법으로 대입고사 성적은 기준 타당성이 낮은 것으로 이해할 수 있다.

③ 개념 타당성(trait validity)은 조사자가 측정하고자 하는 추상적 개념이 실제로 측정도구에 의하여 제대로 측정되었는지의 정도를 의미한다. 개념 타당성은 다시

집중 타당성(convergent validity)과 판별 타당성(discriminant validity)으로 나누어진다. 집중 타당성은 동일한 개념을 서로 다른 방법으로 측정했을 때 해당 측정값 사이의 상관관계의 정도를 나타내는 것으로 동일한 개념을 측정하는 경우에는 서로 다른 측정 방법을 사용하였다 하더라도 두 가지 측정값이 동일하다면 집중 타당성이 높다고 할 수 있다. 이는 주로 상관관계 분석을 이용하여 평가된다. 마지막으로 판별 타당성은 서로 다른 이론적 구성개념을 나타내는 측정항목 간의 차별화 정도를 나타내는 개념으로 동일한 방법으로 서로 다른 개념들을 측정하여 이들 개념 간에 상관관계 분석을 수행하였을 때 두 가지 측정값 간에 상관관계가 낮을 경우 판별 타당성이 높다고 할 수 있다.

부록

kotra

Korea Trade-Investment
Promotion Agency

작성일자 : 2013. 02. 15

맞춤형시장조사 보고서

○○○솔루션(주)

Product	태양광 발전 설비의 인버터(Power Conditioner)
무역관	**【도쿄 무역관】** Tel : (81–3) 3214–6951 / Fax : (81–3) 3214–6950 Add : 9F. Shinkokusai Bldg, 4–1 Marunouchi 3–Chome, Chiyoda–Ku, Tokyo, 　　　 Japan 100–0005

안내말씀	자료	동 보고서의 바이어는 단기간 내에 수입을 희망하는 바이어리스트가 아니며, 귀사제품을 현재 수입하고 있거나 앞으로 수입가능성이 있는 회사들입니다. 귀사 제품의 품질, 가격, 납기, 현지시장상황 등 여러 조건에 따라 귀사의 수출이 좌우되므로 꾸준한 바이어 관리가 필요합니다.
	지원	해당 무역관은 귀사와 바이어 간의 교신지원, 바이어 반응확인 등 귀사의 초기 Follow–up을 지원할 예정이오니, 가능한 빠른 시일 내에 바이어와 접촉해 주시기 바랍니다. 기타 문의사항이 있으실 경우 해당 KBC와 수출전문위원에게 연락 주시면 적극 지원해 드리겠습니다.
	현지시간	오전 9시~오후 6시 = 한국시간 오전 9시~오후 6시

▣ 수요동향

■ 태양전지

- 태양광발전협회가 발표하는 일본국내에 있어서의 태양전지출하량은 2008년까지는 1년당 20만 kW 전후로 추이하고 있었으나 2009년에 "余剰電力買取制度(현재는 없음)"가 시작한 이후 급격하게 공급량이 증가되고 있음.
- 2012년 7월부터는 신제도로 "固定価格買取制度"가 시작되어 재생가능에너지(태양광, 풍력, 중소수력, 지열, 바이오마스)를 이용하여 발전된 전기를 전력회사가 국가가 결정한 가격으로 전량 매입하는 것을 의무화하고 있음.
- 2013년 3월말까지 발전을 개시하여 전력회사와 매수계약을 맺은 경우의 태양광발전의 매입가격은 주택용 발전도 산업용 발전도 1kW당 42엔으로 거래가 되고 있음.
- 이에 관련하여 태양전지는 개인·기업용 제품의 수요가 더욱 더 증가하여 2012년의 연간출하량은 140만 kW를 큰 폭으로 넘을 것으로 예측되고 있음.

표 1. 2011년도 태양전지연간출하량(국내) (단위 : kW)

연도	민생용	국내출하량					
		전력용					
		전력응용상품 ※2	내 발전사업용 ※1	비주택용	주택용		
2011	250	2,493	53,585	195,506	1,205,900	1,404,149

※1 : "발전사업용"은 2011년도부터 실시
※2 : "전력응용상품"은 "민생용"에 포함되고 있었으나 2011년도부터 전력용에 분리, 구분실시
출처 : 태양광발전협회

| 표 2. 태양전지 연간출하량의 추이(국내) | | | | (단위 : kW) |

연도	국내출하량			
	민생용	전력용		
		산업용	주택용	
2002	7,605	18,428	160,142	186,175
2003	8,305	18,014	198,667	224,986
2004	7,138	20,710	246,341	274,189
2005	3,504	31,677	269,887	305,068
2006	1,468	31,370	235,337	268,175
2007	1,096	32,210	176,550	209,856
2008	1,116	38,740	196,931	236,787
2009	5,023	74,396	543,708	623,127
2010	3,768	196,923	862,223	1,062,914

출처 : 태양광발전협회

■ 파워 컨디셔너

≪사용처별 출하대수≫

- 파워 컨디셔너의 출하대수도 태양전지와 비슷한 추이로 증가하고 있음. 일본전기공업회가 발표한 2010년도의 파워 컨디셔너 총출하대수는 전년도비 48.3% 증가의 25만 6,315대를 기록. 국내의 주택용 출하는 동 42.1% 증가의 23만 3,304대, 국내비주택용 출하는 동 52.4% 증가의 7,527대로 각각 순조롭게 출하대수를 늘렸음.

| 표 3. 파워 컨디셔너 사용처별 연간출하량의 추이 | | | | (단위 : 台) |

연도	해외수출용	국내 비주택	국내주택	합계
2008	6,054	1,825	59,382	67,261
2009	3,673	4,937	164,181	172,791
2010	15,484	7,527	233,304	256,315

출처 : 일본전기공업회

≪출력용량별 출하대수≫

- 2010년도 100kW 이상의 출하대수는 전년대비 178.4% 증가한 593대, 10kW 이상 100kW 미만은 118.0% 증가한 11,374대, 10kW 미만은 46.1% 증가한 244,348대를 기록하였음.

표 4. 파워 컨디셔너 출력용량별 연간출하량의 추이   (단위 : 台)

연도	출력용량		
	100kW 이상	10kW 이상 100kW 미만	10kW 미만
2008	372	3,765	63,124
2009	213	5,382	167,196
2010	593	11,374	244,348

출처 : 일본전기공업회

■ 경쟁동향

- 전기기기 메이커 단체인 일본전기공업회 회원업체중 16개사가 파워 컨데셔너를 제조하고 있으나 인터넷 검색을 통해 조사한 결과, 일본에서 파워 컨디셔너를 제조하는 업체는 Sharp, Panasonic, Toshiba, Mitsubishi, Yaskawa 등 해외업체도 포함해서 30개사 내외 있는 것으로 추측됨.
- 하기의 제품사례는 대규모 전기기기메이커 三菱電機(Mitsubishi)에서 제조하는 주택용 파워 컨디셔너의 제품 및 가격정보임.

■ 제품소개

≪옥내설치전용형≫

PV-PN40G

- 제품명 : PV-PN40G
- 희망소매가격 : 367,500엔
- 정격출력4.0kW type
- 전력변환효율 97.5%
- 옥내설치용
- 저소음설계30dB
- 대기시소비전력0.4W以下
- 자립운전기능탑재

PV-PN55G

- 제품명 : PV-PN55G
- 희망소매가격 : 525,500엔
- 정격출력5.5kW type
- 전력변환효율 96.5%
- 옥내설치용
- 저소음설계30dB
- 대기시소비전력0.4W以下
- 자립운전기능탑재

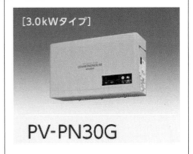

PV-PN30G

- 제품명 : PV-PN30G
- 희망소매가격 : 299,250엔
- 정격출력3.0kW type
- 전력변환효율 95.5%
- 옥내설치용
- 저소음설계36dB
- 대기시소비전력0.1W以下
- 자립운전기능탑재

≪옥내외설치겸용형≫

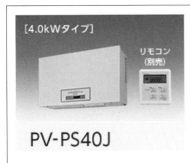

PV-PS40J

- 제품명 : PV-PS40J
- 희망소매가격 : 442,050엔
- 정격출력4.0kW type
- 전력변환효율 96.5%
- 옥내 · 옥외설치용
- 저소음설계30dB
- 대기시소비전력0.4W以下
- 자립운전기능탑재
- 별도판매리모컨(PV-DR401)
  희망소매가격 : 28,350엔

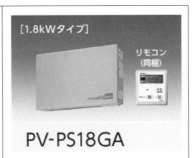

PV-PS18GA

- 자립운전기능탑재
- 제품명 : PV-PS18GA
- 희망소매가격 : 273,000엔
- 정격출력1.8kW type
- 전력변환효율 93.5%
- 옥내 · 옥외설치용
- 저소음설계36dB
- 대기시소비전력0.5W以下
- 리모컨 부속
- 자립운전기능 없음

■ 사양표

≪옥내설치전용형≫

형명		PV-PN40G	PV-PN55G	PV-PN30G
희망소매가격		367,500엔	535,000엔	299,250엔
설치장소		옥내		
사용환경조건		0∼40℃		
입력회로		1回路		
정격입력전압		DC245V	DC245V	DC250V
입력전압범위		DC50∼380V	DC50∼380V	DC115∼380V
정격출력전력, 주파수(聯系운전 시)		AC202V, 50/60Hz		
정격출력전력, 주파수(자립운전 시)		AC101V, 50/60Hz		
정격출력전력(聯系운전 시)		4.0kW	5.5kW	3.0kW
최대출력전력(聯系운전 시)		4.0kW	5.5kW	3.3kW
정격출력전력(자립운전 시)		1.5kVA		
전력변환효율		97.5%	96.5%	95.5%
출력기본파력률		0.95 이상		
운전시소음		30dB	30dB	36dB이하
주회로방식	인버터방식	階調制御 인버터방식	階調制御 인버터방식	전압형전류제어방식
	스위칭방식	正弦波PWM방식		
	절연방식	트랜스레스방식		
	전기방식 (聯系운전 시)	단상2선식(단상3선식배전선에 접속)		
	전기방식 (자립운전 시)	단상2선식		
보호기능	聯系보호	OV(과전압), UV(부족전압), OF(주파수상승), UF(주파수저하)		
	단독운전검출	수동적방식, 능동적방식		
질량		14.7kg	22.7kg	14.4kg
외형크기(W×D×H)		460×140×240mm	635×165×240mm	430×140×240mm

≪옥내외설치겸용형≫

형명			PV-PS40J	PV-PS18GA
희망소매가격			442,050엔	273,000엔
설치장소			屋內·屋外	
사용환경조건			−20℃~40℃	−15℃~40℃
입력회로			3回路	2回路
정격입력전압			DC230V	DC234V
입력전압범위			DC50~380V	DC50~350V
정격출력전력, 주파수(聯系운전 시)			AC202V, 50/60Hz	
정격출력전력, 주파수(자립운전 시)			AC101V, 50/60Hz	−
정격출력전력(聯系운전 시)			4.0kW	1.8kW
최대출력전력(聯系운전 시)			4.0kW	2.0kW
정격출력전력(자립운전 시)			1.5kVA	−
전력변환효율			96.5%(표준접속박스포함)	93.5%(승압접속박스포함)
출력기본파력률			0.95이상	
운전시소음			30dB	36DB 이하
주회로방식	인버터방식		階調制御 인버터방식	전압형전류제어방식
	스위칭방식		正弦波PWM방식	
	절연방식		트랜스레스방식	
	전기방식(聯系운전 시)		단상2선식(단상3선식배전선에 접속)	
	전기방식(자립운전 시)		단상2선식(−)	
보호기능	聯系보호		OV(과전압), UV(부족전압), OF(주파수상승), UF(주파수저하)	
	단독운전검출		수동적방식, 능동적방식	
질량			21.0kg	16.7kg
외형크기(W×D×H)			630×175×379mm	520×160×340mm
리모컨	대응형명		PV-DR401	(부속품)
	희망소매가격		28,350엔	−
	사용환경조건		옥내 −10~40℃	
	질량		0.2kg	0.2kg
	외형크기(W×D×H)		116×19×128mm	116×19×128mm

고객님의 성공적인 마케팅을 기원합니다!!!

Korea Trade-Investment
Promotion Agency

보고일자 : 2009. 07. 10

바이어찾기 보고서(샘플－평균보고서)

통일기업(주)

품목	레이저 마킹 장비(Laser Marking M/C)		
KBC	【두바이 비즈니스 센타】 Tel : (971-2) 333-3333 / Fax : (971-2) 333-3333 Add : P.O. Box 1234, Sheikh Zaid Road, Dubai, UAE www.kotra.or.kr/dubai		
	구분	조사책임	조사담당
	성명	김길동 차장	Mr. Terry John
	이메일	gildong@kotra.or.kr	terry@kotra.or.kr
	전화	(971-2)333-6666	(971-2)333-6666
수출전문 위원	성명	○○(이메일주소) (CRM 파트너 탭에서 확인)	
	연락처	전화 : (02)3497-7432 / 팩스 : (02)3460-7954 주소 : 서울시 서초구 헌릉로 13 KOTRA 1층	

안내말씀	1. KOTRA 바이어찾기 서비스를 이용해 주신 고객님께 감사드립니다.
	2. 금번 조사로 발굴된 바이어 및 시장정보가 고객님의 대UAE 수출의 열쇠가 되기를 기원합니다. 정보에 대한 문의사항이 있으시면 수출전문위원과 두바이 KBC에 연락 주시면 최대한 지원해 드리겠습니다.
	3. 바이어 정보는 두 가지로 구성되어 있습니다.
	    (상담희망 바이어) 고객님 제품에 관심을 보이고 상담 희망
	    (취급바이어) 관심은 없으나 주요 바이어 또는 잠재 바이어
	4. 참고로 주재국 및 바이어 사정에 의해 바이어 구매의사나 연락처가 변동될 수 있사오니 참고하시기 바랍니다.		

1. 마케팅 핵심 포인트

UAE(United Arab Emirates) 국가 기본정보			
GDP	U$ 2,153억 불(2008)	경제성장률	7.0%(2008)
1인당 GDP	U$ 45,228불(2008)	물가상승률	12.7%(2008)
소비인구	476만 명(2008)	실업률	3.17%(2008)
수출	U$ 1,529억 불(2008)	수입	U$ 947억 불(2008)
주수출품목	원유, 가스, 알미늄	주수입품목	섬유, 전자, 자동차
환율	U$=1 Dirham(디람)	휴일	금, 토
한국과의 시차	-6 (한국 오후 2시는 UAE 오전 9시)		
종교	이슬람(90%), 기독교(5%), 기타(5%)		
언어	아랍어(공용어), 영어(상용어)		

주 1) 통계는 2008년, 단위는 미화(U$) 기준
 2) 고객님의 현지 마케팅에 꼭 필요한 사항을 담았습니다. 기타 상세한 정보는 KOTRA 두바이 홈페이지(www.kotra.or.kr)를 이용하시기 바랍니다.

레이저 마킹장비 마케팅 핵심 포인트			
시장규모	U$ 500만 불(2008년)	수입규모	U$ 400만 불(2008년)
시장성장율	10%(2007년도 대비 2008년도)	시장전망	4점(우수)
시장단계	도입기( ) 성장기(○) 성숙기( ) 정체기( ) 쇠퇴기( )		
주요공급국	이태리(20%), 프랑스(10%), 한국(5%), 중국(3%)		
시장선도	이태리 Tawachi 브랜드		
현지 마케팅 중요요소	순위	품질(1), 가격(2), 생산국(3), 브랜드(4) 디자인(5), A/S(6)	
	비고	가격보다는 품질우선으로 형성된 시장	
수입장벽	없음( ) 있음(○)	관세율	5%
기타	UAE로 수출하기 위해서는 해당국 기술표준 인증서가 필요함		
KBC의견	상세 시장전망 : 향후 지속적인 성장기대 주요 진출 전략 : 바이어와의 networking		

주 1) 고객님이 의뢰하신 상품에 대한 시장 핵심 포인트이며 특이사항은 시장동향 요약부분을 참조하시기 바랍니다.
 2) 고객님의 빠른 시장파악을 위한 마케팅 핵심 포인트로 현지 바이어 및 관련업계 등 현장 의견입니다.

2. 레이저 마킹 장비 시장동향 요약

1) 시장동향(생산 및 수입)

- UAE에서 레이저 마킹장비를 사용하는 기업은 UAE 연합상의에 등록된 제조업체 17,000개 사 5,000여 개사임.
- 최근 인근 중동 및 아프리카 수출을 위해 레이저 마킹 장비 수요증가로 최근 3년간 약 10%씩 성장추세임. 현지 조립생산제품 공급부족과 품질 조잡성으로 수입제품이 전체시장의 80% 차지
- 현지 생산업체는 Emirates Laser, Pando Marking, Dubai Laser 등 3개 대형업체가 있으며, 중소업체 3개사 등 총 5개사가 활동 중인데, 대부분 유럽, 대만 등으로부터 부품을 수입하여 Know Down 형태의 조립생산임.

현지 유통 레이저 마킹장비 (단위 : 천 U$, %)

구분	2006		2007		2008	
	금액	증감률	금액	증감률	금액	증감률
시장규모	4,000	9.0	4,500	11.0	5,000	10.0
현지생산	800	12.0	900	9.0	1,000	11.0
수입	3,200	8.5	3,600	12.0	4,000	9.0

출처 : UAE 제조업체 협의회 및 바이어 의견 종합

2) 경쟁동향(경쟁 및 가격동향)

- 유럽산이 전체시장의 50%를 차지하고 있는데, 이태리 Tawachi사 제품이 20%, 프랑스 Altom사가 10%, 대만산이 5%, 한국산이 3% 수준임.
- 가격은 기본옵션으로 이태리 Tawachi 브랜드가 C&F Dubai U$100만 불, 대만 寒痛사 제품이 U$80만 불, 중국 中國賢顏사 제품이 50만 불 수준임.

공급국별 가격비교

구분	Tawachi	Altom	寒痛	한국○사	中國賢顏	Emarates
가격	1,000	1,200	80	90	50	80
비고	C&F Duabi, 기본옵션					공급가

출처 : 현지 바이어 및 제조업체 의견 종합

3) 유통채널 : 공급 · 수요자 직접거래

- 일반 소비재와는 달리 특별한 유통채널이 없으며 제조업체가 필요시마다 공급업체와 직접상담 및 수입 추진

4) 수입정책 및 관세율

- 주재국의 특별한 수입 규제정책은 없음
- 관세율 : 5%
  - 걸프협력회의(Gulf Cooperation Council, GCC) 회원 6개국(사우디, 오만, 카타르, 쿠웨이트, 바레인, UAE) 공히 역외국가로부터 수입은 5% 관세 적용하고 있으며 역내국간 거래는 무세임
  - 역외국가들과 특별한 협력관세나 최혜국대우 없음

수입 관세율

H.S Code	세율	단위	비고
8756.45.6000	5%	C&FDubai	

자료원 : Dubai Custom Office

5) 현지 진출을 위한 KBC 의견

- 예상 진출기간 : 6개월~1년
  - 바이어 대상 마케팅 기간 필요
- 대상 바이어 : Emirates Glass 등 현지 제조업체
  - 현지 유리(Glass), 플라스틱 사출기계 등 각종 기계 생산공장 등에서 레이저 마킹장비를 직접 구입 형태로 중간 무역상을 통한 공급 불가
- KBC 의견
  - 면담 바이어들은 한국산은 대만, 중국산에 비해 가격이 높은 편이지만 시장을 선도하고 있는 이태리 수준에 버금간다는 의견
  - 한 가지 구라파 업체들은 현지 공장 신설단계부터 Engineering 서비스를 하고 있어, 현지 업체들이 구라파 업체를 선호하는 경향이 있음
  - 결론적으로 현지 제조 현장을 발로 누비면서 면대면으로 제품 성능, A/S 우수성 등을 홍보하는 방안이 최선의 진출전략임

3. 상담희망 & 잠재 바이어

Emirates Glass Company(갑지)			**상담희망 바이어 1**	
대표	Mr. Joseph Peter	직위	Managing Director	
담당	Mr. Tery Jones	Title	Purchasing Manager	
Tel	(971-2)333-5555	Fax	(971-2)333-6666	
Mobile1	(971-50)555-8888	Mobile2		
Email1	Peter@yahoo.com	Email2		
설립년도	1995.2.1	종업원수	200명(사무 50, 생산 150)	
Website	www.emiratesglass.com			
Add	P.O.Box 12345, Sheikh zaid Road, Dubai, UAE			
업종	제조, 무역			
생산품목	Glass for Building			
연간매출	U$ 100,000천 불	연수입액	U$ 50,000천 불	
주요수입국	이태리, 프랑스, 중국			
주수입품	Laser Marking Machine, Chemical, Plastic Moulding M/C			
한국거래경험 : 있음	상담 가능언어 : 영어, 아랍어			
발굴과정	1. 발굴경로 : 두바이 건축기자재(GITEX) 박람회장 2. 일지 　- 2009.07.07 : KBC 바이어 D/B확인, GITEX 방문 상담 　- 2009.07.10 : 직접면담(통일기업 카타로그 및 가격표 전달) 　- 2009.08.01 : 바이어 2차 유선 접촉			
영업동향	1. 홈페이지 및 동종업계 접촉 결과 두바이 빌딩용 유리 최대 생산업체로 활동하고 있는 현지 유력기업. 두바이 건축기자재박람회(GITEX)에 매년 출품하고 있으며 자사 홍보에 많은 노력을 기울이고 있음 2. 경쟁사인 Dubai Glass사와는 UAE 및 인근 중동지역에서 경합중에 있으며, 자회사로 Dubai Plastic(플라스틱 생활용품 생산), Giant Monitor(Pc Monitor 생산) 등 5개사가 있음 3. 동사 및 자회사 생산제품에 자사 로고를 레이저로 마킹하기 위해 공급업체를 수배 중에 있음			
바이어반응	1. 담당자는 기계 구입을 위해 이미 이태리, 프랑스, 중국으로부터 견적을 징구한 상태로 한국기업 참가도 환영함 2. 현재 사용 중인 이태리 Tawachi 브랜드 재수입을 심각하게 고려 중이지만 통일기업의 마킹기계의 품질 및 가격경쟁력에 대해 호의적인 평가를 하고, C&F Dubai로 견적 요구함			

※기타 바이어 영업자료, 바이어 인콰이어리 사양 등 추가 기재사항은 '을'(2/2)지 사용

Emirates Glass Company(을지)

기타사항	
마케팅 자료	○ 샘플 사진 ○ 바이어 인콰이어리 사양 등 기재

Dubai Plastic Company			잠재바이어 1
대표	Mr. Joseph Peter	직위	Managing Director
담당	Mr. Tery Jones	Title	Purchasing Manager
Tel	(971-2)333-5555	Fax	(971-2)333-6666
Mobile 1	(971-50)555-8888	Mobile 2	
Email 1	Peter@yahoo.com	Email 2	
설립연도	1995.2.1	종업원수	200명(사무 50, 생산 150)
Website	www.emiratesglass.com		
Add	P,O.Box 12345, Sheikh zaid Road, Dubai, UAE		
업종	제조, 무역		
생산품목	Glass for Building		
연간매출	U$ 100,000천 불	연수입액	U$ 50,000천 불
주요수입국	이태리, 프랑스, 중국		
주수입품	Laser Marking Machine, Chemical, Plastic Moulding M/C		
한국거래경험 : 있음	상담 가능언어 : 영어, 아랍어		
참고사항	1. 현지 실수요가 없는 바이어 2. 두바이 대행 건축장비 제조업체로 수년 전 마킹 장비 구입하였고, 향후 교체수요 발생시 인콰이어리 발주 예상		

Dubai Plastic Company			잠재바이어 2
대표	Mr. Joseph Peter	직위	Managing Director
담당	Mr. Tery Jones	Title	Purchasing Manager
Tel	(971-2)333-5555	Fax	(971-2)333-6666
Mobile 1	(971-50)555-8888	Mobile 2	
Email 1	Peter@yahoo.com	Email 2	
설립연도	1995.2.1	종업원수	200명(사무 50, 생산 150)
Website	www.emiratesglass.com		
Add	P,O.Box 12345, Sheikh zaid Road, Dubai, UAE		
업종	제조, 무역		
생산품목	Glass for Building		
연간매출	U$ 100,000천 불	연수입액	U$ 50,000천 불
주요수입국	이태리, 프랑스, 중국		
주수입품	Laser Marking Machine, Chemical, Plastic Moulding M/C		
한국거래경험 : 있음	상담 가능언어 : 영어, 아랍어		
참고사항	1. 현지 실수요가 없는 바이어 2. 두바이 대행 건축장비 제조업체로 수년 전 마킹 장비 구입하였고, 향후 교체수요 발생 시 인콰이어리 발주 예상		

인터넷을 통한 A/S 요령

① KOTRA 홈페이지
(www.kotra.or.kr)
로그인한다.

② 홈페이지 상단 "My Kotra"를
클릭하고, "사원참여이력"에서
"기업완료이력"을 선택한다.

③ 해당 무역관 AS 신청버튼을
누르고 AS 신청내용을
입력한다.

④ 입력된 내용은
바로 해외 무역관으로 접수되어
결과는 1주일 이내에
메일로 송부된다.

수출전문위원을 통한 마케팅 및 A/S 요령

1. 보고서 표지에 기재된 담당 수출전문위원
2. 신청요령 : 유선 및 E-mail 접촉(별도 양식 없음)
3. 서비스 : 바이어 반응 확인, 교신지원
* 고객 필요시 고객이 요청한 기초 마케팅 지원

고객님의 성공적인 마케팅을 기원합니다!!!

kotra

Korea Trade-Investment
Promotion Agency

Date : 2011. 08. 01

Buyer Search Report

통일기업(주)

Product	Laser Marking Machine		
KBC	【Dubai Korea Business Center】 Tel : (971-2) 333-3333 / Fax : (971-2) 333-3333 Add : P.O. Box 1234, Sheikh Zaid Road, Dubai, UAE www.kotra.or.kr/dubai		
	Section	Chief Searcher	Searcher
	Name	김길동 차장	Mr. Terry John
	E-mail	gildong@kotra.or.kr	terry@kotra.or.kr
	Tel	(971-2)333-6666	(971-2)333-6666
Export Advisor	Name	○○○(@kotra.or.kr)	
	Contact Points	Tel : (02)3460-○○○○ / Fax : (02)3460-7954 Address : 1st Fl. KOTRA, 13 Heoneung-ro, Seoch-gu, Seoul, Korea	
Comment	Inform	The Buyers we introduce are the company dealing with same/similar product of your company. Please be informed that the buyers did not place or confirm the order. For your successful approach to the local market, please contact them directly to have better attention from buyers	
	Followup	Our KBC in charge will support you in the early stage of follow-up to the buyer search such as communicating with potential buyers and finding out their reaction to your products. Thus, your earliest contact with buyers is appropriate. For further assistance, contact the KOTRA's XXX KBC or export advisers. We are readily available to support you.	
	Local Time	9 AM~6 PM = KST OO Ohr~OO Ohr	

Kotra 바이어찾기조사 서비스를 이용해 주신 고객님께 감사드립니다!

1	Dubai Plastic Company		
President	Mr. Joseph Peter	Title	Managing Director
Contact person	Mr. Tery Jones	Title	Purchasing Manager
Contact Tel	(971-2)333-5555	Contact Fax	(971-2)333-6666
Mobile 1	(971-50)555-8888	Mobile 2	-
Email 1	Peter@yahoo.com	Email 2	-
Date of Establishment	1995.2.1	Number of Employees	200명(사무 50, 생산 150)
Web site	www.emiratesglass.com		
Address	P.O.Box 12345, Sheikh zaid Road, Dubai, UAE		
Business Line	Manufacture, Trade		
Products	Glass for Building		
Annual Revenue	U$ 100,000천 불	Annual Imports	U$ 50,000천 불
Major importing countries	이태리, 프랑스, 중국		
Major imports	Laser Marking Machine, Chemical, Plastic Moulding M/C		
Business experience with Korea	Yes(No)	Communication	English, Arabic
Buyer reference	▶ 동종 제품 현지 최대 규모 바이어 ▶ 두바이 대행 건축장비 제조업체로 수년 전 마킹 장비 구입하였고, 향후 교체수요 발생 시 발주 예상 ▶ 현지 경쟁사로 C사, D사가 있음. ▶ 자체 유통망을 활용한 영업이 일반적이나 최근 정부조달에도 관심을 보이고 있음.		
Buyer requirements to Korean exporters	▶ 향후 신규 공급선 발굴에 참고하고자 하니 카탈로그, 제품설명서 등 자료를 송부해 주기 바람. ▶ 과거 한국의 A사로부터 수입경험 있음. 품질관리문제로 거래 중단 경험 있음. 품질 유지를 철저히 할 수 있는 한국회사와 거래 원함. ▶ 수입을 위한 선결조건으로 품질인증을 받아야 함. 세부사항은 직접 교신협의 요망		

인터넷을 통한 A/S 요령

① KOTRA 홈페이지
(www.kotra.or.kr)
로그인한다.

② 홈페이지 상단 "My Kotra"를
클릭하고, "사원참여이력"에서
"기업완료이력"을 선택한다.

③ 해당 무역관 AS 신청버튼을
누르고 AS 신청내용을
입력한다.

④ 입력된 내용은
바로 해외 무역관으로 접수되어
결과는 1주일 이내에
메일로 송부된다.

수출전문위원을 통한 마케팅 및 A/S 요령

1. 보고서 표지에 기재된 담당 수출전문위원
2. 신청요령 : 유선 및 E-mail 접촉(별도 양식 없음)
3. 서비스 : 바이어 반응 확인, 교신지원
* 고객 필요시 고객이 요청한 기초 마케팅 지원

고객님의 성공적인 마케팅을 기원합니다!!!

표준보고서 샘플

**Korea Trade-Investment
Promotion Agency**

공급선 기초정보 서비스

회사명 : A사

품목명 : 케이블

2008. 03. 31

KOTRA ○○○ 무역관
Tel : 12-23) 3456-6789
Fax : 12-23) 3456-6787
www.kotra.or.kr/KBC주소

안녕하십니까?

코트라 조사대행 서비스를 이용하여 주셔서 감사드리며, 저희 KBC에서는 조사직원 전원이 최상의 보고서를 작성코자 노력하고 있습니다.

동 조사대행 보고서는 인터넷 검색을 통한 1차 자료 소싱, 업체와의 인터뷰를 통해 얻은 정보를 근거로 작성된 것입니다.

주요 정보원은 ○○○ 등이며 인터뷰대상은 우리 KBC의 자체 보유자료 및 세관 통계, 업체 접촉과정에서 수집한 정보 등을 활용하여 선정하였으며 귀사에서 조사대행 서비스 신청 시 입력하신 내용을 토대로 현지 공급업체 담당자에게 메일/팩스로 안내 자료를 발송한 후, 개별 전화 접촉을 통해 반응을 확인하였습니다.

의뢰제품의 인터넷상 정보가 거의 전무하여 수출입 통계수치로 대체하였음을 알려드립니다.

저희 KBC는 최선의 노력을 다하여 조사에 임하였으나 해당 분야 정보 제약 및 현지 담당자의 조사 범위 제한, 시간 제약 등으로 부족한 점이 있을 수 있습니다. 부족한 점이 있으신 경우에는 저희 KBC로 연락 주시면 해결을 위해 최선의 노력을 다하겠습니다.

보고자 : ○○○ 과장(kotra@kotra.or.kr)
조사자 : ○○○ 대리(trade@kotra.or.kr)

1. 공급선 리스트

-이하 공급선 리스트(최소 6개) 동일 작성-

1. B사		
주 소		(중문) B社
		(영문) B Co. Ltd
홈 페 이 지		http://www.abc.com
설 립 연 도		2002년
종 업 원 수		50명
등 록 자 본 금		30만(RMB)
업 종		생산가공
취 급 품 목		케이블
對 韓 수 출 여 부		없음
주 요 수 출 국 가		구미
담당자	성명/직무	張某(ZhangMou)/Assistant General Manager
	E - mail	zhangmou@XXX.com
	전 화	86-0514-8888-8888 HP : 86-138-8888-8888
	F a x	86-0514-8888-8889
	가능언어	중국어
관 심 도		★★★★☆
연 락 과 정		* 동사는 기업정보 전문사이트를 통해 업체 Contact 정보 확보. 유선 연락을 통해 공급가능성 확인

상 세 정 보		* 동사는 송전시공공구의 전문생산업체임.
		  주요생산품목으로는 스틸 와이어로프 방전도르래 유압펜치 등임. 생산설비와 측정설비 XX여 대,
		  ISO9001질량관리시스템 인증. 연구개발팀 인원 XX명.
		* 타깃 바이어 : 송전계통
		* 담당자와 접촉결과 기본자료 및 소개를 검토한 후 귀사에서 요구하는 모든 제품이 현재 생산 중이며
		  구체적인 요구사항, 가격에 대하여 귀사와 더 상세한 의견 교환을 바란다고 함.

관 심 사 항		* 구체적인 제조 품목, 요구사항, 제조량, 장기협력여부 등에 관심을 보이고 있음.
연 락 방 법		* 위 이메일 또는 회사주소로 상세한 스펙 송부 요청

- 잠재 공급업체 : 고객의 오퍼에 관심을 보이지는 않았지만 동일한 품목을 취급하는 공급업체 리스트(있는 경우에 한하여)

2. 유용한 정보

1) 수출입 정보

- ○○의 HS Code 842121(WATER FILTER/PURIFIER)의 수입동향을 살펴보면, 2004년 기준 총수입액 68.85백만 달러고 전년대비 14.67% 감소했으며, 주요 수입시장으로는 독일(40.30%), 미국(17.28%) 등임
- 대(對) 한국 총수입액은 2004년 기준 1.56백만 달러로 전년대비 31.56% 감소

2HS Code 842121 수입동향							(단위 : 백만 US$)
Rank	Country	Value(xxx m)			% Share			% Change
		2002	2003	2004	2002	2003	2004	04/03
0	―World―	73.89	80.69	68.85	100.00	100.00	100.00	−14.67
1	Germany	29.88	32.04	27.75	40.44	39.71	40.30	−13.41
2	United States	14.61	15.39	11.90	19.77	19.08	17.28	−22.71
3	France	3.79	3.99	3.76	5.13	4.94	5.46	−5.73
4	Italy	2.87	4.31	3.57	3.88	5.35	5.18	−17.27
5	China	2.38	1.83	3.44	3.23	2.27	4.99	88.02
6	Belgium	2.70	2.67	3.01	3.66	3.31	4.37	12.75
7	Japan	1.23	0.77	1.68	1.66	0.96	2.43	116.34
8	Israel	2.65	1.95	1.57	3.59	2.42	2.28	−19.52
9	Korea, South	1.71	2.28	1.56	2.31	2.82	2.26	−31.56
10	Netherlands	3.99	1.35	1.53	5.40	1.68	2.23	13.44

출처 : World Trade Atlas

2) 관세 정보

Product	Water Purifier
HS Code	842121 90 00
Description	Other, Filtering or purifying machinery and apparatus for liquids,
Special Provision	-
Unit	kg
Duty Rate	1.7%
VAT Rate	17.5%

3) 관련 전시회 & 행사 정보

- Electronic Americas
  - International Trade Fair for Components, Assemblies and Electronic Production, Laser Technology and Technical Optics
    (www.electronic-americas.com.br)
  - Date : November, 11, 2005
  - Venue : Anhembi Exhibition Hall
  - Organizer : Alcantara Machado Feiras de Negócios
    (www.alcantara.com.br)
  - 이하 전시회 상세정보 기재

4) 현지 업체 접촉 시 주의사항

(1) 정확한 담당자 파악이 중요

어느 정도 규모가 있는 기업은 SALES, MARKETING, PURCHASING 부문의 담당자가 별도로 있으며 품목에 따라 또는 지역에 따라서도 담당자가 다를 경우가 많으며 경우에 따라서는 담당자를 파악하는데도 많은 시간이 소요된다. ○○에서는 담당자하고 접촉 없이는 일의 진행이 전혀 안 되며 (담당자 부재 시, 휴가 시 다른 직원이 대신 업무를 대행해주는 경우가 거의 없음) 담당자에게 권한이 많이 부여되어 있기 때문에 정확한 담당자 파악이 매우 중요하다.

(2) 철저한 회사 및 제품소개 자료 구축필요

회사를 소개할 자료가 없을 경우, 비즈니스 진행에 있어 차질이 있을 가능성이 있으므로 가능한 예산 범위 내에서 영문카탈로그나 영문홈페이지 등은 반드시 구비할 필요가 있다. 특히 동 자료상의 영어표현에 대하여 반드시 Native Speaker로 하여금 감수를 받아 철자나 이해가 안 되는 표현으로 인하여 회사의 격을 저하시키지 않도록 주의가 요망된다.

5) AS 신청 방법

- KOTRA 홈페이지(www.kotra.or.kr)에서 로그인한다.
- 홈페이지 최상단에 "My KOTRA"를 클릭하고, "사업참여이력"에서 "기업완료이력"을 선택한다.
- 해당 무역관으로 AS 신청 버튼을 누르고 AS 신청내용을 입력한다.
- 입력 내용은 바로 해외무역관으로 접수되어 결과는 1주일 이내 메일로 송부된다.